· 개정판 ·

은퇴설계, 이렇게 하면 된다

은퇴디자이너
이덕수

Retirement

DESIGN

박영사

개정판

프롤로그

이 책을 쓴 지 어느새 5년이 지나갔다. 초판 프롤로그에 나와 있는 것처럼 비재무(자기실현)에 대한 은퇴자 본인과 사회전반의 이해가 부족하다는 문제로부터 이 책은 출발하였다. 우리나라 은퇴설계 논의가 너무 재무위주로 되어 있다는 것도 마찬가지였다. 그래서 실제 은퇴생활에 써먹을 수 있는 은퇴설계서를 은퇴자들에게 제공하려는 것이 이 책의 목적이었다.

그 사이 은퇴자들의 삶에 어떤 변화가 있었을까, 좀 나아졌을까. 그랬으면 좋으련만 별로 그런 것 같지 않다. 노인빈곤율은 여전히 40%를 유지하고 있고 OECD 1위 노인자살률도 변함이 없다. 40% 소득대체율도 마찬가지다. 전과 좀 다른 것은 정부와 각 지자체가 노인일자리에 열을 올리는 건데 과연 이런 게 은퇴자의 삶의 문제 해결에 도움이 될지 의문이다.

보통은 선, 후진국 관계없이 행복지수가 청소년기를 지나면서 낮아졌다가 50대 이후 반등하는 U자형을 그리는 것이 일반적인데 우리나라만 노년에도 계속 하락하는 예외적인 모습을 보인다. 다른 나라와 달리 우리나라 노인들만 행복하지 않다는 것인데 그 이유는 연금제도 불비 등의 문제로 빈곤에 처한 노인들이 은퇴 후에도 불가불 원하지 않는 일자리에 계속 매달려야 하기 때문이다. 이렇듯 일에서 벗어나지도 못하면서 경제적인 여유도 없는 우리나라 은퇴자, 노인의 문제를 크게 '가난하다'와 '행복하지 않다'로 정리할 수 있다. 가진 것도 없고 마음의 여유도 없다와 같은 말이다.

이 책은 '은퇴자가 가난하다'에도 관심이 있고 그에 해당하는 내용도 있다. 하지만 주안점은 은퇴자의 행복의 문제, 즉 비재무에 있다. 비록 은퇴자의 환경은 대단히 열악하지만, 그래서 상당히 어려움에 처해 있는 것이 사실이지만 재무조건에 불구하고 은퇴자가 대처할 수 있는 길이 있다고 보고 그 구체적 방법을 제시하고자 하는 것이다.

그것은 자기 인생, 즉 주도적 삶을 살자는 것이다. 그러면 웬만한 재무의 어려움은 넘어설 수 있다고 전제하는 것이다. 그러기 위해 이 책이 제시하는 방법은 극히 작은 것 한 가지다. 은퇴설계다(물론 이게 조금 포괄적이긴 하지만). '읽는 분들이 보다 쉽게 은퇴설계서를 작성할 수 있게 도와야 한다'가 개정판을 쓰게 된 동기이다. 개정판에서는 그런 목적으로 다음 두 가지에 신경을 썼다.

첫째, 은퇴설계가 중심이 되도록 체계를 바꿨다.

1장 은퇴생활, 쉽지 않다

2장 성공적 은퇴생활, 준비에 달려 있다

3장 은퇴설계, 이렇게 하면 된다

4장 은퇴, 50 이후의 자유

둘째, 실제 은퇴설계서 작성이 가능하도록 쉽고 간결하게 설명하고자 노력했다.

단 한 번뿐인 은퇴자의 삶이기에 설사 재무가 좀 부족하고, 또 이런저런 어려움이 있어도 은퇴설계와 실행이라는 일종의 루틴으로 맞서고 버티자는 것이 이 책이 제시하는 길임을 다시 한번 밝힌다.

물론 스스로의 인생, 자신의 주도적인 삶, 내면의 자유, 이런 것들은 결국 자신의 몫이다.

끝으로 개정판이 나올 수 있도록 훌륭한 기획과 섬세한 편집으로 도움을 준 정성혁 과장님과 우석진 편집위원을 비롯한 박영사 관계자 여러분께 감사드린다.

2025. 10. 01

이 덕 수

프롤로그

은퇴가 실제로 사람들에게 이슈가 된 지는 얼마 안 된다. 근대 산업사회가 발전되면서 사람들이 자기운명에 대한 자기결정권을 갖게 되면서부터라고 할 수 있다. 또 수명이 길어지면서 실제 은퇴기간이 발생하게 되었고, 복지제도, 연금제도 등 제도의 발전이 그 기간의 경제적 여유, 즉 수준 있는 은퇴생활을 가능하게 하였다.

한편 산업사회의 발전이 경제적으로 여유있는 은퇴생활을 가능하게 하기는 하였으나, 거기서 생성된 일중심의 생활 습관이 은퇴자의 자유의 정착을 어렵게 하는 것도 사실이다. 게다가 우리나라의 경우는 수명은 길어졌으나 준비 안 된 복지, 연금제도 등의 아쉬움이 은퇴자들의 긴 은퇴생활에 어두운 그림자를 드리운다.

특히 이제 막 은퇴하기 시작하는 우리나라의 베이비부머들은 사회의 산업화에는 크게 이바지했지만 정작 자신의 은퇴준비는 제대로 마치지 못한 약점을 가지고 있다. 하지만 그보다 더 중요한 것은 비재무설계의 공백이다. 길어진 은퇴생활에서 자신의 삶, 즉 자아실현이 가장 중요한 핵심인 것은 당연한데, 아직도 사회 곳곳에 남아있는 유교적 전통사회의 흔적은 은연중에 은퇴자들의 용기있는 자신의 삶에 대한 선택에 장애물이 되기 쉽다. 몸바쳐 이 나라의 산업화를 일궈낸 베이비부머들의 너무 빡빡했던 삶의 습관은 갑자기 대하게 되는 자유의 물결을 받아들일 준비가 제대로 되어있지 않은 것도 사실이다. 은퇴란 한가해지는 것이 아니고 일 중심에서 다양한 삶으로 옮겨가는 것, 또 일 중심 관계에서 여러 가지 관계로의 변화가 일어나는 것, 그래서 제대로 된 포트폴리오 구성이 필요하다는 것 등에 대한 이해가 부족할 수밖에 없다.

은퇴자의 비재무에 대해 사회전반의 이해가 부족할 뿐만 아니라 은퇴자 본인의 인식도 부족하다는 것은 중요한 문제이다. 은행을 퇴직한 뒤 여러해동안 대학에서 은퇴설계론을 강의하면서 우리나라 은퇴설계 논의가 너무 재무위주로 되어있다는 생각을 하게 되었다. 은퇴설계, 특히 비재무에 대해서 체계적이면서도 구체적인 답을 제시할 수 있는, 그래서 실제 생활에 써먹을 수 있는 은퇴설계서가 은퇴자들에게 필요하다고 생각했다. 그래서 이 책을 쓰게 되었다. 물론 이 이야기들은 나 자신에게 하는 이야기이기도 하다.

그 뜻에 맞게 이 책은 이렇게 편성되어 있다.

첫째, 우리 은퇴생활의 문제점이 무엇인가, 무엇이 우리 은퇴생활을 어렵게 하는지 원인을 알아야 답을 제시할 수 있지 않겠는가.

둘째, 실제 우리 은퇴생활의 모습은 어떤가, 역시 현장을 알아야 문제해결이 가능해질 것이다.

셋째, 패러다임 체인지이다. 은퇴환경은 어떻게 변화되고 있고, 또 은퇴로 바뀌는 것은 무엇인가. 체계적인 파악이 필요하다.

넷째, 은퇴준비다. 길어진 은퇴생활을 제대로 하려면 무엇을 어떻게 준비해야 할까. 세상 다른 것과 마찬가지로 은퇴생활의 성패도 은퇴준비의 성실성과 노력에 비례할 것이다.

다섯째, 은퇴설계다. 단순한 충고의 전달보다는 은퇴자가 실제 은퇴설계 역량을 키울 수 있도록 돕는 것이 중요하다. 따라서 구체적인 은퇴설계 방법이 제시된다. 은퇴설계가 잘돼야 은퇴생활의 성공 가능성이 커짐은 물론이다.

여섯째, 은퇴생활이다. 은퇴생활이 즐겁고, 기쁘고, 행복할 수 있어야 할 텐데…, 그러려면 날마다 승리하고, 또 지더라도 다시 역전승할 수 있어야 한다. 그 구체적 방법과 대안들이 사례와 함께 펼쳐진다.

한편, 이 책의 목적은 꼭 비재무에 있지만은 않다. 물론 비재무가 중요하기는 하지만 이 책이 가고자 하는 길은 체계적이면서도 실제 은퇴생활에 도움을 주고자 하는 것이기에, 재무도 당연히 포함되어 있다. 하지만 핵심은 역시 비재무다. 우리의 재무가 그다지 좋지 않고, 또 단시일 내에 좋아지기도 쉽지 않을 터이므로, 좋지 않은 재무에도 불구하고 어떻게 성공적인 은퇴설계, 은퇴생활이 가능할 것인가가 이 책이 갖고 있는 의미라고 할 것이다. 이 책이 독자들의 실제 은퇴생활에 조금이라도 도움이 될 수 있었으면 좋겠다. 끝으로 이 책의 출판을 위해 노력해 주신 박영사와 관계자 여러분께 감사드린다.

2020. 01. 05

이 덕 수

차 례

개정판 프롤로그 __ iii
프롤로그 __ vi

제1장 은퇴생활, 쉽지 않다

은퇴자, 불안하다 — 3
유발 하라리의 10% — 8
한글과 은퇴생활 — 13
금수저와 조선의 은퇴자들 — 19
'명분론', 왜 문제인가 — 25
노인은 가난하다 — 30
재무환경, 좋지 않다 — 36
분노, 이권집단, 집단지성 — 42
꼰대와 은퇴생활 — 48

제2장 성공적 은퇴생활, 준비에 달려 있다

인식전환(은퇴는 좋은 것이다) — 55
은퇴, 변화와 전환 — 59
정체성 찾기와 삶의 스타일 — 64

습관 — 70
은퇴자의 친구, 독서 — 77
PIES — 82
은퇴로 잃는 것과 얻는 것 — 89

제3장 은퇴설계, 이렇게 하면 된다

은퇴자에게 있어서 경력 — 97
은퇴설계 영역 — 103
비재무설계 전략 — 108
재무설계 전략 — 113
퇴직연금, 이렇게 하면 된다 — 120
여가와 포트폴리오 — 125
은퇴설계서 작성하기 — 131
성공적 은퇴설계의 요소 — 136

제4장 은퇴, 50 이후의 자유

은퇴자, 끝없는 향상, 가능하다 — 143
리추얼, 필요하다 — 149
버텨야 한다 — 155
은퇴자의 희망이 분노를 이긴다 — 160

연습을 많이 하면 쓰러져도 일어난다 — 166
기죽지 말자 — 171
열정 — 178
동네의 작은 행복 — 183
은퇴설계는 통합의 미학이다 — 188
역전승 — 194
은퇴, 50 이후의 자유 — 199

부　　록 _ 205
주　　석 _ 215
참고문헌 _ 219
찾아보기 _ 223

제 1 장

은퇴생활, 쉽지 않다

은퇴자, 불안하다

2024년 2월 통계청에서 발표한 '국민 삶의 질 2023' 보고서(2020-2022)에 우리나라 사람들의 삶의 만족도는 OECD 38개 회원국 중 35위로 낮게 나타났는데 소득이 낮을수록 또 연령이 높아질수록 삶의 만족도는 하락했다(청소년 만족도 56%에 비해 노년 만족도 30%).

우리나라 노인들의 삶의 실태는 매우 심각하다. 70세 이상 노인자살률은 OECD회원국 중 가장 높은데 평균의 3배 가량 되며 노인의 상대적 빈곤율은 40%(전체15%)로 에스토니아 다음으로 높다. 2022년 기준으로 65세 이상 노인고용률은 36%로 회원국 중 최고이지만 60세 이상 소득만족도는 25.6%로 전세대 중 가장 낮다. 노인들이 가난하기에 은퇴 후에 강제노동에 시달리면서도 소득과 만족도는 낮다는 것을 보여 준다. 뿐만 아니라 25.2%인 60세 이상의 여가생활 만족도와 스포츠, 문화예술 관람횟수도 최하위다.

KDI 권다은 박사는 일반적으로 행복지수가 청소년기를 지나면서 낮아졌다가 50대 이후 반등하는 U자형을 그리는 것이 선·후진국과 남·녀를 불문하고 일반적인데 우리나라만 노년에도 지속 하락하는 예외적인 모습을 보인다고 지적한다. 이것은 일반적으로 은퇴자가 은퇴하면서 일에 대한 부담에서는 벗어나게 되면서도 현대 복지국가에서 연금 등으로 노후소득이 보장되기에 노인들의 행복지수가 반등한다는 것인데 우리나라는 그렇지 못하다는 것을 의미한다.

우리나라 노인들만 보기 드물게 남들과 달리 삶의 만족도와 행복지수가 극히 낮고, 자살률은 매우 높다고 한다면 지극히 비정상적인 것이다. 그 이유는 무엇일까. 재무와 비재무로 나누어서 생각해 보자.

먼저 재무적 요인을 본다면 가난해서다. 우리나라 노인빈곤율 40%는 OECD전체 평균(15%)보다 매우 높을 뿐아니라 우리 사회 전체 빈곤율(14%)보다도 훨씬 높다. 이러니 수명은 길어졌는데 하루하루 살기 힘들고 마음에도 여유를 갖기 어렵다. 남보기도 부끄럽고 당연히 자신감도 떨어지게 된다. 자연스럽게 노동 강요로 이어지고 성공적 은퇴생활을 위한 선택의 여지는 없어진다. 한마디로 은퇴 전보다 나을게 없다. 노인 가난의 주된 이유는 국민연금 불비에 있다. 대다수 은퇴자들의 주소득은 실제로 연금인데 그건 어느 나라나 마찬가지다. 그런데 2023년 기준 36백만 생산가능인구 중 22백만이 가입한 우리나라 국민연금의 2024년 소득대체율이 40%도 안돼 OECD평균 60%에 훨씬 못미친다. 참고로 우리 국민연금과 같은 성격인 일본 후생연금의 소득대체율도 61%(보험료율 18%)이다. 기본적으로 대다수 국민이 가입대상인 국민연금의 소득대체율이 다른 나라에 비해 매우 낮다는 것이 노인의 가난과 불행의 1차적 원인임을 부인할 수 없다.

다음으로 비재무적 원인도 살펴보자. 일반적으로 1946년부터 1964년 사이에 태어난 세대를 베이비부머라고 하는데 최근 은퇴했거나 곧 은퇴를 앞두고 있는 사람들이다. 그런데 우리나라의 베이비부머들은 20세기 후반 우리 사회의 산업화의 주역이다. 모처럼 국가와 사회를 세울 수 있는 기회를 맞아서 그 임무를 완수한 사람들인 것이다. 하지만 정신없이 일만 하면서 너무 빡빡하게 살다 보니 정작 소중한 자유와 여유의 경험이 별로 없다는데 문제가 있다. '빨리빨리'의 주인공들이 그들이다. 같이 무언가를 해내는데는 익숙하지만 자신의 세계를 펼치는데는 능하지 못하다. 주어진 임무 해결은 많이 해 봤지만 새 세계를 만들어 가는 경험은 부족하다.

돈도 없고 진정한 내면의 자유를 경험해 보지 못한 사람들, 그들이 지금 우리나라의 베이비부머들이다. 결과는 불안, 조급으로 나타날 수밖에 없다. 가진건 없는데 갑자기 어느날 일찍이 경험해 보지 못한 자유가 생겼다. 준비도 안 돼 있는데, 그저 마음만 급하다. 대처해 나갈 자신도 없다. 혼자서는 그냥 불안할 따름이다. 그들에게 자유는 부담일 수밖에 없다.

가진 것도 없고 마음에 여유도 없는데 행복할 수 있겠는가. 마냥 행복하다면 오히려 잘못된 것이리라. 그래서 불안하고 혼자서는 감당이 안되니 떼로 하게 되는 것이다. 몇이서 돈을 모아 사무실을 얻어서 근거지를 마련하고 같이 모인다. 뭉치면 나은 것 같고 그런대로 하루하루 이럭저럭 시간을 여럿이 같이 보낼 수는 있어서 외롭지는 않지만 문제는 진정한 자유에서는 멀어진다는 것이다. 아니면 '무엇이든 좋다. 나갈 수만 있다면' 하고 어떡하든 일자리를 구하려고 노력한다. 하지만 진정 내가 좋아서 하고, 잘 할 수 있어서 하는 성공적 은퇴생활과는 거리가 멀다. 또는 은퇴자가 얽매인 데가 없어서 이제야 내가 내 인생의 주인이고, 그래서 내가 내 기준으로 목표를 세워서 하루하루 새로운 삶을 만들어 가야 하는데 자신이 없어서 여전히 남의 눈치를 보게 된다면 이 또한 문제가 아닐 수 없다. 예를 들어 여행을 해도 무작정 여럿이 같이 하거나 남에게 과시하는 것이 목적이 돼 버린다면 진정 자신의 내면의 변화에는 이르지 못하고 만다.

실제로 주변에서 자신을 세우는 것 보다는 그냥 남 따라 하는 은퇴생활을 택하거나, 불안, 조급을 견디지 못해 무조건 다시 일로 돌아간다든지, 아니면 은퇴 전과 같이 남의 기준에 머무는 경우를 많이 보게 된다. 자신의 세계를 만든다는 은퇴 목표를 정하고 하루하루를 변화의 체험가운데 감동을 맛보며 멋지게 해내는 경우가 매우 드물다는 것이다. 그리고 그 이유야 물론 여러 가지가 있겠으나 기본적으로 국민연금제도가 잘못돼 있어 대다수 은퇴자들이 가난하다는 것과 오늘의 은퇴자들이 자신도 모르게 겪어온 엄혹한 체험이 은퇴자가 가야 할 자유의 세계를 가로막고 있다는 것을 파악했다.

국민연금은 제도이다. 잘못된 제도는 제도 개혁으로 풀어야 한다. 문재인 대통령은 국민연금 소득대체율을 50%로 고친다는 공약을 지키지 않았다. 윤석열 대통령은 40%를 44%로 높이려는 국회의 노력도 동조하지 않았다. 원리, 또는 제도의 목적이라는 가치보다 자신이 속한 집단의 잇속을 우선시했기 때문일 것이다. 결국 한 사회의 집단지성이 이권집단을 압도할 수 있을 때 보다 타당성 있는 제도개혁의 길로 갈 수 있을 것이다.

우리나라의 은퇴자, 노인들이 불행하다는 것은 객관적 사실이다. 국민연금제도가 전혀 목적에 맞지 않고 그래서 은퇴자들이 가난하다는 것도 맞는 말이다. 하지만 우리는 거기서 멈출 수는 없다. 가난 이외의 다른 이유도 있는 것이다. 의외로 그것은 자유의 부재이다. 근대 이전의 신분사회처럼 신분에서 오는 구속이나 억압이 아니다. 자기 스스로 자유에 다가가지 못하는 것이다. 서양의 3백년 산업화를 단 30년에 해 낸 대가를 치르는 것일 수도 있다.

자유는 쉬운거 같지만 이해하기 정말 어렵다. 예를 들어 보자.

7년이 넘도록 데생만 연습했던 우리의 천재화가 고흐는 그림이 팔리지 않으므로 소득이 없다. 동생 테오의 도움으로 생활비도 해결하고 물감을 사서 그림도 그린다. 하지만 인습에 젖은 그림은 그리지 않는다. 당시 그가 인정받지 못하는 것은 문제가 아니었다. '언젠가는 내 그림을 세상 사람들이 이해 할 날이 올거야' 하며 자신이 그리고 싶은 보통 사람들이나 자연의 모습을 자기방식으로 그렸다.[1] 그렇게 고흐는 생애 천 점 정도 그림을 그렸는데 그가 살아 있을 때 한 점이 팔렸다고 한다. 지금 그의 그림 값은 계산 불능이다.

베토벤은 운명에 굴하지 않았고, 교회나 국가에 고개 숙이지 않았으며, 귀족에게 무릎 꿇지 않았다.[2] 때마침 시민사회가 전개되는 모습을 보면서 어디에 얽매이지 않고 자유롭게 숨쉬는 보통 사람들의 세계를 음악으로 나타내고 싶어 했다. 결국 귀가 들리지 않는데도 세상을 떠나기 몇 해 전 인류의 희망과 승리를 의미하는 합창교향곡을 만들었다. 고흐와 베토벤만 자유인일까. 오늘의 은퇴자, 자기만 잘 하면 얼마든지 자유인이 될 수 있다.

은퇴자에게는 재무와 비재무가 다 중요하다. 돈도 있어야 하고 자유도 필요하다는 얘기다. 그 중에 하나를 선택하라고 한다면 나는 자유여야 한다고 생각한다. 그만큼 은퇴자에게 단 한번뿐인 새로운 삶인 비재무가 중요하기 때문이다. 재무도 중요하기에 제도가 목적에 맞게 고쳐져야 한다는 것을 다시 한번 강조한다. 그러기 위해 윤리와 가치로 무장한 정부가 필요하다. 지자체도 노인일자리 만들기나 상담 등으로 노인문제를 해결할 수 있다고 생각한다면 정말로 오산이다. 수단을 앞세우기 때문에 그런 문제가 발생한다. 목적이 무엇인가를 우선시하는 진정성 있는 자세가 모두에게 필요하다.

유발 하라리의 10%

은퇴가 쓸쓸하고, 허전하기만 한 것은 아니다. 전에 없던 시간과 자유가 있기에 남의 눈치 보지 않고 스스로 결정해서 이것저것 할 수 있는 여지, 즉 자기 결정권이 있기 때문이다. 이 소중한 자기 결정권을 잘 행사하자는 것이 바로 은퇴설계론의 핵심이다.

몇 해 전 '미투'가 이슈가 된 적이 있다. '나도다' 하는 '미투'는 기본적으로 '나도 당했다.'하고 내뱉고 있는 것인데 그 이면에 자신의 의사가 무시되었다는 것에 대한 분노의 심리가 내포되어 있다고 생각된다. 대부분 사람이 '미투' 운동에 공감하는 걸 보면 오늘날에는 특별한 환경이나 여건이 아니면 누구나 자기 결정권을 행사하는 것이 당연하다는 것을 알 수 있다. 최소한 누구든 남의 결정권을 직접 막을 수는 없다.

하지만 얼마 전까지만 해도 상황은 달랐다. 지구상에 사는 수많은 이들 중에서 지배계급을 제외한 사람들은 자기 결정권이 없었다. 피지배계급은 꼭 노예가 아니더라도 자기 의사와 관계없이 평생 강제노역 상태에 머무는 경우가 대부분이었다. 그에 대한 설명으로 '사피엔스'의 저자 유발 하라리의 '10% 이론'을 들 수 있다. 하라리는 사피엔스에서 대략 1만 년 전부터 농경사회가 시작되었는데, 그 이전의 수렵사회와 달리 농경사회는 정착이 가능해진 결과 생산성과 안정성은 좋아졌지만, 관개와 방어 등의 필요 때문에 지배계급이 발생하는 문제가 생겼다고 얘기한다. 그 이후 인류사회는 근대 후기에 산업사회가 발전되기까지 어느 사회나 유사하게 대략 10% 정도의 지배계급과 그들을 먹여 살리는 나머지 90%의 농부들로 구성되었다는 설명을 덧붙인다.[3]

10% 지배계급이론은 인류사회의 지배와 피지배의 기원을 설명한다는 의미가 있는데, 여기서 중요한 것은 근대 후기 산업사회 이전의 신분 사회에서는 10%의 지배계급을 제외한 사람들은 자기 결정권을 가지기 어려웠을 거라는 점이다. 서양 중세 봉건사회의 농노와 산업화 이전의 농부들, 우리나라 조선의 양인과 노비, 그리고 일본의 무사 계급을 제외한 농민 등이 그들이다. 이들은 이유도 모른 채 평생 강제노역에 시달렸을 것이다.

그러고 보면 근대 후기 이후에 산업사회가 전개되면서 피지배자들의 자유와 권리가 신장되어갈 수 있었던 것은 정말 다행이다. 왕조사가 아닌 사회사는 피지배계급이 점차 지배계급에 대항하여 어떻게 자유와 권리를 얻어갔나 하는 과정을 설명하려고 노력한다. 물론 10%의 비중도 시대와 사회에 따라 일정하지는 않았을 테지만 말이다.

프랑스에서는 1789년의 유명한 대혁명으로 평민이 왕권을 무너뜨렸는데 이때 평민 중의 핵심세력이 부르주아지였다. 당시 인구는 귀족 2%, 평민 98%로 구성되어 있었고 2%의 지배계급이 토지의 40%를 소유한 상태였는데, 부르주아지는 평민에 속해 있으면서 인구의 7% 정도를 점하고 있었던 기업가, 상인들을 말한다. 그들은 16세기에 칼뱅의 종교개혁으로 탄생한 위그노의 후예였으며 대략 17, 8세기에 유럽 각국에서 산업화의 주역으로 활동하게 된다.

중국에서는 10세기에서 13세기 사이에 '당송변혁'이라고 하는 점진적인 제도개선이 있었다. 송대에 주자학 이념에 바탕을 둔 과거제가 성공적으로 정착되자 더는 관료가 세습되지 않게 되었고, 사회는 귀족사회로부터 사대부들이 주도하는 관료사회로 변모하였다. 또한 농업기술과 도시의 발전, 특히 상업 발전은 신분 사회로부터 분업 사회로의 전환을 가능하게 했다. 후에 왕조가 명, 청대로 이어지면서도 제도개선은 지속되었고 사람들의 삶은 완만하게 좋아져 갔다. 중국은 유럽에서와 같은 시민혁명이 아니라 제도개선이었으므로 피를 흘리지 않았다는 장점이 있다.

일본은 1870년경의 메이지유신으로 근대적인 제도개혁을 앞당기며 산업화에 성공한 것으로 알려졌지만, 변화는 이미 17세기 초 도쿠가와막부 때부터 시작되었다. 도쿄에 본거지를 둔 막부가 지방 각처의 다이묘(지방 번의 성주 또는 제후)들을 견제하기 위해 시행한 천하보청(충성을 맹세한 다이묘가 막부에 노동력을 바치도록 강제한 법으로, 이로 인해 축성, 도로 건설, 제방 건설 등이 광범위하게 행해졌다.)과 참근교대제(1년을 단위로 각 번의 다이묘들을 에도에 출부시켜 머물게 하는 제도인데, 다이묘 일행이 에도까지 먼 거리를 이동하고, 또 오랜 기간을 에도에 머물다 보니 에도와 각 지방의 경제가 발달하는 의외의 효과가 나타나게 되었다.)가 예기치 않게 도쿄와 지역 곳곳에서 상업을 발전시키며 돈이 돌게 되자, 전국에서 크고 작은 도시들이 발전되며 사회가 변화되기 시작했다. 에도시대에 당시 인구 7%였던 도시 거주 상인계층인 조닌이 사회의 실세로 등장했으며, 오히려 재력을 잃어가는 무사 계급의 지위가 흔들리게 되었다.[4] 일본 역시 유교 신분 사회여서 조닌은 원래는 천시받는 상인계층이었지만 상업 발전으로 부를 가지게 되자 교육의 기회를 얻게 되고 문화활동도 즐길 수 있게 되었는데, 그 결과로 사회도 산업화의 저력을 비축할 수 있게 되었다. 예로 스미토모는 1630년에 도쿄에서 책과 약을 파는 상점으로 출발했고, 미쓰이는 1673년에 교토의 포목점에서 출발했는데 수백 년이 흐른 지금 이들이 일본의 대표적 재벌로 자리 잡고 있다.

이에 비해 조선은 색다른 모습을 보여준다. 17세기 변혁의 시기에 동아시아 3국 중, 중국에서는 명에서 이민족 만주족의 나라 청으로의 왕조변경이 진행되었고, 일본은 도쿠가와막부가 에도 시대라는 새 시대를 연 반면, 조선에서는 1592년의 임진왜란, 1636년의 병자호란 이후에도 종래의 체제가 지속, 고착되었다. 양란으로 신분 사회의 체제 유지에 위기의식을 느낀 지배세력 양반들은 외교는 폐쇄와 사대를, 정치는 파당과 붕당을, 학문은 오직 주자학, 그것도 사상보다는 예법을, 사회는 자신들의 기득권인 신분제 유지만을 목적으로 삼았으며, 또한 백성들의 동요를 막기 위해 가례를 보급하고 오가작통법 등을 시행하여 통제를 강화했다. 그 결과 양반들은 17세기까지 노비제 전성 시기[5]를 이어가며 자신들의 기득권을 누릴 수 있었지만, 외부와 단절, 고립된 조선사회의 농업과 상업은 더디게 발전될 수밖에 없었으며, 남들이 새 국면을 맞는 그 시기에 조선의 백성들은 변함없이 고통스러운 상태에 빠져 있었다. 양반들의 배타적 지위는 19세기까지 지속될 수 있었고 결국 청이 멸망하고 일본이 산업화될 때까지 조선의 양반사회는 형식적으로나마 존속되었다.

프랑스에서는 7%의 부르주아지가, 일본에서는 7%의 조닌이 지배계층을 허물거나 변화의 핵심세력으로 부상했지만, 조선에서는 10%의 양반이 오래도록 90%의 양인, 노비를 지배할 수 있었다. 세계 여러 곳에서 부르주아지와 조닌같은 부류의 경제력이 좋아지면서 평민 교육의 기회와 자유, 권리가 확대되어 지배, 피지배 구도가 점차 허물어져 간 것이 일반적인 흐름이었는데 조선만큼은 그렇지 못했다.

결국, 프랑스가 대혁명 이후 다원화 사회로 진입하고, 또 일본은 에도 시대에 이은 메이지유신으로 산업화에 성공하며 사람들의 자유와 권리가 커져 갈 무렵, 청나라와 조선은 그 과정을 거치지 못한 채 외세의 침입으로 망했다.

하지만 우리나라의 개인은 지금 자기 결정권을 누리고 있다. 우리도 어느 날 자유와 권리를 확 얻었기 때문이다. 프랑스대혁명, 일본의 메이지유신 같은 저항이나 변혁, 또는 중국에서와 같은 전반적 제도개혁은 찾아보기 어렵지만, 빛은 우리에게도 다가왔다.

일부 국가와 사회를 제외하고는 유발 하라리의 10%는 더는 90%의 자기 결정권을 억압하는 권력이 아니다. 사회에서 특정 역할을 수행하는 기능의 담당자일 뿐이다. 이젠 어느 나라나 다원화 사회가 되었고, 각자가 공부하고 제도를 잘 만들어서 온 국민이 자유와 권리를 고루 갖게끔 하면 되는 것이다. 오히려 우리에게는 후손들을 위해 좋은 제도를 만드는 것이 남보다 더 필요하다.

우리가 자유와 권리를 쉽게 얻었다고 해서 자기 결정권 행사에 조금도 주저할 이유는 없다. 사실은 거저 얻은 것이 아니다. 이게 다 가진 것 없이 하루하루를 어렵게 살아가면서도 힘껏 버텨서 우리에게 오늘이 있게 한 조상님들의 은덕이기 때문이다. 자기 결정권을 행사하지 못하면서도 견디고 인내해서 후손들의 오늘이 있게 한 이 땅의 조상님들을 생각하면 우리는 조상님들의 몫까지 갑절로 자기 결정권을 마음껏 써야 마땅하다.

은퇴자의 자유와 시간, 그리고 자기 결정권은 은퇴자에게 다시없는 축복이다. 일찍이 경험해보지 못한 자신만의 끝없는 자유의 세계가 은퇴자 앞에 펼쳐져 있다. 주저 없이 그 넓고 깊은 세상을 향해 힘찬 발걸음을 내딛는 용기가 은퇴자에게 필요하다.

한글과 은퇴생활

"… 아빠가 늘 어려운 순간에도 희망을 잃지 않게 북돋아 주셔서 감사해요."

지금은 서울에서 회사에 다니는 딸 지영이가 고등학생 때 내 생일 축하로 건넨 카드에 적힌 문구다.

"함께 일하며 웃던 지난날의 추억들이 언제나 새롭게 느껴집니다. … 어디서나 어둠을 빛으로 밝히는 세상의 빛과 소금이 되시길 기원합니다."

2010년 초 내가 은행을 떠날 때 직원들이 만들어 준 퇴임 기념패에 담긴 글이다.

얼마 전 아내가 은퇴하면서 아파트 내부 인테리어 공사를 했는데, 그때 집 정리를 하다가 찾게 된 오래전 편지, 카드 등에서 발견된 글이다. 우리는 그때 은퇴 후 주거에 대해 심도 있게 고민했었다. 선택의 폭은 전원으로 갈 것이냐, 새 아파트로 이사할 것인가, 아니면 사는 아파트를 우리 개념에 맞게 고쳐볼 것인가의 3가지였다. 결국 '지금 아파트를 고치자.'로 결정하였는데, 주변에 산과 학교운동장, 또 좋은 이웃이 있었기 때문이었다. 그런데 1달여 공사를 마치고 입주하면서 오래전 추억도 다시 살리게 되었다.

글은 기록으로 남아 오랜 뒤에도 다시 추억과 감동을 재생산할 수 있게 해준다. 책이라면 더 넓고 깊게, 또 더 오래 갈 수 있을 것이다. 1556년에 칼뱅이 쓴 '기독교 강요'에서 힌트를 얻어 막스 베버가 1910년에 '프로테스탄티즘의 윤리와 자본주의의 정신'[6]이라는 역작을 남긴 게 그런 경우일 것이다. 칼뱅의 '기독교 강요'는 성서만큼은 아니더라도 각 나라의 글로 번역되어 전 유럽에 퍼지면서 수백 년 동안 사람들의 의식과 사회에 커다란 변화를 가져온 보기 드문 책이다.

청년 시절 김화영의 수필집 '행복의 충격'을 읽은 적이 있다. 지중해에 발을 담그고 찰랑거릴 때 행복의 충격이 다가왔다는 그 말이 너무 멋있어 보여서 '나도 꼭 해 봐야지' 했는데, 몇 년 전 우리 부부가 드디어 남프랑스여행을 떠나게 되었다. 그때 딸 지영이가 자기 방에서 웬 책을 들고나오면서 "아빠, 이 책 한번 보고 가세요." 하는데…, 김화영의 '행복의 충격'이었다. 옛날의 내 책일 리가 없다. '아니…. 그 글이 지금도….', 혹시 해서 찾아보니 그때 불문학도였던 김화영이 그사이에 불문학 교수가 됐다가 은퇴한 거 같은데, '행복의 충격'은 여전히 살아 있었다.

지금 내가 쓰고 있는 글, 이게 바로 한글이다. 한글은 꽤 장점이 많다. 우선 과학적이고 체계적일 뿐만 아니라 정교하다. 잘 만들었다는 것이다. 그런 점에서 상형 문자와는 비교도 안 되게 우수하다. 하지만 그보다 더 좋은 것은 배우기 쉽다는 점일 것이다. 오늘날 중국의 높은 문맹률을 생각해 보면 한글이 얼마나 쉽게 배울 수 있는 글인지 대번에 알 수 있다. 한편 그 장점은 쉽게 자판을 칠 수 있다는 것으로 이어져 오늘의 한국이 IT 강국으로 우뚝 서게 하는데 크게 이바지했다는 점을 빼놓을 수 없다.

하지만 한글에는 아쉬운 점도 꽤 많이 있다. 글이 문명의 도구요, 또 사회 구성원들이 같은 글을 사용할 수 있어서 문명과 사유의 공유가 가능하다는 점을 생각한다면 한글은 너무 늦게 만들어졌다는 안타까움을 부정하기 어렵다.[7] 그것은 우리 주변만 보더라도 돌궐과 티베트는 7세기, 일본은 9세기, 여진은 12세기, 몽골은 13세기에 자신의 문자를 만들었다는 것으로 알 수 있다.

우리 문자가 없다 보니 우리 조상들은 습득이 어려운 한자를 빌려서 사용할 수밖에 없었는데, 이것 때문에 한자를 습득한 지배계층은 문명을 독점하게 되고, 어려운 한자를 배우지 못한 백성은 소통을 제대로 할 수 없었을 뿐만 아니라 문명과 제도에서 소외되는 결과가 나타나게 되었다. 자기 문자가 있느냐, 또 얼마나 많은 사람이 그 문자를 쓸 수 있느냐 하는 것이 중요하다는 것은 서양에서 성서가 각 민족의 문자로 번역된 후에야 일반인들이 성서를 읽을 수 있었던 것을 보면 알 수 있다. 그전까지는 라틴어로 된 성서를 라틴어를 익힌 사제들만이 읽을 수 있었음은 물론이다. 종교의 권위를 빙자한 문명의 독점일 뿐만 아니라, 이로 인해 많은 사람이 교회의 일방적 권위에 끌려갈 수밖에 없는 상황에 놓여 있기도 했었다.

1443년에 한글이 제정된 후에도 한글은 많이 쓰이지는 못했다. 이미 문명을 독점한 양반들은 제도권 내에서 한글이 공식적인 글자로 사용되는 것을 집요하게 방해했고, 한글을 언문이라고 부르며 의도적으로 무시했다.[8] 한글은 제법 쓰이기는 했으나 사회적 약자인 여성이나 백성들이 자기들끼리의 소통수단으로 사용하는 데 불과하였다. 남의 글인 한자를 너무 오래 빌린 결과는 지배계급은 방어적이고 보수적인 사유의 협소함에 빠지게 되고, 한자를 모르는 백성은 문명에서 소외되는 것으로 나타났다. 또한 한글이 문명의 핵심세력으로부터 멀어진 결과 한글 문학작품이 만들어지거나 출판되는 것이 지연되었다. 한글로 된 최초 소설이 1612년에 허균이 쓴 홍길동전, 또는 1567년의 설공찬전이니 절대 이르지는 않은 것이며 또 그 후에도 한글 문학작품이 많이 만들어지지는 못했다. 일본이 9세기 초에 가타카나를 만들어 낸 후 10세기에 다케토리 모노가타리, 또 11세기에 겐지 모노가타리 등의 문학작품을 배출하면서 후대에 이런 글들이 국학 연구의 발판으로 성장해 간 것과 비교된다.[9]

한글의 실제 사용의 역사는 100년밖에 되지 않는다는 극단적인 주장이 일면 설득력이 있다.[10] 한글이 널리 쓰이기 시작한 것은 18세기 이후의 일이며, 지식인들로부터 제대로 대접받기 시작한 것은 한글 사용이 국권 회복 운동의 일환이 되었던 20세기 초부터이기 때문이다. 오늘날 우리나라가 문맹률 거의 제로라고 자랑하지만 OECD 자료에 의하면 실질문해율은 OECD 국가 중 거의 최하위로 나타나며 독서율도 좋지 않게 나오는 것도 다 이와 관련이 있지 않을까 싶다. 우리가 한글을 좀 더 일찍부터 쓰고 더 많이 썼더라면 벌써 숱한 노벨문학상 수상자가 나왔을지도 모를 일이다.

은퇴가 좋은 이유는 여가를 즐길 수 있기 때문이다. 여가의 포트폴리오는 대략 여행, 사진, 음악, 미술, 스포츠, 독서, 글쓰기 같은 것들이다. 그런데 이런 여가활동이 대부분 글쓰기와 관련된다. 여행이 단지 보는 것으로 끝나지 않고 느낌과 감동을 기록하는 여행기나 편지 등이 더해질 때, 또 사진에도 사진 배경이나 비교설명이 덧붙여질 때 단순한 취미를 넘어 작품이 탄생한다. 독서는 말할 것도 없다. 은퇴생활을 어렵지 않게 새로운 세계와 감동의 나라로 하루하루 인도해갈 수 있는 좋은 방법이 독서와 글쓰기다.

1998년 경북 안동시 정상동 일대의 택지조성 공사 도중 어느 묘에서 1586년에 한글로 쓰인 편지 하나가 발굴되었다. 원이 엄마가 31살의 젊은 나이에 세상을 떠난 사랑하는 남편, 원이 아빠에게 보낸 것이다.

"원이 아버지에게,

자내 항상 내게 이르되 '둘이 머리가 세도록 살다가 함께 죽자' 하시더니, 어찌하여 나는 두고 자내 먼저 가시는가? 나와 자식은 누구에게 기대어 어찌 살라 하고, 다 버리고 먼저 가시는가? 자내는 나에게 마음을 어떻게 가졌고, 나는 자내에게 마음을 어떻게 가졌던가? 함께 누우면 내 언제나 자내에게 이르되 '이보소! 남들도 우리처럼 서로 어여삐 여기고 사랑할까?' 어찌 그런 일을 생각하지 않고 나를 버리고 먼저 가시는가? 자내 여의고는 아무래도 나는 살 힘이 없네. 빨리 자내한테 가고자 하니 나를 데려 가소. 자내를 향한 마음을 이승에서 잊을 길이 없네. 아무래도 서러운 뜻이 그지 없네. 내 마음 어디에 두고 자식 데리고 자내를 그리워하며 살려고 하겠는가. 이 편지 보시고 내 꿈에 와서 자세히 이르소. 내 꿈에 이 편지 보신 말 자세히 듣고자 하여 이리 써서 넣네. 자세히 보시고 내게 이르소. 자내 내 뱃속의 자식 낳으면 보고 말할 것이 있다 하고서 그리 가시니, 뱃속의 자식 낳으면 누굴 아버지라 하라 하시는고. 아무리 한들 내 마음 같을까. 이런 슬픈 일이 하늘 아래에 또 있을까. 자내는 한갓 그곳에 가 계실 뿐이지만, 아무리 한들 내 마음 같이 서러울까. 하고 싶은 말이 끝이 없어 다 못쓰고 대강만 적네. 이 편지 자세히 보시고, 내 꿈에 와 자세히 보이고, 자세히 이르소. 나는 꿈에 자내를 먼저 보려 믿고 있다네. 몰래 와서 보여 주소서. 하고 싶은 말이 끝이 없어 이만 적나이다."[11]

이 편지는 원이 아빠의 묘에서 발견된 것이다. 뱃 속의 원이와 자신을 두고 먼저 떠나가 버린 사랑하는 남편을 꿈에서라도 보고 싶은 원이 엄마가 400년 전에 한글로 쓴 이 편지는 우리에게 적잖은 감동이다. '아, 그때도 부부는 저렇게 사랑하며 아파하고 살았구나.' 또 편지에 나오는 '자내'라는 어투로 보아 조선 중기까지 결혼제도 속의 남녀관계가 우리가 알고 있었던 것보다 꽤 평등하고 자유로웠던 것이 아니었나 하고 생각해 보게 된다.

비단 김화영이나 원이 엄마가 아니더라도 우리는 모두 글을 읽고 쓸 수 있다. 글을 읽고 쓸 수 있다는 것이 얼마나 감사한가. 보통 말은 50만 년,

글은 만년 정도의 역사를 가졌다고 하는데 우리에게는 오래도록 글이 없었고, 또 어떤 때는 좋은 우리 글을 못 쓰게 했던 때도 있지 않았나. 지금은 얼마나 좋은지 모른다. 우리 글이 있고 또 방해받지 않고 마음껏 쓸 수 있으니 말이다.

동서고금을 막론하고 승리를 위해서는 무기가 필요하다. 또 자신의 무기를 잘 갈고 닦아야 승리할 수 있다. 쉽게 다룰 수 있고, 또 연습할수록 눈에 띄게 무공이 세지는 무기가 좋은 무기일 것이다. 한글이야말로 은퇴자에게 좋은 무기요, 은퇴생활은 한글과 더불어 벌이는 한판 대결의 세계라고 해도 과언이 아닐 것이다. 은퇴자의 삶에 있어 비단 독서나 저술이 아니더라도 한글은 어디에나 필요하다. 카톡, 페이스북이나 네이버 카페 활동 같은 SNS도 결국은 쓰는 것이다. 그것도 한국어로 말이다. 은퇴자가 한글 하나만 잘 읽고 써도 은퇴생활 멋지게 할 수 있다.

금수저와 조선의 은퇴자들

한 때 금수저, 흙수저 이야기가 유행했다. 10여 년 전인 2015년의 대표 신조어 하면 금수저다. 그 이야기는 자신의 장래가 본인의 노력보다 재력, 지위 등 부모의 배경에 의해 결정된다는 시대적 상황에 대한 절망감을 젊은이들 스스로 자조 섞인 말로 표현한 것이었다. 그로부터 10여 년이 흘렀건만 2020년부터 2024년까지 4년 사이에 20대 이하의 개인워크아웃 감면액이 2배 정도 증가한 것으로 나타나 청년들의 사회 문제가 오히려 더 심각해졌음을 짐작케 한다.

그런데 다수 은퇴자의 삶도 그와 크게 다르지 않다. 우리나라 은퇴자들의 소득대체율은 40%에 못미치고 노인빈곤율은 대략 40% 정도 된다. OECD국가 평균 노인빈곤율 14%와 비교할 수 없을 정도로 우리나라 노인들이 가난하다는 것이며 이래서는 많은 은퇴자가 취미생활이나 여행 등의 기본적 은퇴생활조차 제대로 하기 어렵다.

가난은 자신의 책임 아니냐고 할지도 모르겠으나 이 경우에는 적절치 않다. 왜냐하면 오늘날 어느 나라, 어느 사회나 노인들의 주 소득원은 연금, 그것도 공적연금이기 때문이다. 게다가 지금의 우리나라 노인들은 자녀의 성공을 위해 희생하고 국가의 산업화를 위해 평생 몸 바쳐서 우리 사회의 오늘이 있게 한 장본인들이 아닌가. 즉 이 시대에 노인 가난의 문제는 개인의 문제가 아니라 사회의 문제이며 더욱이 이것은 모두를 위해 희생한 이들에게 가해지는 부당함이라는 면에서 우리 사회가 하루속히 해결해야 할 과제로 여겨진다.

<그림 1>을 보면 전체 빈곤율에서는 우리나라도 14.6%여서 OECD 평균 11.3%와 그다지 크게 차이가 나지 않는다. 그런데 노인빈곤율은 50%로 OECD 평균 12.4%의 4배가 넘게 나타난다. 이 설명 불가능한 격차의 원인은 한마디로 연금제도 미비에 있다. 사회시스템의 불균형임이 확실하다. 이런 상태에서 노인들의 빈곤에 대해서는 아랑곳하지 않고 사회의 장래 운운하며 국민연금의 소득대체율을 개선하려고 하지 않는 것은 매우 무책임한 처사이다. 뿐만 아니라 평생 자녀를 위해 살아온 대다수 우리나라 노인들에게 별다른 재산이 남아 있기 어렵고, 은퇴 후에 이런저런 일을 계속해도 소득은 제한적일 수밖에 없다. 그렇지 않아도 살기 어려운 자식들한테 손을 벌리기도 어렵다. 그러다 보니 겨울엔 따뜻한 곳, 여름엔 시원한 곳을 찾아 역 대합실이나 지하상가 같은 곳에 옹기종기 모여 있거나, 그마저도 아니면 혼자서 그냥 외롭게 지내는 게 노인들의 실상이다. 그나마 건강보험이 잘 돼 있어서 아프면 병원에 갈 수 있다는게 다행이라면 다행이다. 청년들뿐만 아니라 연금의 혜택을 제대로 받을 수 없는 수많은 대다수 노인도 따지고 보면 흙수저다. 오히려 젊은이들처럼 부모 탓을 할 수도 없고, 조상 탓을 할 수도 없다는 게 더 서러울 수도 있다.

조선 시대에도 금수저, 흙수저가 있었다. 10% 정도의 양반이 금수저고, 90%에 해당하는 양인, 노비는 금수저를 먹여 살리는 흙수저였다. 조선 시대 양반은 모든 것을 다 가졌다고 해도 과언이 아니다. 한자를 자기들만 알고 있으니 학문과 문명을 독점한 것이고, 과거를 통해 출세할 수

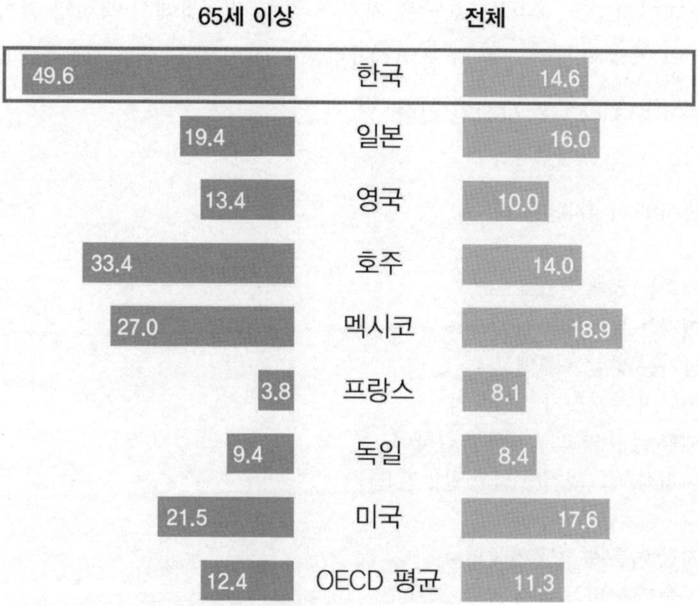

<그림 1> 한국 노인의 빈곤율 (단위: %, OECD Pension at a glance 2015)

있으니 권력도 가지고 있었고, 물려받은 땅과 노비에다가 양인의 토지를 수시로 겸병했으니 땅 부자 재력가였다. 거기에 대부분 처뿐만 아니라 첩도 있었으며, 신분을 포함한 이 모든 것들이 모든 자녀에게 상속될 수 있었다. 한편, 양인과 노비는 평생 거의 강제노역 상태에 있었을 뿐만 아니라 교육과 신분 상승의 기회로부터 차단되었다. 법상으로는 과거 응시에 문제가 없었으나 산업이라고는 농업뿐인 사회에서 양인의 자식에게 한문을 습득할 수 있는 실질적인 여유가 주어지지 않았기 때문이다.[12] 또 노비의 도망 이외에는 이들은 거주이전의 자유나 여행의 자유 등도 가지지 못했다.

임진왜란 초기 경상감사 겸 초유사로서 영남의 의병들을 소집하여 왜적에 대항하였고, 후에는 호남을 지키기 위해 진주성에서 백성과 함께 싸우다 병사한 김성일이 조선 중기인 1576년, 젊었을 때 지은 '자식과 이별하는 어머니'라는 서사시가 있다.[13]

자식과 이별하는 어머니

저희는 원래 전가호로서
여자는 누에치고 길쌈하고
남자는 밭갈고 김매고
연연이 농사짓기 길쌈하기
때를 잃지 않고 부지런히 일하여
여덟식구 그렁저렁 먹고 살았지요.

지난 여름 몹시도 가물더니
가을까지 비는 오지 않고
올해도 연거푸 가뭄이 들어
천리땅이 벌겋게 타는 지경이었소.

(중략)

아전들 나와서 부세독촉
연보로 엮어넣는데
채찍 휘두르고 매질해대며
훑어내고 발라내기 능사라.

(중략)

하늘같은 남편 지난 달에
병이 들어 기어이 일어나지 못했고
어린 자식 또 오늘아침에
굶어죽어 내다 묻었다오.

죽을 고비 몇 번이고
간신히 살아남은 우리 모자

(중략)

동서로 제가끔 떠돌며
입에 풀칠이나 꾀하고
모진 이 목숨 하루나마
연명하길 바랄 뿐이지요.

이 서사시는 눈물로 헤어지는 어느 어머니와 아들로부터 김성일이 그 사연을 듣고 지은 것인데, 조선 시대 서민들의 삶의 실태를 엿볼 수 있는 소중한 자료이기도 하다. 어머니와 아들의 답인즉 자기들은 원래 열심히 일하여 그렁저렁 먹고 살았는데, 큰 흉년이 들어 논이 타들어 가고 수확이 전혀 없는데도 관의 수탈이 여전하였고, 급기야는 가족이 죽고 남은 이는 파산하여 동서남북으로 흩어지게 되었다는 것이다.

그들은 그 후로도 각자 어디 가서 서로의 소식을 모른 채 또 땅을 파고 길쌈하며 죽도록 일해야 했을 것이다. 평생 땅만 파고 살아도 가족과 같이하는 것이 그들이 제일 바라는 삶이었을 터인데 그조차 그들에겐 주어지지 않았다. 희망이 별로 없었을 거라는 점에서 양인과 노비가 별 차이가 없어 보인다. 양인에겐 관의 위험이, 또한 노비에겐 양반 주인의 위협이 언제나 도사리고 있었기 때문이다. 이들이 강제노동에서 벗어날 수 있었던 은퇴는 죽어서야 가능했을 것이다.

사실상 인류에게 은퇴생활을 가능하게 할 사회적 제도가 구비된 지는 얼마되지 않는다. 19C 말, 20C 초에 유럽의 법치, 복지국가에서 퇴직 혜택이 도입되기 시작했고, 우리나라에서는, 국민연금은 1988년부터, 또한 퇴직연금은 2005년부터 시작되었다. 수명이 길어져 30년의 은퇴기간을 얻게 된 것도 불과 얼마 전의 일이고, 은퇴를 '자유'와 '자아실현'의 기회로 보게 된 것은 아주 최근의 일이다.

낮은 소득대체율(은퇴 전 소득과 은퇴 후 소득을 비교하는 것인데, 우리나라의 경우 소득대체율이 40% 정도로 상당히 저조하다.)과 복지제도 미비 등 우리의 은퇴제도에 분명히 문제는 있다. 우리나라의 노인들, 아직도 대체로 가난하다.

그래도 우리에게 은퇴는 축복이다. 제도는 지금이라도 다같이 만들면 되고, 자신의 몫인 은퇴자의 자유는 하루하루 감사하면서 스스로 노력해서 펼쳐가면 된다.

'명분론', 왜 문제인가

세상에는 쌍방 대립하는 이론과 개념이 수도 없이 많다. 자본주의와 사회주의, 진보와 보수 같은 것들이다. 그중의 하나가 집단주의와 개인주의다. 간단히 말해서 집단주의는 개인의 의사결정에 있어 개인보다 집단의 의사나 기대가 중요하다는 것이고, 개인주의는 그와 반대로 철저하게 개인적 입장에서 이해관계에 따라 결정하면 된다는 것이다.

은퇴생활의 가장 큰 장점은 모처럼 세상 모든 기대와 의무감에서 벗어나 자신의 삶을 누려본다는 것이니 은퇴자에게 개인주의와 집단주의 둘 중에서 하나를 선택하라면 당연히 개인주의를 택해야 하지 않을까 싶다.

기본적으로 개인주의의 배경에는 자유와 권리가 있다. 개인이 자신의 권익에 따라 자유롭게 생각하고 결정하는 것이 전제되어야 할 테니 말이다. 이 자유와 권리의 사상은 서양에서 발전된 것이긴 하지만, 사실은 서양에서도 이런 것들이 본격적으로 거론되기 시작한 지는 얼마 안된다. 서양도 중세는 암흑시대요 봉건제 신분 사회가 아니었는가 말이다.

서양의 전환점은 16세기의 종교개혁이 아닐까 한다. 이 시대의 대표적인 종교개혁가로 루터와 칼뱅이 있음은 주지의 사실이다. 루터가 교황에 대항하여 비텐베르크 슐로스 교회 대문에 95개 개혁조항을 내걸었고 라틴어 성서를 독일어로 번역하는 업적을 세운 데 비해, 칼뱅은 식음을 전폐할 정도의 수십 년에 걸친 노력 끝에 1559년에 '기독교 강요' 최종판을 완성했다. 거기 이런 내용이 나온다.

> 10장 현세에서의 삶의 올바른 사용과 그 위로
>
> 하나님의 선물을 이용하는 것은 잘못이 아니다. 그분이 그것들을 만드신 목적이 우리의 멸망이 아니라 우리의 선을 위한 목적이라는 것에 입각한다면 말이다. 그러니까 만일 우리가 하나님이 왜 다양한 종류의 음식을 만드셨는지를 고려하면, 그분이 우리의 필요를 위해서 뿐만 아니라 기쁨을 위해서도 예비하셨다는 사실을 발견한다.
> (중략)
> 그렇다면 하나님의 피조물들을 필수적으로 사용하는 것 외에는 아무것도 허용하지 않고 우리로 하여금 하나님의 은사를 적법하게 향유하는 것을 박탈해 버리는 잘못된 철학은 포기하자.[14]

지금 보면 아무것도 아닌 것 같은 이 주장은 당시로는 혁신적인 것이었다. 지나치게 세상과의 접촉을 억제하면서 금욕과 절제를 요구하는 당시의 지배세력인 가톨릭 윤리에 대항하여 포도주도 마시고 공부도 하고 일도 열심히 하자고 운을 뗀 것이니 말이다. 그 이후 칼뱅의 저서 '기독교 강요'는 여러 언어로 번역되며 평신도가 사제들과 싸워 이길 수 있는 무기가 되었고, 칼뱅의 사상은 제자들에 의해 전 유럽에 전파되었다. 칼뱅의 후예들은 위그노, 부르주아지로 꾸준히 성장하며 확장되어 서구 산업사회의 주역이 되었다. 한편 정치사상면에서도 칼뱅의 제자들은 존 밀턴, 존 애덤스 등으로 이어가며 자유와 권리의 사상을 발전시켜 서양의 시민사회 형성과 개인주의 발전에 기여했다.[15]

이에 비해 동양의 집단주의적 사고의 원류는 유교의 '명분론'에서 찾을 수 있다. 명분(名分)은 원래 올바른 기준으로 분별해야 한다는 좋은 뜻이다. 하지만 서주 시대의 예치에 따라 정명 사상을 세운 공자로부터 출발한 '명분론'은 '임금은 임금답고 신하는 신하답고 아비는 아비답고 자식은 자식다워야 한다.'로 정리 요약된다.[16] 분수를 지키라는 얘기다. 동양 윤리의 바탕을 이루는 이 명분론은 오랜 기간을 통해 동양 사회제도의 외재적 통제와 윤리 규범의 내재적 통제로 사람에게 나타나게 된다.[17] 더불어 명분론의 충과 효에서 비롯된 문화는 중용과 현실 순응적 성격을 강요했다.[18]

2천5백 년 전 공자로부터 비롯된 명분론의 흔적은 의외로 지금도 우리 사회 곳곳에서 찾아볼 수 있다.

> '송충이는 솔잎을 먹어야 한다.'
> '오르지 못할 나무는 쳐다보지도 말아라.'
> '뱁새가 황새 따라가려다가 가랑이 찢어진다.'

익숙한 속담들은 하나같이 개인의 독자적인 영역을 확장하려는 노력보다는 분수를 지키는 게 우선이라는 교훈을 강조한다. 나서지 말라는 것이니, 개인존중의 사고는 찾아보기 힘들다. 아직도 우리는 나라님이라는 용어를 곧잘 사용한다. 나 자신도 불과 얼마 전 지점장 시절 이런 얘기를 많이 듣곤 했었다. '회의 때 맨 앞자리는 좋지 않다. 회의 때는 가만 있는 게 상수다.' '모난 돌이 정 맞는다. 나서서 얘기할 필요 없다.' 지금도 은연중에 학생이나 젊은이들을 무시하는 언어습관이 남아 있다. '어린 것이…. 젊은 놈이….'

그런데 말이다. 원래 유교에는 명분론만 있는 게 아니다. 천명론도 있다. 천명론은 공자보다 약 2백 년 후의 사람인 맹자가 얘기한 것이다. '백성이 귀하고, 사직이 그다음이며, 임금은 가벼움이 된다.' 또 위정자가 민심을 잃으면 천명에 들어맞지 않는 것이기에 다른 지도자를 세울 수 있다고 주장하여 민본주의 입장에서 혁명을 정당화하기도 했다. 성리학의 집대성자요, 조선 유교에 엄청난 영향을 미친 주희도 사실은 명분과 천명의 논쟁에서 백성과 천명이 명분의 상위에 있다고 하여 맹자를 옹호하였다. 이처럼 기존 질서를 중요시하는 명분론뿐만 아니라 변화와 백성을 강조하는 천명론도 만만치 않은 것이 유교의 흐름이다. 조선 유교가 너무 쉽게 일방적으로 명분론에 함몰된 것이 안타깝다. 다음은 15세기 때 생육신 중의 한 사람인 김시습(1435-1493)의 글이다.

> 천자는 제후를 제어하고 제후는 공경대부를 제어하고 공경대부는 학자와 인민을 다스린다. 귀한 사람은 천한 사람을 부리고 천한 사람은 귀한 사람을 따른다.[19]

조선 말기의 유학자이자 의병장인 유인석(1842-1915)의 글을 보자.

> 천지에는 높고 낮음이 있고 만물에는 크고 작음이 있다.
> (중략)
> 서양의 입헌군주제에도 임금이 있고 신민이 있으며 공화정에도 대통령과 부통령이 있고 상원과 하원이 있으니 필경 평등은 불가능하다.
> (중략)
> 천하가 평등과 자유로 귀의하면 어지러운 다툼의 마음이 일어나 행동으로 어지러운 다툼을 일으키게 된다. 만약 이런 사조가 그치지 않는다면 인류는 장차 쇠잔해 없어질 것이요, 천지도 반드시 붕괴됨에 이를 것이다.…평등과 자유는 만고천하에 견줄 데 없는 가장 나쁜 설이니, …[20]

조선 초, 중기나 말기나 할 거 없이 대체로 조선의 지식인들은 집요하게 명분론에 입각한 인간의 차별과 신분제 옹호를 강조했다. 거기에 개인을 존중하는 합리적인 사고는 싹트기 어려웠을 것이다. 15, 16세기까지 양반 중심의 신분 사회를 확립한 조선은 관용이나 천명 같은 유교의 한쪽 면을 무시하고 시종일관 명분론에 집착하며 일방적으로 기존 신분질서를 강조하는 완고함에 빠진 것으로 보인다. 이에 대해 '동양문화사' 의 저자 페어뱅크는 그의 책에서 한국인들은 중국인들보다도 더 형식적 교육을 중시하고, 유교 원칙에 대해 융통성 없이 애정을 바치고 유교적 의식에 대해서도 거의 열광적으로 충실하게 되었다고 설명하고 있다. 삼년상을 의무적으로 지키고 부인의 정조가 엄격하게 강요되었으며 과부의 재가는 혹독하게 비난당하였다고 예를 들면서다.[21] 이런 풍토에서 개인의 자유와 의사결정의 권리가 존중되었을 리 만무한데, 그런 조선 유교의 원인에 대해 페어뱅크는 조선이라는 좁은 지역에서 더 유교 경전에 충실하게 전개되었을 것이라고 설명한다. 하지만 나는 한자를 포함한 중국문화의 차용에서 비롯된 문제가 더 크지 않았을까 생각한다. 하여간 어차피 빌려온 것을 가지고 우리 실정에 맞게 고치지는 못하고 내가 더 원래에 맞는다고 우기면서 내내 서로 싸운 것은 부인할 수 없는 사실이며, 그런 상황에서 상대에 대한 관용이나 개인에 대한 존중의 사고는 자리 잡기 힘들었을 것이다.

오늘날 우리 사회는 개인주의와 집단주의가 혼재된 모습을 보이고 있다. 전통의 집단주의 문화와 서구식의 개인주의 문화가 곳곳에서 충돌하기도 하고 구세대와 신세대가 서로 무시하며 갈등을 겪기도 한다. 뒤늦게 개인주의에 눈뜬 여성들이 억울함을 호소하며 황혼이혼을 결행하기도 한다.

은퇴생활은 진정한 자기 자신을 찾을 수 있는 모처럼의 기회다. 직장상사와 고객뿐 아니라 더는 그 누구의 눈치도 볼 이유가 없어졌다. 오직 내가 중요한 것이다. 내가 좋아하는 것, 내가 잘 하는 것, 정말 하고 싶었던 것, 그런 걸 찾아서 더 늦기 전에 행동에 옮겨야 한다. 혹이라도 내 마음에 '명분론'의 잔재가 조금이라도 남아 있다면 과감하게 내던지자. 중용, 현실 순응, 이런 것도 다 내버리고 나의 길을 가자. 그리고 남의 길도 방해하지 말자.

노인은 가난하다

몇 해 전 아내와 같이 보름 일정으로 남부 독일 자동차여행을 다녀왔다. 남부 독일 도시들은 규모 면에서는 파리나 로마에 비할 바 안되지만, 지역마다 독특한 성과 성당이 있고 또 남쪽 끝자락에는 퓌센과 베르히테스가덴 같은 알프스 지역도 있어서 어디에도 뒤지지 않는 풍취와 정감을 뽐내고 있다. 하이델베르크 성, 튀빙겐 성, 퓌센의 노이슈반슈타인 성과 뉘른베르크 시가지 등은 정말 한번 꼭 가 보라고 권할 만한 곳이다.

여름방학을 이용하는 유럽여행도 벌써 몇 해째다 보니 해마다 새로운 점을 발견하곤 하는데 그때 독일여행에서는 특히 노부부 여행자들이 눈에 많이 띄었던 걸로 기억된다. 비스바덴에서 있었던 소콜로프의 베토벤 피아노소나타 연주와 슈투트가르트 국립발레단 공연의 관객들도 대부분 노부부였다. 한여름인데도 울긋불긋한 원피스와 정장 차림으로 멋을 낸 할머니, 할아버지들을 보며 적잖이 감동을 받았다. '1년에 한 번, 이때를 위해서 저 원피스를 장롱 속에 잘 모셔놓는 것 아닐까?'하고 생각했을 정도였다.

세상 모든 곳의 문화와 그 참여자가 다 같을 수야 없겠지만 '아, 이렇게 은퇴생활 해야 하는데, 독일 사람들, 연금을 많이 받나 봐….' 부러움이 앞섰다. 지금은 우리나라도 곳곳마다 시향 등이 있어 클래식 음악 공연을 가까이에서 접할 수는 있게 되었지만 찾는 이들은 주로 젊은 층과 여성들이다. 아직은 노인층, 특히 노부부가 문화생활의 주체가 되지는 못한다는 면에서 우리의 현실은 독일과는 많이 대비된다.

대체로 은퇴에 대한 우리의 논의는 준비가 덜 돼 있다는 쪽으로 많이 흐른다. 재무에 대해서는 미리미리 준비하지 못한 개인 책임론과 따라서 대비하기 위해서는 개인연금에 관심을 가져야 한다든가 하는 것이며, 비재무에 관해서도 취미와 자기 분야를 미리미리 준비하라는 식의 충고가 주를 이룬다. 하지만 그렇게 개인 탓으로 돌려서 문제가 해결되지는 않을 것이다. 그것도 필요하기야 하겠지만 그보다는 오히려 현장과 환경을 잘 살펴서 무엇이 문제이고 또 어떤 것이 은퇴생활을 어렵게 하는지를 찾아내는 작업이 우선되어야 할 것이다.

그런 면에서 은퇴생활을 어렵게 만드는 요인과 처방에 대해 파악, 정리해 보는 것이 이 책의 목적 중의 하나인데, 개인에게 하는 비재무 관련 충고는 뒤편에서 다루고 여기서는 우선 노인들의 재무 문제에 대해 살펴보자.

우리나라의 노인빈곤율은 약 40%인데 OECD 38개 국가 중에서 1위이면서 OECD 평균(노인빈곤율)의 3배 정도가 된다. 많은 노인이 설명할 수 없을 정도로 가난한 것이다. 이래서는 은퇴론에서 강조하는 자기 정체성 찾기나 여가의 포트폴리오 짜고 이행하기 등이 어려울 수밖에 없다. 설사 정체성을 발견한다 해도 실현이 만만치 않을 것이다. 따라서 우리 은퇴론의 제1과제는 노인 빈곤 대처방안을 찾는 일이 되어야 한다. 이것을 외면하는 미사여구는 아무 의미가 없다.

우리나라 노인은 왜 가난한가.

첫째, 불균형산업화에 원인이 있다. 산업화의 결과로 우리가 세계 10위

무역국, 11위 경제 대국이 되기는 했지만, 그것은 개인의 삶의 질과는 별로 관계없는 거시수치에 불과하고 우리 국민 대다수의 삶의 재무수준은 그에 미치지 못한다. 산업화가 대기업 위주 전략, 또 개발성장 위주로 진행된 결과, 수출과 소득은 높아졌으나 배분, 형평의 문제로 양극화가 더 심해져 소득이 일부 계층의 것이 되어 버렸기 때문이다. 우리나라의 베이비붐 노인 중에는 산업화에 기여는 했으나 과실은 얻지 못한 이들, 또 외환위기와 금융위기 때 제도권에서 밀려나 다시 재기하지 못한 이들이 많다.

둘째, 미흡한 제도에 원인이 있다. 산업화하면서 생기는 형평성 등의 사회적 문제는 제도의 보완을 통해서 조율, 해결해야 하는데 우리는 지나치게 성장 일변도로 간 결과 불균형을 바로 잡을 수 있는 제도를 제대로 발전시키지 못했다. 우리 산업화가 수출주도로 진행되었으므로 정부는 저임금정책에, 이에 맞서는 노조는 임금투쟁에 전념할 수밖에 없다 보니 복지정책은 일찍부터 실종되었고, 이것이 결과적으로 근로자들을 더 고달프게 했고 노인들이 장수 시대에 사회의 혜택으로부터 소외된 고단한 은퇴자로 남겨지게 된 원인이 되었다.

셋째, 연금제도에서 노인들이 소외되어 있다는 것이 더 큰 문제이다. 연금제도는 기본적으로 은퇴한 노인들을 위한 것이어야 하는데 우리나라의 국민연금은 1988년에, 또 퇴직연금은 2005년에 시작되었으므로 지금 70대 후반 이상의 대부분 노인은 실질적으로 이 제도의 혜택에서 벗어나 있다.

넷째, 그나마 그 연금제도에도 이런저런 문제점들이 있다. 국민연금은 소득대체율이 40% 밖에 되지 않아 대다수 은퇴자는 그걸로 제대로 은퇴생활하기가 어려우며, 퇴직연금은 연금으로 활용하는 경우가 10%도 되지 않아 연금의 기능을 제대로 못하고 있다.

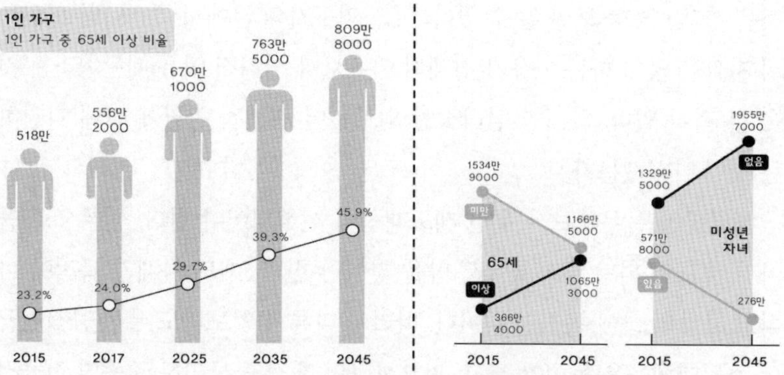

<그림 2> 1인 가구 추계, 가구주 연령 · 미성년자 유무에 따른 가구 추계
(단위: 가구, 자료: 통계청)

다섯째, 부동산 상승의 부작용 문제이다. 개발성장의 결과 지가 등 부동산의 급격한 상승으로 국부는 커졌지만, 일부 부동산 소유자를 제외한 개인은 가난하다. 오히려 아파트 등 부동산값의 대폭 상승은 아파트를 소유하지 못한 노인들과 서민들의 전세, 월세 부담을 늘려 그들의 삶을 극도로 피폐하게 만들었고, 동시에 다음 세대에게도 엄청난 부담을 남겨놓았다. 한편 아파트 소유자도 평생 높은 이자부담에 시달리기 십상이다.

여섯째, 노인세대 부담이 너무 크다. 과도한 자녀교육비 지출, 분에 넘치는 경조사 비용 등이 은퇴생활을 어렵게 하는 주요 이유 중의 하나인데 이러한 현상은 일찍부터 우리 문화에 자리 잡고 있었던 과거의 왜곡된 사회 행태와 관련이 있다. 남이 하니 나도 따라 한다는 식이다.

가난은 가난으로 그치지 않고 많은 문제를 일으키는데 우선 무서운 것이 외로움이다. 현재 우리나라의 노인자살률은 OECD 국가 중 압도적으로 1위인데, 2017년 기준으로 전체 1인 가구 중 24%인 노인가구 비중이 2045년에는 46%가 될 전망이어서 상황은 더 나빠질 것으로 우려된다. 이

것은 <그림 2>를 보면 알 수 있다. 어느 연구자의 글에서 우리나라 노인들이 자살을 많이 하는 이유가 경제적 이유보다 심리적 이유 때문이라는 것을 본 적이 있다. 하지만 심리적인 외로움이 경제적 곤궁에 크게 기인하는 것이 아니겠는가.

해결방안은 무엇보다 우선 제도개선이 선행되어야 한다. 원론으로 돌아가 제도의 타당성 문제에서 답을 찾아야 한다. 제도 자체가 목적이 아니고 사람의 삶이 목적인 것이다. 따라서 다른 무엇보다도 우선 공적연금의 소득대체율을 높여야 하고, 필요하다면 재정도 투입하는 등의 적극적 방법을 찾아야 한다.

다음으로 개인은 현금흐름을 창출할 수 있게 삶의 패러다임을 바꿔야 한다. 은퇴생활을 우선순위에 두고 경조사비용과 과시성 소비 등을 줄여야 한다. 공적연금의 임의가입으로 장래에 대비해야 하고 퇴직연금은 꼭 연금으로 받아야 할 것이며 주택연금의 필요성도 생각해 보아야 한다. 목돈이 있으면 유동성이 부족한 부동산에 투자하지 말고 퇴직연금이나 ETF 등의 활용으로 현금흐름을 확보할 필요가 있다.

무엇보다 중요한 것은 은퇴설계일 것이다. 즉 재무가 다소 좋지 않다고 하더라도 비재무 은퇴설계를 잘하면 웬만한 문제에는 대처할 수 있다. 어떤 방법이 있을까. 은퇴설계에서 비재무는 기본, 자신의 성취, 네트워크의 3요소로 구성되어 있다. 우선 '기본'에서는 노후에 비싼 집을 쓰지 말고 대출은 갚는 것이 좋고… 등으로 패러다임을 바꿔서 재무를 돕는 비재무 구도를 만들어야 한다. 다음, '자신의 성취'에도 가능한 것들이 많다. 예를 들어 독서, 국내 여행 등 적은 비용으로 할 수 있는 것들도 많이 있으며, 핸드폰 하나로 얼마든지 좋은 사진을 찍을 수 있고, 음악도 꼭 비싼 오디오가 있어야 행복을 느낄 수 있는 것은 아니다. 또한 도서관을 활용한 읽기와 쓰기 등으로 풍요로운 내면을 가꿔 나갈 수 있다.

관련 제도는 사회적 역량으로 소통하며 은퇴의 목적에 맞게 고쳐나가고 은퇴자는 현명한 은퇴생활로 자신의 여건하에서 바라는 삶을 만들어 가는 것, 그것이 우리가 바라는 장단기 은퇴설계의 목표이다.

재무환경, 좋지 않다

사람의 수명이 길어지면서 은퇴가 쟁점이 되기 시작한 것은 사실은 아주 최근의 일이다(표 1). 산업화의 역군인 베이비붐 세대들이 은퇴하기 시작하면서부터였으니 국가별 차이야 좀 있겠지만 대략 2천 년 전후가 될 것이다. 무엇보다 중요한 것은 누구에게나 자유와 권리가 필요한 것처럼 모든 은퇴자의 은퇴생활이 보편적이어야 한다는 것이다. 선·후진국과 동서양을 불문하고 은퇴자는 여가를 제대로 보낼 수 있어야 하고 문화생활도 누릴 수 있어야 한다. 일부 서양사람들은 은퇴 후에 경비행기를 사서 가고 싶었던 남극도 가고 요트를 사서 꿈꾸던 세계 일주를 시작할지도 모르겠지만, 그건 어렵더라도 우리도 여행, 음악 듣기, 좋아하는 스포츠 즐기기, 영화 보기나 공연 참석 등은 기본으로 할 수 있어야 한다.

그런 은퇴생활은 한마디로 잉여가 있어야 가능하다. 사회의 역량도 형성되어 있어야 하고 개인도 은퇴 후에 날릴 수 있는 펀치 한 개 정도는 가지고 있어야 한다. 노인복지 등의 사회제도는 기본이고, 개인도 노력하면 돈을 모을 수 있는 여건이 조성되어 있어야 한다. 그러려면 잘 형성된 재무환경이 필요할 텐데 우리의 재무여건은 과연 어떤지 살펴보자.

<표 1> 주요국 고령화 속도 비교 (일본 국립사회보장 · 인구문제연구소, 인구통계자료집(2016)

국가	65세 인구 비중			소요기간(년)	
	7% 진입	14% 진입	20% 진입	7→14%	14→20%
미국	1942	2014	2028	72	14
일본	1970	1994	2005	24	11
독일	1932	1972	2008	40	36
프랑스	1864	1979	2018	115	39
영국	1929	1975	2027	46	52
한국	1999	2017	2026	18	9
중국	2002	2025	2034	23	9

첫째, 자산운용의 언밸런스(불균형) 문제이다. 즉 우리나라는 자산운용에 있어 금융자산의 비중이 너무 작다.

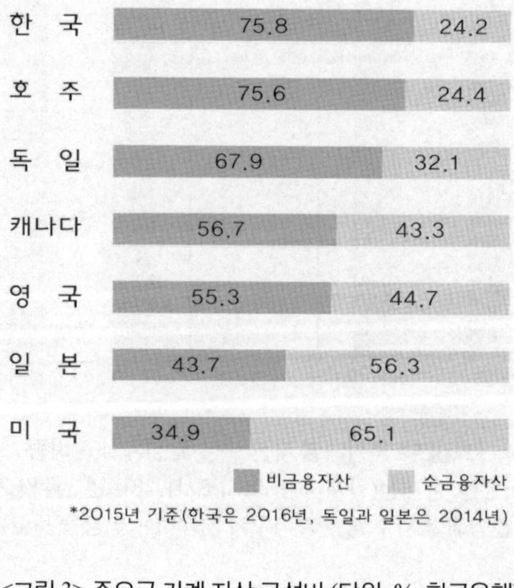

<그림 3> 주요국 가계 자산 구성비 (단위: %, 한국은행)

<그림 3>의 2015년 기준 한국은행 자료에 의하면 금융자산의 비중이 미국의 65%에 비해서 우리나라는 24% 밖에 되지 않는다. 자산이 부동산에 몰려있다는 이야기인데 그렇게 되면 금융시장이 국내 투자자와 더불어 자연스럽게 성장하기 어렵고, 자산의 부동산 쏠림 현상은 부동산 상승을 부추겨 부동산을 보유하지 못한 사람과 미래세대가 피해를 보게 되기 쉽다. 특히 <그림 4>와 같이 은퇴세대인 60대 이상에서는 17.6%로 금융자산 비중이 더 작게 나타난다.

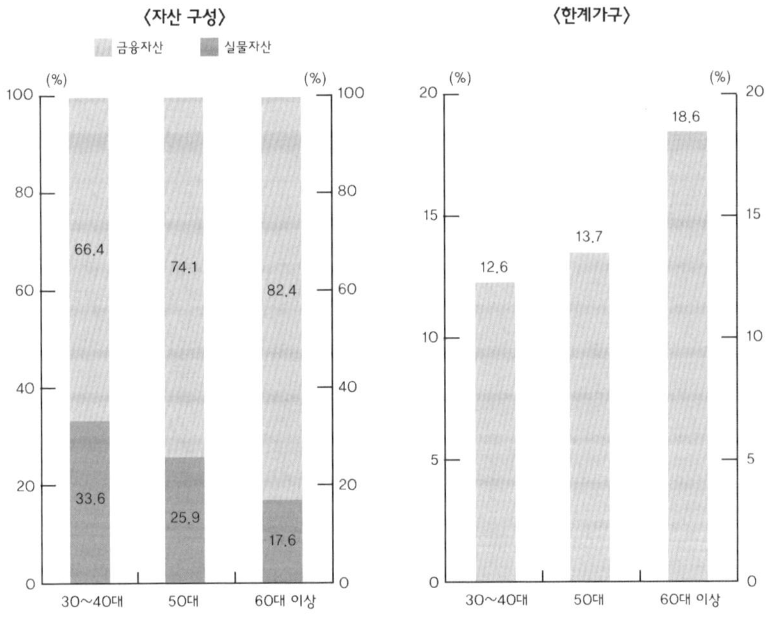

<그림 4> 연령대별 자산 구성 및 한계가구 비중
(한국은행, 통계청(가계금융·복지조사), 2014년 3월 말 기준,
연령대별 차주 중 한계가구가 차지하는 비중을 뜻함)

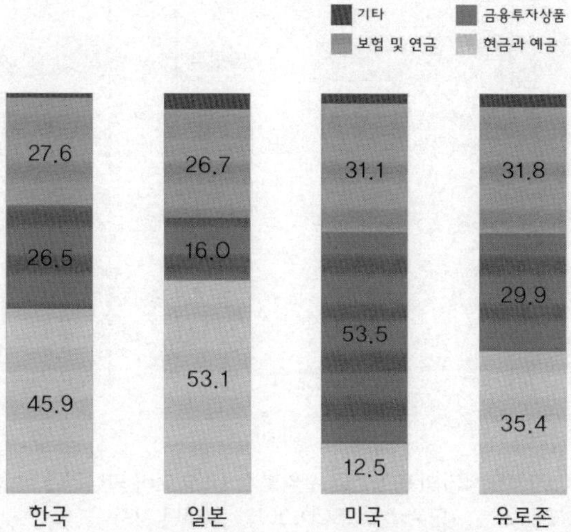

<그림 5> 주요국 금융 자산 구성비
(단위: %, 현대 경제 연구원, 2012기준)

또 <그림 5>에 보이는 것처럼 금융자산 중에서도 저축보다 투자의 비중이 너무 작다. 지금은 투자의 시대다. 국민연금 등의 기금운용은 물론이고 개인도 통상의 자금운용뿐 아니라 연금저축, 퇴직연금 등에서 60% 이상 투자비중을 유지해야 한다. 우리나라 퇴직연금의 과거 5년간 수익률이 2% 밖에 안되는 이유가 바로 대부분이 정기예금을 선택했기 때문이다.

둘째, 퇴직연금시장이 덜 발달했다. GDP 대비 연금시장의 규모가 호주는 100%가 넘고 미국도 80% 정도인데 우리나라는 20%가 넘지 않는다. 또한 호주의 퇴직연금인 '수퍼애누에이션'의 세금혜택이 100%인데 비해 우리는 30%에 불과하고 금융기관도 유치경쟁의 치열함에 비해 수익률 경쟁이 부족한 것이 사실이다.

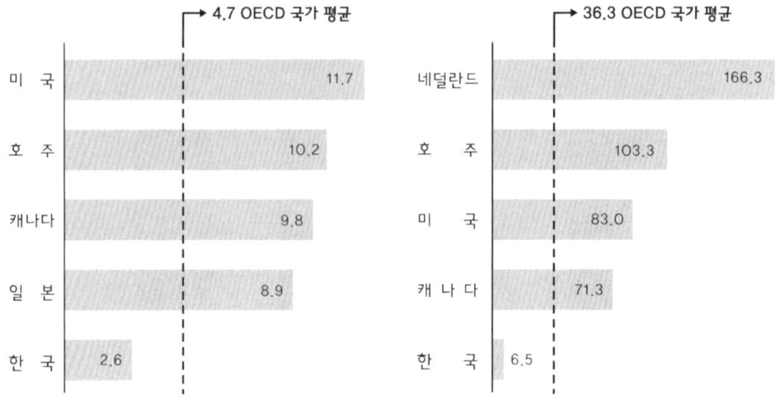

<그림 6> OECD 국가의 퇴직연금 수익률 및 GDP 대비 퇴직연금 적립액 비중
(단위: %, OECD, 2012 · 2013년 기준

셋째, 은퇴자들의 은퇴생활과 직접 관련이 있는 연금제도의 실효성이 떨어진다. 제도가 본래의 취지를 제대로 살리지 못해 은퇴자의 실생활에 별 도움이 되지 않는 것이다. 우선 국민연금은 2천 3백만이 가입하고 있는 우리나라의 공적연금 주력 종목인데 소득대체율이 너무 낮아 은퇴자들이 은퇴생활을 제대로 할 수 없다는 문제가 있다. 국가재정을 투입하더라도 소득대체율을 높여서 공적연금의 실효성을 높여야 한다. 또한 퇴직연금은 30%의 낮은 세금혜택과 운용사의 저조한 수익률로 인해 개인으로부터 외면당하는 실정이며, 개인연금도 제도의 취지를 제대로 살리지 못하기는 마찬가지이다. 연금저축의 세금과 수수료에 대한 혜택은 뚜렷하지 않은 편이고, 연금보험에 대해서는 과도한 사업비로 인해 장기상품의 메리트를 기대했다가 실망하는 이가 적지 않다.

넷째, 금융기관 행태에도 아쉬움이 있다. 퇴직연금 같은 경우는 단순한 금융상품이라기보다는 은퇴자들의 노후 생활을 지원해야 한다는 공공성이 있는데도 금융기관들은 퇴직연금 유치에만 열을 올리고 수익률 관리와 고객서비스는 등한시하는 경향이 있다. 위의 <그림 6>을 보더라도 같은 기간 동안 호주의 퇴직연금 수익률이 10%일 때 우리는 2.6%에 불과했다. 실제 퇴직연금을 연금으로 받는 경우가 10% 정도 밖에 되지 않는 이유는 제도의 결함과 수익률 저조에 있는 것으로 보인다. 결과적으로 퇴직연금이, 정부는 가입자에게 세금혜택을 일부 주고, 금융기관은 수수료수익을 올리지만, 정작 은퇴자는 연금으로 수령하지 못하는 상품으로 전락하고 있는 실정이다.

상품에 관한 것은 논외로 하더라도 우리나라의 재무환경에는 위에 서술된 바와 같이 아쉬운 점이 많다. 그중에 우선적으로 해결을 시도할 수 있는 것은 제도와 금융기관의 행태가 아닐까 한다. 사실 제도는 정부의 의지에 달린 것이다. 세금 관련, 수수료, 사업비 등 찾아보면 어렵지 않게 고칠 수 있는 것들이 많이 있다.

한편 위에서 본 바와 같이 퇴직연금의 수익률이 매우 낮고 또 운용자산에서 금융자산 비중이 작을 뿐만 아니라 그중에서도 투자 비중이 작은 데에는 금융기관의 책임도 없다고 못 할 것이다. 이제는 은행도 예금 받고 대출해주는 일만을 하는 기관이 아니다. 오히려 금융시장을 잘 파악하고 예측해서 투자를 선택한 고객에게 돈을 벌게 해 줘야 할 책무가 있다. 그걸 잘해야 금융시장에 참가하는 고객이 많아지면서 시장의 효율성은 높아져 갈 것이다. 금융기관의 경쟁력도 향상됨은 물론이다.

결국, 은퇴자의 재무환경을 개선하기 위해서는 정부에는 의지가, 금융기관에는 경쟁이 더 필요하지 않을까 싶다.

분노, 이권집단, 집단지성

얼마 전부터 우리 사회의 대표적인 화두로 떠오른 것 중에 '분노'가 있다. 얘기의 시초는 2014년 여객기 땅콩회항사건 때 임원과 사무장 사이에 있었던 어색한 관계를 설명하는 '분노조절장애'였는데, 그 후 온갖 무차별 폭행 사건이 곳곳에 범람하면서 분노가 개인으로부터 사회 차원으로 확장되며 '우리 사회의 분노'가 관심을 끌게 되었다. 최근 UN이 발간한 '세계 행복 보고서'에서 2012년 41위, 2018년 54위였던 우리나라의 삶의 만족도가 2020-2023년에는 57위로 더 나쁘게 나타난 것과 OECD 최고 수준인 우리나라 노인자살률이 지속되고 있다는 점이 사회적 분노에 대한 우리의 우려를 뒷받침한다.

한국경제학회의 '행복지수를 활용한 한국인의 행복 연구'(2020.2.5.)에 의하면 1990년부터 2017년 사이에 OECD 31개 회원국 중에서 한국의 소득 지표는 28위에서 20위로 뛰었지만, 그 이외의 지표는 대부분 크게 나빠졌다. 소득 격차(분배)는 오히려 6계단 떨어지며 27위로 악화되었고, 안전 지표도 자살률, 범죄율 증가의 영향으로 15위에서 30위로 곤두박질쳤으며, 환경(30위), 문화 여가생활(29위), 성별 격차(31위), 세대갈등(31

위)도 1990년보다 더 나빠졌거나 최하위권에 머물렀다.

꼭 이러한 데이터의 뒷받침이 아니더라도 점차 사회 전반의 분노가 더 커지고 있는 것을 피부로 느낄 수 있다. 그 이유는 무엇일까. 살기 어려운 것이다. 몇 위 경제 대국, 몇 대 무역 강국, 하는 것들의 이면을 잘 살펴볼 필요가 있다. 또 국민 간 상호 비교 수치가 나빠져 가고 있는 것도 문제이다. 하지만 그보다 더 심각한 것은 현재 상황이 나아질 거라는 희망을 찾아보기 어렵다는 것이다. 그 결과가 연애, 결혼, 출산을 포기한 '3포'와 거기에 내 집 마련과 인간관계까지 포기한 '5포'에 이어 '꿈'과 '희망'까지 다 포기한다는 '7포' 젊은이들의 하소연으로 나타난다. 다른 한편에서는 가난과 외로움에 홀로 남겨지는 노인들의 극단적인 선택이 OECD 자살률 1위를 계속 유지하게 만든다.

비록 지금 고달프고 힘들어도 희망만 있으면 얼마든지 감내하고 버티는 게 인간이다. 돌이켜 보면 불과 몇십 년 전 가난했던 우리에게는 그런 희망이 있었다. 노벨경제학상 수상자 폴 크루그먼은 우리의 장점을 근면성과 교육열이라고 얘기했다. 우리 부모는 가진 거 없이 자식을 학교 보내느라고 본인의 삶을 희생한 분들이고, 우리도 초, 중, 고 12년에 결석 없음을 오로지 자랑으로 삼았던 사람들이다. 물들인 군복과 다 떨어진 군화 하나로 4년간 대학교를 마친 우리나 단칸방에 살면서 서울서 학교에 다니는 아들, 딸의 등록금을 보내는 부모들이 버틸 수 있었던 것은 그래도 희망이 있었기 때문이었다. 신경숙의 '외딴 방'에 나오는 큰 오빠…. 방위병에 저녁엔 학원 강사지만 결국 대학을 졸업하고 대기업에 취업한 큰 오빠와 큰 오빠가 불러줘서 기업체 야간학교를 거쳐 소설가로 데뷔한 신경숙, 그건 지나간 우리 시대의 희망이자 현실이었다.

그때 민족의 희망이 산업화요, 우리 부모의 바람이 집안을 세우는 것이었다면, 오늘의 희망은 오로지 나라와 사회의 개혁에 있어야 한다. 정부와 정치권은 지금이라도 산업화의 과실을 나누어 가질 수 있고, 기다리면 내 차례가 온다는 희망을 국민에게 제시해야 한다. 그러나 진영논리에 빠져 이권집단 간 내 편과 네 편의 싸움만 반복하고 있는 지금의 우리나라 정치권에 그런 개혁은 기대하기 힘들다. 이들에겐 국민이 목적이 될 수 없고 오직 이권 집단의 승리를 위한 전략, 전술만이 있을 뿐이다.

영국 경제학자 올슨의 '이권집단 이론'이 있다. 올슨은 1982년 발표한 '국가의 흥망성쇠'에서 '이권집단의 누적이 국가를 쇠망하는 길로 이끈다.'라는 명제를 제시하고, 강력한 이권집단이 성공적으로 결성되면 그들은 배타성을 띠고 자신들의 이데올로기를 주입하려고 노력한다고 설명했다. 또한 이러한 구조 속에서는 조직되지 않은 대부분의 사람들은 착취당하고, 그 결과 사회는 점차 쇠퇴해간다고 주장했다.[22] 강한 이권집단 하에서 다수 구성원의 이익은 무시당하고, 개혁은 꿈도 못 꾸고 있는 우리 사회의 현실에 그의 주장이 투영되어 있음을 부인하기 어렵다.

한편 '이권집단 이론'과 거의 같은 얘기를 다른 측면에서 하는 '집단지성 이론'이 있다. '집단지성'은 1910년 곤충학자인 휠러가 개미의 사회적 현상을 관찰하고 제시한 것으로 알려졌지만, 이미 1857년에 영국의 사학자 토머스 버클이 자신의 저서 '영국 문명사'에서 문명의 진보를 결정하는 것은 집단지성의 축적이며, 그 축적은 부의 창출과 분배 때문에 결정된다고 주장하였다. 그리고 집단지성 축적을 종교적 권위와 전사집단의 영향으로부터 시민사회가 독립, 성장하는 과정으로 설명하였는데, 전사집단에서 시민사회로 이양되고 보호주의에서 자유주의로 이행하는 과정이 문명진보의 원동력이라고 역설하였다.[23] 한편 프랑스의 외무장관을 지낸 정치인이자 역사학자인 프랑수아 기조는 그의 1830년대 책 '유럽 문명사'에서 문명에는 '사회적 발전'과 '개인의 정신적 진보'라는 두 요소가 있는데, 이들은 긴밀히 연결되어 있으며, 하나가 먼저 변화하기 시작하고 얼마간 완성되면서 어떤 특징을 띠게 되고, 이어 두 번째 변화가 시작된다고 하였다. 기조는 개인과 사회, 두 요소 사이의 연결고리를 중요하게 생각하였는데, 시간의 필요성과 장애 요소 극복을 강조하는 면에서 버클의 집단지성의 형성과정에 대한 설명과 유사하다. 또한 중세유럽의 두 축이었던 봉건제와 가톨릭으로부터 시민사회로의 전환이 이루어지면서, 개인 자유와 사회발전의 선순환을 통하여 시민사회가 성숙, 발전되었다고 설명하는 것도 버클의 문명 진보 과정과 공통점이 있다.[24]

기조나 버클이 살았던 19세기의 유럽이나 지금 우리가 사는 사회의 공통점은 다수를 위한 개혁이 요구된다는 것이다. 그러나 이대로라면 우리의 개혁은 어렵다. 아니 불가능하다. 개혁은 우선은 정치의 몫인데 정치권이 지금처럼 진영논리에 빠져 전형적인 이권집단에 머무는 한 보여주기식 쇼만 난무할 뿐 애당초 개혁은 불가능할 수밖에 없다. 그래서 연금개혁도 못하는 것이고, 조세 제도, 중소기업 제도 등 국민 생활에 직결된 제도 개혁의 희망은 사라져 갈 수밖에 없다. 이권집단에의 함몰로 인한 집단지성의 부족이 우리 문제의 핵심인데, 이것은 어제, 오늘의 일이 아니다.

조선 시대로 돌아가 박제가가 청나라 사신으로 다녀온 후, 1778년에 쓴 '북학의'를 보자.

> 중국 사람들은 가난하면 상인이 되는데 참으로 현명한 생각이다. 그래도 그 사람의 풍류와 명예는 그대로 인정된다. 그래서 유생들이 직접 책방에 가서 책을 산다. 재상들도 가끔은 융복사 근처 시장에 직접 가서 골동품을 사기도 한다.
> (중략)
> 우리는 어떠한가. 겉치레만 알고 고개를 저으며 꺼리는 일이 너무 많다. 사대부는 놀고먹을 뿐 하는 일이라곤 없다. 아무리 가난해도 사대부가 들

에서 농사를 지으면 알아주는 자가 없다. 사대부는 짧은 바지에 대나무로 만든 갓을 쓰고 시장에서 물건을 판매해서는 안 된다.[25]

박지원이 1781년에 박제가의 '북학의'에 대해 서평을 썼다.

내가 이 책을 한번 살펴보았더니 내가 지은 일록과 조금도 어긋나지 않아 마치 한 솜씨에서 나온 것 같았다.
(중략)
그런데 중요한 것은 이것을 사람들한테 일일이 말해줄 수도 없고 말해도 믿지 않는다는 것이다.

그보다 앞서 1624년 일본을 방문한 강홍중이 동사록에서 교토에서 에도에 이르는 풍경을 적어 놓았다.

20일 동안 민가가 계속되는데 민호가 만이하로 내려가지 않는 것은 연해 일대가 다 그렇다.
(중략)
시장에는 물화가 쌓여 있고 여염집에는 쌀이 넘쳐난다. 그 백성들의 부유함과 물자의 풍부함에 있어서 우리나라와 비교할 바가 못 된다.[26]

최소한 청나라와 일본에 사신으로 다녀온 이들은 청과 일본의 백성들이 우리보다 잘살고 있고, 또 그걸 배워야 한다는 것을 알았다. 또 박제가처럼 주장하기도 하였다. 하지만 조선 중기까지 양반 위주의 신분제 국가를 형성한 조선의 주류 양반들이 그걸 인정할 리 만무하였다. 남이 우리보다 낫다는 것이 알려지는 순간 자신들이 구축한 시스템이 언제 무너질지 모른다는 조바심 때문이었을 것이다. 조선의 리더들은 백성을 위한 '집단지성' 대신 양반 자신들을 위한 '이권집단'을 택했다. 왜곡과 이권집단의 결과는 남들이 자유와 권리의 국가를 만들어 갈 때 조선이 망하는 것 뿐이었다.

집단지성과 관련하여 토머스 버클은 부의 창출과 분배 때문에 집단지성이 축적된다고 하였고, 프랑수아 기조는 형성과정에서의 개인의 진보와 사회발전의 선순환을 강조하였다.

어떻게 해야 이권집단을 압도하고도 남을만한 집단지성의 형성이 이제라도 우리에게 가능할까. 최근의 환경변화가 은퇴자의 은퇴기간이 길어지고 있음을 예고하고 있는 이때, 은퇴하기 시작하는 우리나라의 베이비붐 세대들이 어떻게 하면 집단지성으로 무장할 수 있을까.

꼰대와 은퇴생활

사례 1. 퇴근길 저녁을 사주겠다는 사수

"막내가 좋을 때야. 일도 배우고 밥도 술도 얻어먹잖아. 물론 꼭 선배가 후배 사줘야 한다는 것도 구식이긴 하지만."

사례 2. 택시기사가 전공을 물어 댄스스포츠라고 답하니

"그런 건 운동이 안 되는데…. 내가 마라톤을 해 보니까 뛰는게 최고야."

사례 3. 단골 가맹점 신메뉴가 맛있어서 페이스북에 '아주 좋은 맛'이라고 올렸더니 모르는 사람이 댓글을….

"여기 갑질 논란 있었어요. 이제 우리 먹지 말아요."

2020년 1월 7일. 동아일보에 실린 꼰대 사례들이다.

꼰대에 대해 2020명의 청년에게 물어봤다는데, 위 내용에는 나이와 상황은 다르지만, 상대가 꼰대라고 생각할만한 내용이 제대로 내포되어 있다.

사례 1은 후배를 생각해 주는 것 같으면서도 은근히 자기중심적이고 상대를 막내라고 무시하는 것처럼 보이는 것이 문제이다. 후배에 대한 배려는 찾아보기 힘들다.

사례 2는 내 경험만이 최고라고 하는 게 답답하다. 댄스스포츠에 대해서 잘 모르면 물어봐야 할 텐데…. 그리고, "아!, 그거 좋은 거구먼. 난 그저 뛰기만 하는데…. 역시 젊은이들한테 배울 게 많아." 해야 했을 텐데…. 손님에게 무조건 훈계하듯이 들이대고 있는 것이다.

사례 3은 편견의 문제일 것이다. 음식점 음식 맛있다고 하는데 엉뚱하게 다른거 가지고 먹지 말자고 하니 말이다. 이래서는 소통이 어려울 수밖에 없다.

한편 은퇴자 또는 노인에게도 '꼰대'라는 용어가 부담스럽고 당황스럽긴 마찬가지가 아닐까. 노인으로서 갑자기 요즘 들어 자주 접하게 되는 '꼰대' 에 대해 어떤 생각이 들지 생각해 보자.

첫째, 노인에 대한 존중심이 사라져 가고 있다는 것을 한 단어로 보여주는 것이니 서운하기 그지없다. 수천 년간 동양의 전통 농경사회에서 이어져 오던 어른에 대한 존경심이 하필 내가 어른이 되었을 때 사라지고 있으니 얼마나 억울한가.

둘째, 연장자와 젊은 세대 사이에 쌍방 갈등의 국면이 전개되고 있는 것으로 보이니 부담스러울 수밖에 없다. '젊은것들이란….' 은 이미 수천 년 전부터 있었다. 하지만 '꼰대가….' 이건 최근의 일이다. 베이비붐 세대가 처음으로 겪고 있는 이 은퇴생활, 격려와 칭찬으로 도배해도 성공한다는 보장이 없는 것인데 '꼰대' 소리까지 들어가며 살아야 한다니…. 이게 웬일인가. 그렇다고 꼰대소리 안 들으려고 무조건 젊은이들 비위만 맞출 수도 없는 일이다.

셋째, 지금 우리 사회는 전통사회에서 서구 산업화사회로의 사회적 전환을 진행 중인데, 이게 제대로 되고 있지 않다는 것을 암시하는 것일 수도 있다. 개인이든, 사회든, 전환이라고 할 때는 버티고 기다려 주고 하는 것이 성공을 위해 필요할 텐데 '꼰대'라는 말은 누구에게나 자극적이고 견디기 힘든 것이다.

넷째, 보다 직접적으로는 변화에 대처하지 못하는 구세대의 행태를 꼬집는 것으로 들리니 은퇴자로서는 스스로 답답하고 불편하기 그지없다. "그래. 나, 꼰대다. 어쩔래…." 하고 싶은 걸 용케 참는다.

이렇듯 꼰대는 청년 뿐아니라 노인으로부터도 환영받지 못하는 존재다. 청년에게 꼰대는 젊은 층에 대한 무시, 별거 아닌 자신의 경험이 전부인 양하는 태도, 편견에 의한 일방적 훈수, 충고… 등 일 테니 불쾌할 뿐만 아니라 접하고 싶지 않은 것이 당연하다. 한편 노인에게도 꼰대는 노인에 대한 사라진 존중심(무시), 갈등의 노골화, 대처하기 어려운 불리한 국면으로의 전환 등이니 불편하고 거북하기는 매일반이다.

실제로 꼰대의 출현이 은퇴생활에 미치는 영향에는 어떤 것들이 있을까. 먼저, 권위와 위상의 상실이다. 가뜩이나 은퇴의 속성은 상실이다. 이제껏 쌓아 온 권력도 잃고 일도 잃고 소득도 잃는 것인데, 거기에 조그만 말실수 하나로 꼰대라 불릴 위험마저 생겼으니 설상가상이다.

다음으로, 말조심해야 하는 부담이 있다. "내가 말이야…. 왕년에…." 몇 마디 하다 보면 꼰대가 되기에 십상이다. 나는 폼 나는 유머라고 날렸는데 아재 개그라고 놀림당할지 모른다는 부담도 있다. 남녀관계이든 선후배 간이든 내 영역이 좁아 드는 것이니 불편할 수밖에 없는 게 당연하다. 또한 이게 잠시 괴롭히다가 사라질 문제가 아니다. 세상에는 처음에 힘들어도 버티면 되는 것들이 꽤 많다. 군대 시절 신병이 그렇고, 회사의 신입 직원도 그렇다. 그런데 은퇴자가 직면한 이 꼰대는 버틴다고 해결될 문제도 아닐뿐더러 시간이 갈수록 오히려 더 악화하기 쉬운 것이다.

그러면 은퇴자에게 있어 이 꼰대에 대한 해결책은 아예 없는 것일까. 시대적 추세이니 어쩔 수 없는 것인가. 다행히 은퇴론에 이에 대해 답이 될만한 것들이 보인다. 은퇴자에게도 '무기'라는 것이 있다.

은퇴설계의 정공법 중에 '변화와 전환'[27]이라는 것이 있다. 은퇴생활이 제대로 되기 위해서는 은퇴라는 외부의 '변화'에 대하여 내가 내면세계의 '전환'에 성공하여야 한다는 게 핵심내용인데, 여기서 전환이란 이제껏 자신의 경험과 일에 대한 범위와 기억에서 벗어나 새로운 세계를 건설하는 것으로서, 자신이 정말 좋아하는 것, 가치 있다고 생각하는 것, 꿈꾸던 것, 그런 것들을 찾고 그것을 구체적으로 실현하는 것을 말한다. 이렇게 은퇴설계의 기본에 충실하면서 하루하루를 살다 보면 비재무에서 말하는 자기실현이 가능해지고 진정한 자부심도 생기는 것이기에, 앞의 사례 중 두 번째 나오는 운전기사의 "마라톤이 최고다." 같은 협소한 자기 경험세계로부터 탈출할 수 있게 되는 것이다.

또 비재무의 기본(비재무는 기본, 자아실현, 사회적 관계의 셋으로 구분된다)에 '소통' 이 있다. 은퇴 전에는 직장에서의 관계가 주였지만 은퇴 후에 관계는 사실상 훨씬 다양해진다. 부부, 자녀, 친구는 물론 다양한 동호인이나 봉사단체도 생길 테니까 말이다. 이게 비재무의 사회적 관계(네트워크)인데, 좋은 관계를 위한 소통의 기법은 의외로 간단하다. 잘 들어주고 맞장구치고 반응 보이고 존중하면 된다. 훈련은 좀 필요하겠지만 하다 보면 자기도 모르게 몸에 익고 처음 세 가지 사례 중 은연중 후배를 무시하는 것 같은 선배의 모습에서 탈피할 수 있게 된다.

한편 은퇴자가 갖춰야 할 4가지(physical, intellectual, emotional, spiritual) (1948년에 제정된 WHO 헌장에 나오는 4가지 정신건강의 요소인데, 제2장에서 자세하게 설명한다.) 도구의 하나인 '지성'을 갖추게 되면 꼰대와는 저절로 거리가 멀어진다. 은퇴설계의 비재무에서 말하는 자아실현을 위해 은퇴자가 꾸준히 자기 세계를 넓혀가고 또 그러기 위해 독서와 연구에 몰두하면서 관련 동아리 모임 등도 부지런히 가질 때, 앞서 사례에서 제시된 편견의 함정에서 벗어나 넓은 시야와 합리적 사고를 갖출 수 있게 될 것이다. 노력으로 어느 정도 지성, 감성을 갖출 수 있다고 전제한다면, 그건 직장인보다 은퇴자에게 훨씬 유리함이 물론이다.

은퇴자가 기쁨과 만족 속에 하루하루 내 삶의 지경을 넓혀 나간다면 주변에 대한 오지랖이나 불필요한 충고로부터 저절로 멀어질 것은 당연하다. 내가 잘 닦아서 꼰대가 아니면 되는 것이지 꼰대 아닌 척할 필요도 없는 것이다. 다 포기하고 쪽팔리기 싫으니 '무조건 선배가 후배에게 잘 맞추자.' 할 이유도 없는 것이리라.

제 2 장

성공적 은퇴생활,
준비에 달려 있다

인식전환(은퇴는 좋은 것이다)

'은퇴'라고 하면 누구나 부정적이고 우울한 단어들을 떠올리기 쉽다. 재정적 불안, 외로움, 건강 악화, 역할 감소, 남들의 부정적 시선 등이 그것이다. 오랫동안 존재감의 근거로 삼아왔던 '일'을 그만둔다는 것과 그로 인해 발생하게 될 환경변화에 대한 두려움 등이 주된 이유일 것이다.

은퇴가 실제로 사람들에게 이슈가 된지는 얼마 안된다. 근대 산업사회가 발전하면서 사람들이 자신의 운명에 대한 자기결정권을 갖게 되면서부터라고 할 수 있다. 또 수명이 길어지면서 실제 은퇴기간이 발생하게 되었고, 복지제도, 연금제도 등 제도의 발전이 그 기간의 경제적 여유로 인한 수준 있는 은퇴생활을 가능하게 하였다. 하지만 우리는 아직도 노인복지나 국민연금 등 은퇴생활을 지원하기 위한 제도가 미흡하고 내가 내 인생의 주인이라는 자의식이 부족하다 보니 서구사회에 비해 은퇴자들이 은퇴에 대해 오히려 강한 심리적 부담감을 갖게 되는게 사실이다.

그런 막연한 불안감과 공포심을 극복하고 그로부터 벗어나는 것이 성공적 은퇴생활의 출발점이다. '은퇴는 기본적으로 좋은 것이다. 지금부터 내 인생의 전성기가 시작된다.'로 철저하게 무장하고 기세를 올려 승리의 길로 가게 하는 것이 바로 이 책의 목표라고 할 것이다.

은퇴자는 무엇이 좋을까,

첫째, 본래의 나를 찾을 수 있다. 스위스 심리학자 구스타프 칼 융에 의하면 사람은 누구나 멋진 자아를 가지고 태어난다고 한다. 그런데 그 자아가 무의식의 세계에 깊이 감추어져 있다 보니 외부의 요구에 따라야 하고 이런 저런 일로 분주한 동안은 자아를 찾기 쉽지 않다고 설명한다. 그러다가 기회가 한번 오는데 그게 그간 어깨를 짓누르고 있던 부담과 구속에서 벗어나는 은퇴라는 것이다. 은퇴가 잊고 있었던 나를 찾는 단 한번의 기회라는 인식이 중요한 이유는 그것이 바로 자신의 의미와 가치를 찾아서 하고 싶었던 것들을 마음대로 하는 성공적 은퇴생활의 출발점이기 때문이다.

둘째, 블루오션이 가능하다. 김의찬 교수는 세상을 블루오션과 레드오션으로 나누어 보았는데 기업을 비롯한 대부분의 생태계는 어쩔 수없이 피튀기는 경쟁상태인 레드오션이라고 한다. 그러나 온갖 경쟁과 책무에서 벗어난 은퇴자는 마음만 먹으면 얼마든지 상생의 세계인 블루오션 세계에 머물 수 있다. 경쟁, 투쟁과 부여받은 목표도 없고 오직 자신이 세운 목적을 향해 자유롭게 숨쉬며 달려갈 수 있는 세계, 그게 바로 은퇴 세상이다.

셋째, 블루타임이 가능하다. 시간에는 블루타임과 레드타임이 있는데 자신의 발전과 창조를 위해 쓰이는 시간은 블루타임이고 일로 소모되고 마는 시간은 레드타임이다. 일에서 해방된 은퇴자는 본인이 자기 시간의 주인이므로 얼마든지 블루타임을 가질 수 있다. 다만 블루타임에 대한 인식과 블루타임을 생활하 하려는 노력은 필요하다. 은퇴가 쇠퇴가 아니라 가능성의 새로운 세계가 될 수 있느냐가 이런 자세 하나하나에 달려 있다.

본인도 몰랐던 자신의 세계, 감추어져 있었던 자기를 찾아서, 경쟁하거나 싸우지 않아도 되는 곳에서 서로 존중하고 격려하며 스스로 부여한 목표를 향해 시간을 아껴 꾸준히 노력할 수 있는 세상, 그게 바로 성공적 은퇴의 세계다. 거기에서 은퇴설계의 시작인 정체성 찾기, 은퇴설계의 콘텐츠에 해당하는 포트폴리오와 그 결과인 다양하고 풍요로운 은퇴생활이 기다리고 있다. 전혀 몰랐던 세계가 펼쳐지고 날마다 새로운 변화를 신나게 경험할 수 있다. 난생 처음 맛보는 감동과 반복되는 기쁨이 넘쳐 남은 물론이다.

이렇듯 사실은 은퇴는 분명히 좋은 것이다. 하지만 무작정 좋기만 한 것은 아니다. 보다 정확하게 말하면 좋을 수 있다는 것이다. 오히려 은퇴 전에 비해 은퇴생활은 성공과 실패가 분명하게 구분될 수 있다는 것이 특징이다. 편차가 클 수밖에 없기에 그 성공의 확률을 높이기 위한 방법이 있어야 한다. 그 방법을 제시하고 준비하는 것이 바로 이 책의 목표이다.

그 방법에 어떤 것들이 있을까. 우선 전환이 필요하다. 전환은 외부 여건의 변화에 따라 사람의 내면에 질적 변화가 일어나는 것을 말한다. 은퇴자가 은퇴라는 큰 환경 변화에 대응하여 은퇴 초기에 자신의 정체성, 스타일과 핵심가치 등을 찾아 삶에 변화를 시도하다 보면 내면에 질적 변화가 일어나게 된다는 것이 은퇴자의 전환이다. 제대로 된 은퇴자의 전환이 본인에게 적합한 은퇴설계를 통해 성공적 은퇴생활을 보장함은 물론이다. 전환에 대해서 상세한 부분은 후술한다.

다음은 균형을 잡아야 한다. 앞서 살펴봤듯이 은퇴생활은 본인이 자기 인생의 주인이기에 좋은 것이기는 하지만 감시가 약해지는 면이 있어서 잠시 방심하면 무너지기 쉽고 무너지면 함몰될 위험이 있다. 많은 사람이 은퇴생활에 성공하지 못하는 이유가 이것 때문이기도 하다. 하기에 은퇴자가 스스로 균형을 잘 잡고 유지해야 은퇴생활이 성공할 확률이 높아진다. 마치 중심을 잘 잡은 두 바퀴 자전거가 계속 굴러갈 수 있는 것과 같다. 구체적으로 은퇴자가 신경 써야 할 균형에는 재무와 비재무, 자아실현과 사회적 관계, 일과 여가 등이 있다. 재무와 비재무는 은퇴생활이 기본적으로 꿈과 돈의 복합체이지 어느 하나가 아니라는 것, 자아실현과 사회적 관계는 내가 혼자하는 것과 남과 같이 하는 것이 다 있어야 한다는 것이다. 여기서 한가지 강조하고 싶은 것은 조화와 균형이 은퇴생활의 성공요소라는 면에서 결국 은퇴생활도 인생의 일부라는 점이다.

한편 은퇴설계는 대표적인 장기전략 설계이므로 장기 환경변화를 염두에 두어야 한다. 예상치 않았던 사회의 큰 변동이나 금리, 환률 등 금융시장의 변동성에 대처할 필요가 있기 때문이다. 은퇴자에게 좋은 은퇴설계는 필수이지만 긴 은퇴기간 동안 방심하지 말고 집중력을 유지하는 태도 또한 중요하다.

은퇴생활이 활동기, 회상기, 간병기의 3단계[28]로 형성된다는 점도 잘 이해해야 한다. 활동기에는 자아실현에 주력해서 하고 싶었던 것들을 이루고, 회상기에는 기억하는 이들과의 관계유지가 지속되도록 하고, 간병기에는 돌봄이 필요한 상황 속에서도 주도적 삶이 흔들림없이 계속 유지되도록 하는 일이 중요하다.

은퇴는 분명 좋은 것이다. 다만 성공하기 위해서는 좋은 계획을 세우고 쉽게 포기하지 말고 끝까지 노력해야 한다는 것을 명심해야 한다.

은퇴, 변화와 전환

'변화'를 한자로 '變化'라고 쓴다. '변하여 다르게 되는 것. 또는 변화하다.'라는 뜻인데 영어로는 'change'로 쓰고, 역시 '변화, 변화되다.'로 번역된다. 한편 '전환'은 한자로 '轉換'으로 쓰고, '전환하다. 스스로 바꾼다.'는 뜻이다. 영어로는 'convert'로 쓰는데, '개조하다. 화학변화를 일으키다.' 등으로 번역할 수 있다.

사실 유사한 말이다. 하지만 굳이 둘을 구분하고 비교하자면 '변화'에는 상태 또는 변화된다는 수동적 성격이 내포되어 있고 '전환'에는 스스로 바꾼다는 능동적인 의미와 화학변화가 포함되어 있다고 설명할 수 있을 것이다. 예로 든다면 변화는 '생로병사'나 '계절의 변화' 같은 것들이고 전환은 '사도 바울의 개종'이나 '우리 사회가 전통사회에서 산업사회로 바뀌는 것' 등일 것이다.

은퇴설계를 한마디로 '변화에 대한 전환 전략'이라고 정의할 수 있다. 이를 좀 더 쉽게 이해하기 위해 성공적 전환에 대한 예를 먼저 들어보자. 독일 외무장관을 지낸 요슈카 피셔의 이야기다. 요슈카 피셔는 택시 운전사에서 시작해서 헤센 주 환경부 장관으로 성공적인 정치인이 되었으나,

문제 해결에 대한 압박감과 책임감, 스트레스가 참을 수 없을 정도로 쌓이게 되자, 닥치는 대로 먹기 시작해서 112kg이나 나가는 뚱보가 되었으며 결국 결혼 생활마저 파국을 맞게 된다. 50살의 문턱에서 생활 태도, 외모에 관한 생각 등 모든 것이 엉망이고 곧 무너질 것 같은 절박한 상황에 놓인 그가 선택한 방법은 하루에 몇십 킬로씩 달리는 것이었다. 1년 후에 그는 키 181센티에 112킬로 나가던 몸을 37킬로 줄인 75킬로로 만들었고, 후에 외무부 장관으로 다시 재기하였다. 훗날 피셔는 자신의 달리기가 다이어트프로그램이 아닌 자신의 개조과정이었다고 회고했다.

'변화와 전환'은 그런 것이다. '변화'는 세상의 속성이자 인생의 과정으로 태어남과 입학, 졸업, 취업과 결혼, 그리고 은퇴, 죽음같은 필연적인 것들이다. 결국 인생은 변화의 연속일 수밖에 없다. 그중에 누구에게나 찾아오는 은퇴라는 불가피한 '변화'가 우리의 주된 관심사이며, 여기에 대응해서 '전환'이 적절하게 진행되느냐가 중요한 것이다.

미국의 심리학자 데이비드 보차드는 그의 저서 '은퇴의 기술'에서 변화는 어떤 사건을, 전환은 어떤 과정을 의미한다고 하고, 전환이란 크게 변화된 삶에 적응하려는 우리의 마음 상태를 일컫기도 한다고 하였다. 또한, 인생의 큰 변화를 겪을 때 우리는 스트레스를 받아 가며 변화에 적응도 하고 자신의 정체성도 그에 맞춰 바꿔 간다고 설명하면서 전환기에 대해 많이 알수록 인생의 큰 변화에 더 잘 적응할 수 있다고 강조하였다.[29]

은퇴생활에서 전환이 필요한 이유는 대체로 은퇴하기 전, 50대 중반 정도까지의 생활이 온전히 자기 삶이 되기 어렵다는 데 있다. 이런저런 이유로 주위의 시선에 얽매이거나 자신을 돌아보기 어려운 쫓기는 과정의 연속인 삶이 되기 쉽기 때문이다. 그러나 다행스럽게도 누구에게나 때가 되면 은퇴가 찾아오는데, 이 기회를 잘 살려 전환에 성공하면 이때까지 구현하지 못했던 자신의 본래의 모습을 살릴 수 있다.

은퇴에 있어서 전환이란 은퇴 초기에 자신의 정체성, 스타일과 자신이 좋아하는 핵심가치 같은 것을 찾아 그것을 실행에 옮기는 것을 말한다. 정체성을 찾는 방법에 대해서는 보차드의 책 '은퇴의 기술'에 잘 정리, 설명되어 있어서 프로세스를 쫓아가기만 하면 어렵지 않게 실행할 수 있다.[30] 꼭 그의 책이 아니더라도 관련 자료를 활용하면 전문가 상담을 거치지 않고도 자신의 정체성 파악이 가능할 것이다. 자신의 스타일과 본인이 선호하는 핵심가치에 대한 발견도 필요한데, 무엇보다도 본인의 관심과 의지가 중요하며, 답을 찾고 정리하는 방법 등에 관해서는 책이나 관련 자료 등의 내용을 참고하면 될 것이다.

전환에 성공하려면 어떤 태도와 마음가짐이 필요할까.

첫째, 용기와 인내가 필요하다. 위에서는 대표적인 방법을 예로 든 것이고 추가적인 다른 변수의 파악도 필요한데 요즘은 인터넷 등만 잘 활용해도 크게 도움이 된다. 다만 조사, 검사, 사색 등을 한동안 끈기 있게 계속해야 할 테니 용기와 인내심이 부족하면 안 된다. 모처럼 정체성 찾기에 도전했다가 중도 포기하는 이들이 의외로 많다.

둘째, 가족의 이해와 소통이 필요하다. 우리가 이제껏 정리한 내용의 핵심은 은퇴 초기에는 성급하게 이것저것 시도하는 것보다 진정한 나를 찾는 작업이 중요하다는 것이다. 그러자면 혼자만의 시간이 필요한데 이 상태를 아내를 비롯한 가족은 '이 사람이 이상해진 거 아니야….', '아빠가 은퇴하시더니 이상해졌어.'하고 오해를 할 수도 있다. 소통을 잘해서 내가 뭘 하고 있는지 이해시키 는 것이 필요하다.

셋째, 은퇴 초기에 조급함에 빠지지 말아야 한다. 우리는 이미 은퇴에 상실만 있는 것이 아니라는 걸 알고 있다. 시간도 있고, 마음의 여유도 있고, 이제껏 쌓아 온 경험에다가 지혜도 가지고 있다. 거기에다가 추가로 '할 수 있다.'라는 마음가짐, 즉 자신감이 필요하며 조급함, 쫓기는 마음,

'뭐라도 해야 할 텐데…. 아, 이제 가진 게 없어….'에 빠지지 않는 것이 중요하다.

넷째, 장기전을 각오해야 한다. 자신의 정체성, 스타일과 핵심가치를 파악했다고 해서 끝난 게 아니다. 시작인 것이다. 자신의 정체성과 핵심가치에 맞는 목표를 세우고, 그 목표를 달성하기 위한 실천계획과 일정표도 작성해야 한다. 그것도 끝은 아니다. 가장 중요한 실행이 남아 있다. 요슈카 피셔는 1년 내내 달렸던 것을 기억하자. 목표 수립, 실천계획, 일정표 작성 등에 대해서는 제3장의 은퇴설계서 작성에서 자세하게 설명한다.

마지막으로 전환에 관한 성공사례를 소개해 볼까 한다.

사례 1

신약 성경에 사도 바울이 나온다. 사도 바울은 이스라엘 사람이지만 지중해 연안 타르수스의 부유한 집안에서 태어나 당시 최고 수준인 그리스와 로마 문명을 몸에 익혔으며, 거꾸로 예루살렘으로 유학했다. 신분상으로는 종교 귀족 바리새인이면서 로마 시민권도 가지고 있었다. 모든 것을 다 갖춘 그는 당시 유대교의 촉망받는 청년 종교지도자였는데, 예수를 만난 뒤로 모든 것을 버리고 예수를 따르는 이들을 박해하던 입장에서 이방 세계에 예수를 전하는 사람으로 전환했다. 그 덕에 기독교 복음이 로마에 전해져 오늘날 전 세계에 알려지게 되었는데, 본인은 로마에서 순교 당했다.

사례 2

한 양반이 18세기에 경상도 고성지방에서 농사를 지으며 농촌에 서재를 세워 훈장을 겸하고 살았는데 그가 구상덕(1706-1761)이다. 37년간 하루도 빠짐없이 승총명록(그의 일기)을 써서 그의 삶이 후대에 알려진 것인데, 그는 평생 농사를 지으며 농토와 노비를 불려 경제적으로 넉넉한 덕분에 가문의 몰락을 막고 어려운 백성을 도우며 살았다. 한편 자신의 호를 딴 월봉 서재를 세워 지역의 젊은이들을 가르쳤으며, 계절에 따라 상업을 통해서도 일부 이득을 남기기도 하고 노비를 속신하기도 하였는데, 그의 일기에는 출타했다가 돌아와서 마을 사람이 굶어 죽은 것을 보고 안타까워하며 자신이 떠난 것을 후회하는 내용이 나온다. 조선 후기에는 사실상 지방 양반들의 과거 급제가 쉽지 않아 잔반이 많이 생기고 지역 양반들의 처신이 쉽지 않았던 것인데, 구상덕은 시대를 탓하거나 조정을 원망하지 않고 양반임에도 농사짓고, 자신이 가진 것을 활용해 남을 가르치고 주변을 도우며 살았던 것을 알 수 있다.[31]

사례 1의 사도 바울은 자신이 걸어온 길인 유대교를 떠나 예수를 선택한 순간부터 그의 삶이 매 맞고 쫓겨 다니고 비난받는 고난의 연속으로 전환되었지만, 오히려 자신이 선택한 예수를 따르는 길이었기에 평생 행복했을 것이다. 사례 2의 구상덕은 남이야 보든 말든 제대로 된 양반의 길을 걸어간 덕분에 조선 후기에도 양반이 제대로 선택만 한다면 과거급제하여 벼슬길에 오르지 않더라도 남으로부터 존경받고 이웃을 도울 수 있었구나, 하는 깨달음과 감동을 우리에게 전해 준다.

두 가지 다 본인이 선택한 자신의 인생을 산 경우이다. 은퇴자의 '전환'도 다름 아닌 자신의 인생을 선택하는 것이라고 할 수 있다. 최근의 흐름은 은퇴를 '사회로부터 사라지는 것이 아닌 자신의 인생을 사는 것'으로 정의하는 경향이 있다. 자신의 인생을 찾기 위해 은퇴자는 은퇴생활의 입구에서 전환을 위해 노력해야 한다.

정체성 찾기와 삶의 스타일

대부분 은퇴자의 주된 관심사는 소득, 재취업, 시간 보내기 등이다. 돈이 없으면 어떻게 하나, 재취업할 데가 없을까, 시간을 어떻게 보내야 하나 등 소위 앞날에 대한 걱정거리인 셈이다. 하지만 그보다는 이제껏 살아온 은퇴 전 삶에 대해 아쉬운 점은 없었는지 살펴보는 게 은퇴자에게 더욱 적절한 출발점이 될 것이다. 의외로 사람들이 대체로 외부에서 요구되는 대로의 삶을 살다 보니 진정한 자신을 잊게 되는 경우가 많기 때문이다.

스위스의 심리학자 구스타프 칼 융은 자신의 진정한 열정을 의미하는 '자기(Self)'는 무의식의 세계에 깊이 감추어져 있기에 외부의 요구에 적응해야 하고 이런저런 일로 분주한 젊은 날에 그 '자기(Self)'를 찾아내기 쉽지 않다고 설명한다. 융이 개체화라고 이름 붙인 변화의 수용과정이 '전환'인데, 나중에라도 이에 성공하면 자신의 '정체성'에 다가가게 된다.[32]

미국의 심리학자 데이비드 보차드는 그의 저서 '은퇴의 기술'에서 '변화'는 어떤 사건을, '전환'은 어떤 과정을 의미한다고 하면서, 전환이란 크게 변화된 삶에 적응하려는 우리의 마음 상태를 일컫기도 한다고 하였다. 은퇴라는 '변화'에 대하여 자신을 찾으려고 하는 그런 '전환'의 기회는 대략 50대 중반 정도에 찾아오는 것으로 이해된다.[33] 뒤에(91쪽) 소개하는, 교장직에서 물러난 뒤에 신학 공부를 마치고 목회자의 길로 간 T 목사님이나, 앞서 나왔던 장관직에서 물러나고 이혼까지 겪은 스트레스에 매일 40km 달리기로 맞섰던 독일 외무장관 요슈카 피셔의 얘기가 이에 해당된다. '전환'과 '정체성 찾기'가 은퇴설계의 성패의 요인이라는 것은 아무도 부인하지 못할 것이다. 최근의 환경변화로 거저 얻은 30년의 은퇴생활을 자기답게 한번 살아보느냐 아니면 전과 같이 그저 그렇게 남의 눈에 의존해 지내고 마느냐가 이 전환의 성사 여부에 달려 있기 때문이다.

정체성을 찾는 과정은 자신과의 대화로부터 시작된다. 50세 이후 질문들을 스스로 던져 보자. 일종의 워밍업인 셈이다.

· 나는 나의 삶에 만족하는가?(잘 살았는가)
· 내가 성공한 것은…
· 내가 실패한 것은…
· 내가 잘 하는 것은…
· 나는 어떤 스타일일까?(정체성)
· 내가 추구하는 가치는…
· 내가 좋아하는 것은…
· 내게 시간이 얼마나 남았나?

자신의 정체성을 찾는 작업과정에 대해서는 보차드가 자신의 저서 '은퇴의 기술'에서 자료를 활용한 심리조사와 함께 자세하게 제시하고 있다. 그 결과 나타나는 유형을 보차드는 '숨은 실력자, 새로운 일 탐험가, 항해사-정원사, 모험추구자'의 4가지로 구분하고 있다. 자료는 구체적이고 별로 어렵지도 않다. 마음만 먹으면 가능한 것이므로 한번 해보는 게 중요하다. 꼭 보차드의 자료일 필요는 없다. 어느 것이라도 무방하다. 정체성을 파악하게 되면 전환에 한층 가까이 간 것이다. 그 다음에는 정체성에 부합되는 삶의 내용을 탐색하여 목표를 정하고 차근차근 구체적으로 실행해나가는 일이 남아 있을 것이다. 이 책에서 '정체성 찾기' 과정에 대해서는 제3장의 '은퇴설계서 작성'에서 보다 구체적으로 설명한다.

여기서는 자신의 정체성에 부합되는 삶의 방식 파악과 선택에 도움을 받고자 하는 의도에서 과거 우리 조상들의 삶의 모습을 살펴보려고 한다.

도산서원의 설립자이자 조선 시대의 대학자로 유명한 퇴계 이황(1502-1571)은 학문 외에도 자신의 삶에 대하여 특이한 점을 몇 가지 가지고 있다. 첫째, 한사코 벼슬을 하지 않은 것이다. 34세에 대과에 급제하여 관로에 들어서기는 했지만, 이윽고 그 일을 후회했고, 46세에 풍기군수를 지내기도 했지만 50세 이후에는 주어지는 관직을 대부분 사양하고 나아가지 않거나 마지못해 나아간 경우에는 서둘러 사직을 하고 낙향했다. 둘째, 잘 알려지지 않은 것인데 이황은 땅 60만 평과 300여 명 노비를 소유한 상당한 재력가였으며, 기록에 의하면 농토와 노비 관리에도 상당히 신경을 써서 꾸준히 불려 나갔다고 한다. 셋째, 조선 시대의 완고한 선비의 삶이라고 여겨지지 않을 정도의 휴머니티가 엿보인다. 첫째 부인 사별 후에 둘째 부인을 선배 부탁으로 정신이 온전치 못한 그 선배의 딸을 맞았는데 그 부인을 평생 돌보고 살았다고 하며, 그래서 부인 대신 집안일을 도맡아 하느라고 고생한 첩이 있었는데 그에 보답하고자 첩의 아들을 호적에 올리고 적서차별을 금지하여 이황의 집안에서는 적서차별이 없었다고 한다. 또한, 불행한 일이기는 하지만 아들이 죽었을 때는 사돈에게 연락하여 며느리가 재가할 길을 열어줬다고도 한다(후에 이황이 어떤 고을 어느 집에서 하룻밤 머무는데 음식이 입에 맞고, 아침에 선물로 받은 버선이 꼭 맞아 희한하다고 했는데 알고 보니 재가한 며느리의 집이었다고 함). 이황 가문이 아직 넉넉하지 않던 시절에 시집온 큰며느리 봉화금씨의 혼수품이 좀 넉넉지 못했는지 가문에서 이런저런 잡음이 나오고 하는 것을 이황이 며느리를 두둔해 가며 애써 막았다고 한다. 평생 이황을 고맙게 생각한 봉화금씨 며느리는 죽어서도 시아버지를 발치에서 모셔야 한다고 유언을 하여 지금 안동면 퇴계리 선산에 가 보면 이황 묘소 올라가는 길목에 봉화금씨가 묻혀 있는 것을 볼 수 있다.

조선뿐만 아니라 동양을 대표하는 대학자 이전에, 이황은 자신의 삶에 대한 콘셉트를 분명히 하고 그것을 잘 실천하면서 살았던 대표적 인물이다. 권력투쟁이 속성이고, 또 그러다 보면 변동성이 클 수밖에 없는 정치인보다는 공부하고 제자를 양성하는 일을 이황은 좋아했다. 평생 그대로 실천해서 대학자 겸 위대한 스승이 되었으며, 한편 당시 유교 흐름에 따라 상업 등의 이식행위를 하지는 않으면서도 농토와 노비를 꾸준히 불려 상당한 재력가로 넉넉하게 살면서 오히려 주변의 가난한 유학자들과 제자들을 도왔고, 가족들이 험한 일 당하지 않도록 최대한 노력했던 것을 알 수 있다. 결과 이황의 집안에서는 적서차별이 없었으며 자손들은 번성했고, 며느리들도 숨 쉬고 살 수 있었다. 자기 뜻과 능력에 맞는 삶의 구도를 설정하고 이행했으며, 또 요즘 개념으로 보면 합법적으로 재테크도 하고 주변 사람들에게 관대하게 대하며 은근히 위험관리도 했던 유니버셜 스타일 이황의 면모를 엿볼 수 있다.

그보다 150년 앞선 시대의 위대한 개혁가 정도전(1342-1398)이 있다. 정도전은 여말, 선초의 대표적 권력자, 정치인이자 혁명가이며, 학자에다가 사상가이다. 또한 지략가로서 건축과 병법에도 전문가였다. 조선경국전을 저술해 국가형성의 토대를 마련했으며, 도성을 한양으로 옮긴 것도 그의 작품이다. 한편 재능보다 더 돋보이는 것은 운명에 도전하는 그의 의지다. 최태성 역사 강사는 그의 저서 '역사의 쓸모'에서 집안도 좋지 않고 권력자들한테 찍혀서 관직에서 쫓겨난 정도전이 2년간 유배와 7년의 유랑생활 동안 비뚤어진 세상과 백성들의 고통을 절감하고 해결방법을 치밀하게 고민한 후에 뜻을 이루기 위해 이성계를 찾아가는 과정을 상세하게 기술하고 있다.[34]

정도전은 일단 성공한다. 하지만 그의 삶은 너무 굴곡이 심했고 개인적으로는 결국 불행하게 생을 끝맺는다. 물론 과도기이긴 하지만 정도전의 불행은 반복되는 대립 구도에 기인하는 것으로 보인다. 태조 이성계를 도와 조선을 건국하는 데는 성공하였으나 목숨을 건 사투를 너무 많이 벌여야 했다. 견해 차이로 스승인 이색을 귀양보내는 데도 앞장섰으며, 동문 선배인 정몽주에 의해 유배된 채 살해될 지경까지 이르렀다가, 이방원이 정몽주를 제거한 덕분에 살아나기도 하였으나, 정작 그로부터 몇 해 후에는 한때의 동지였던 이방원에 의해 죽임을 당한다. 이황과 달리 그는 격동기에 너무 리스크 큰 삶을 선택했다. 비록 역성혁명에는 성공하였으나 이방원을 비롯한 이성계의 아들들과 대다수 건국의 동지들을 적으로 상대하기는 무리였으며, 그러다 보니 정작 본인의 삶이 사투의 연속일 뿐, 안정적이고 행복한 삶이 되기 어려웠다. 본인은 물론 아들과 조카들도 왕자의 난에 희생되었으며 아내도 노비가 되었고, 큰아들 혼자 이방원의 자비 덕에 겨우 살아남았다.

정도전이라는 위대한 인물을 역사적으로 평가하려는 것은 아니며, 또 할 수도 없다. 다만 정체성과 전환이라는 측면에서 과도하게 무리한 구도 속에 놓이게 되면 자신도 어쩌지 못하고 상황에 따라 흘러갈 뿐, 자신의 삶을 찾기란 쉽지 않다는 점을 강조하고자 하는 것이다. 은퇴자에게 '자기'를 향한 용기만큼 '무리하지 않는 삶'의 선택에 대한 지혜도 중요하다는 것을 보여주는 사례다.

50대 후반쯤에 은퇴의 시기에 올 수 있는 기회, 자신을 찾을 수 있는 소중한 기회를 놓치지 않기 위해서 자신에게 맞는 삶의 스타일을 잘 파악하여 선택하고, 무리하지 않고 그 길을 잘 따라가는 것이 중요하다는 교훈을 조상들의 사례가 보여주고 있다. 분량의 부담으로 구체적으로 싣지는 못하지만 정체성 찾기 후에 관심사 찾기, 목표 수립, 실천계획과 일과표 작성의 프로세스가 이어져야 한다는 것을 잊지 말자. 이 프로세스에 대해서는 제3장의 은퇴설계서 작성하기에서 설명한다.

습관

습관에 대한 사전적 의미는 '오랫동안 되풀이하여 행해져서 그렇게 하는 것이 규칙처럼 되어있는 일' 또는 '일상적으로 반복되는 행위이며 신체적 행동 외에 생각 등 정신적, 심리적 경향도 포함한다.'이다.

'성공하는 사람들의 7가지 습관'의 저자 스티븐 코비 박사는 습관에 대하여 이렇게 말했다. "우리는 습관을 지식, 기술 그리고 욕망의 혼합체로 정의하고자 한다. 지식이란 우리가 무엇을 해야 하고, 또 왜 해야 하는지에 대한 이론적 패러다임이다. 기술은 어떻게 해야 하는가, 즉 방법을 말한다. 욕망이란 하고 싶어 하는 것, 즉 동기를 말한다. 우리가 생활하면서 무엇인가를 습관화하기 위해서는 반드시 이상의 3가지 모두를 가져야만 한다."[35]

또한, 변화에 대하여는 메릴린 퍼거슨의 말을 인용하였다. "아무도 다른 사람을 변화하도록 설득할 수는 없다. 우리는 누구나 단지 내면에서만 열 수 있는 변화의 문을 가지고 있다. 논쟁이나 감정적 호소에 의해서는 다른 사람이 가진 변화의 문을 열 수 없다."[36]

우리가 습관에 관심을 기울이는 이유는 변화의 가능성 때문이다. '1만 시간의 법칙'으로 유명한 말콤 글래드웰은 그의 책 '아웃라이어'에서 신경과학자인 다니엘 래비틴의 연구를 인용하여 성공에는 1만 시간의 준비시간이 필요하다고 주장하였다.

"작곡가, 야구선수, 소설가, 스케이트 선수, 피아니스트, 체스선수, 숙달된 범죄자, 그밖에 어떤 분야에서든 연구를 거듭하면 할수록 이 수치를 확인할 수 있다. 1만 시간은 대략 하루 3시간, 일주일에 스무 시간씩 10년간 연습한 것과 같다. 물론 이 수치는 '왜 어떤 사람들은 연습을 통해 남보다 더 많은 것을 얻어 내는가'에 대해서는 아무것도 설명해주지 못한다. 그러나 어느 분야에서든 이보다 적은 시간을 연습해 세계수준의 전문가가 탄생한 경우를 발견하지는 못했다. 어쩌면 두뇌는 진정한 숙련자의 경지에 접어들기까지 그 정도의 시간을 요구하는지도 모른다."[37]

그리고 말콤 글래드웰은 이 1만 시간의 법칙의 주장을 뒷받침하기 위해 비틀즈, 빌 게이츠와 모차르트, 3인의 명사를 예로 들었다. 특히 우리가 모두 당연히 천재로 알고 있는 모차르트에 대해서는 심리학자 마이클 호위와 음악평론가 해럴드 쇤베르크의 말을 인용하여 모차르트가 수준급 협주곡을 만들게 된 것은 그가 작곡을 시작한 지 20년, 또 협주곡을 만들기 시작한 지 10년이 지난 후였다고 강조하였다.[38]

한번 무너졌다가 보란 듯이 재기하여 2019년 조조 챔피언십에서 우승하며 PGA투어 통산 82승 타이기록을 세우게 된 골프천재 타이거 우즈도 생후 7개월부터 골프채를 손에 쥐고 조기 교육을 받은 경우이니 이에 해당한다.

18세기의 음악천재 모차르트나 21세기의 운동 천재 타이거 우즈가 다 성공하기까지 1만 시간이 필요했다는 것은 우리 같은 보통 사람에게는 좋은 소식이다. 성공의 보편성을 얘기하고 있기 때문이다. 그때까지는 누구나 똑같은 보통 사람이다. 해 보지도 않고 지레 나는 아니라고 할 이유가 없는 것이다. 1만 시간이나 10년, 20년을 버텨서 성공한 사람들은 잘 알려진 명사들 말고도 우리 주변에서 각 분야에서 꽤 찾아볼 수 있을 것이다.

전병호는 그의 책 '퇴직을 디자인하라'에서 2009년에 사람들이 습관을 갖기까지의 과정을 실험했던 영국 런던대학의 릴리파 랠리교수팀의 연구 내용을 소개하였는데, 그에 의하면 사람들이 어떤 행동에 대해 습관이 생기기 시작하는 시간이 평균 21일 정도로 나왔다고 하며, 평균 66일이 지나면 그 행동을 하지 않으면 오히려 불편함을 느꼈다고 한다.[39] 이 실험 결과의 시사점의 중요성은 보통사람들도 과정을 견뎌내면 할 수 있다는 것이다.

습관이 은퇴자에게 왜 중요할까. 은퇴생활은 은퇴 전과 달리 전적으로 자신의 것이기 때문이다. 그런데 은퇴생활의 성공은 결국은 그 실행에 달려 있다. 아무리 좋은 계획을 세웠어도 실행으로 이어지지 못한다면 남는 것은 아무 것도 없다. 좋은 계획을 세우는 것이 은퇴설계의 출발점이라고 한다면, 계획을 실천에 옮기는 뛰어난 실행력은 멋진 은퇴생활을 열매맺게 하는 힘이다. 그 힘은 좋은 습관에서 온다.

얼마 전 TV에서 무슨 스트레스 탓인지 주인만 보면 으르렁거리며 달려드는 강아지를 본 적이 있다. 그런가 하면 눈 속에서 의식을 잃은 주인의 곁을 구조팀이 나타날 때까지 일주일 동안이나 지켜 낸 개도 있다. 이처럼 누구에게나 좋은 습관과 나쁜 습관이 있을 것이다. 은퇴자가 온종일 감자튀김을 친구삼아 TV에 매달려 혼자 지내거나, 아니면 밖으로만 나돈다거나, 또는 가족과 남에게 피해가 되는 줄 알면서도 줄담배를 피워댄다거나 하면 나쁜 습관이다. 책을 읽고 독서 모임을 찾아 나간다든지 하고, 자신만의 시간과 '더불어 같이'의 시간이 균형을 잘 이루고 있다면 좋은 습관이다.

해마다 신년 초에 다들 새해 설계를 하는데 실행되는 경우가 8% 정도밖에 안 된다고 한다. 누구나 나쁜 습관은 버리고 좋은 습관은 더 몸에 익히고 하면 좋을 텐데 잘 안되는 이유가 무엇일까. 또한 숱한 훌륭한 계획들이 실현되지 못하는 이유는 무엇이고, 나쁜 습관을 알면서도 고치지 못하는 것은 왜일까. 고통스럽기 때문이다. 변화가 부담스럽고, 새로운 것을 하려니 어색하고, 익숙하지 않은 것을 반복하자니 힘든 것이다.

그러면 어떻게 해야 하는가. 버텨야 한다. 재미있을 때까지, 또 편해질 때까지 버텨야 한다. '의지'에 대해서 어떤 이는 편한 것은 현재의 유인이고, 의지는 장래의 유인이라고 멋있게 표현했다. 대부분 사람이 불확실한 장래의 유인보다 당장 눈에 보이는 현재의 유인을 선택한다는 것이다. 하지만 우리는 대부분 의지와 인내로 성공을 거둔 경험이 있다. 군대를 다녀왔거나 신입사원 경험이 있다면 그것만으로도 상당히 버틴 사람들이다. 국방부 시계는 오늘도 돌지 않는가. 다만 군대의 신병이나 회사의 신입사원은 살기 위해 어쩔 수 없이 반강제로 해야 하는 반면 은퇴자는 멋진 비재무를 위해 스스로 해야 한다는 차이가 있을 뿐이다.

10여 년 전 처음으로 학교에 발을 디디던 때가 생각난다. 은행을 나와서 학위를 마치고 대학에 임용된 첫해 2학기에 처음으로 수업 3과목을 맡았다. 경험이 없었던 나는 처음 하는 3과목 강의 준비가 그렇게 힘들다는 것을 몰랐다. 여름방학 때부터 2학기 마칠 때까지 밤낮은 물론이고 주중, 주말, 다 수업 준비 외에 내가 가진 시간이라고는 후배 부탁으로 후배 아들 결혼식 주례를 1번 선 것과 매주 주일예배 참석한 것밖에 없었다. 그 외의 시간은 오직 수업 준비에만 몰두했으며, 참석한 모임이라고는 과 교수 회의뿐이었다. 그런데, 그 학기가 끝날 때쯤은 모든 것이 너무 편했다. 모임에 안 나가 술 안 먹으니 몸이 편해 좋고, 아내도 포기하고 내 자유를 건드리지 않으니 마음이 평화로와 좋고, 수업시간과 학교에도 적응이 되어 스스로 내가 교수라는 생각이 들었다. 그 생활 패턴을 그대로 하라면 얼마든지 할 수 있을 것 같았다. 어쩔 수 없이 한 거였지만 실로 신기한 경험이었다.

우리 주변의 1만 시간의 법칙의 사례로 일본프로야구 최고기록 3천85 안타의 주인공이자 명예의 전당에 올라 있는, 전무후무한 23년 프로통산 3할대 타자 재일동포 야구선수 장훈을 소개하려고 한다. 부채골 좌타자로 유명한 그는 원래 오른손잡이였는데 어렸을 때 오른손 손가락에 심한 화상을 입어 어쩔 수 없이 왼손잡이로 전환했다. 초등학교 5학년 때부터 야구를 시작했는데 항상 한복을 입고 한국말을 사용하시는 박순분 어머니에게 들은 말, "일본 아이에게 지면 안 된다."를 명심하고 오직 연습에만 매진했다. 한국인인 그가 야구에서 일본 아이들을 이길 방법은 연습밖에 없었기 때문이다. 그는 현역시절, 팀훈련 후에 매일 혼자 3백 개의 타격 훈련을 마치고 40개를 더 했다고 한다. 다른 사람들도 그만큼 훈련을 할 것으로 생각했던 것이다. 나니와 상고를 졸업한 장훈은 프로팀 도에이 플라이어스 1군에 지명되는데 고졸로 프로팀 1군에 바로 입단한 경우는 일본프로야구 통틀어서도 10여 명 밖에 되지 않는다. 그런데 프로 첫 게임에 6번 타자로 출전한 그가 첫 타석에서 3구 3진을 당한다. 자존심이 상한 장훈은 '내일은 2군이겠구나.' 하면서도 밤새워 타격 훈련을 한다. 의외로 다음날 선수명단에 있어 출전한 2번째 게임에서 홈런 하나, 2루타 하나를 쳐내는 것은 너무 통쾌하다. 내 일처럼 기쁘다. 그렇게 변함없는 믿음으로 기회를 준 이와모토 감독과 마스키 겐지로 코치에게 장훈은 평생토록 감사하는 마음을 갖는다.

장훈이 프로팀에 입단하기 전에는 어머니의 말씀처럼 '일본 아이에게 지면 안된다.'라는 일념으로 견디었을 것이다. 민족의식이 강하고 귀화를 거부한 그가 프로 입단 뒤에는 수백만 일본 야구팬들의 질시와 그로 인한 고통 속에서도 자신이 70만 재일동포들의 자부심이라는 것 하나만으로도 충분히 버틸 수 있었을 것이다. 기회 있을 때마다 요즘 프로선수들은 연습량이 모자란다고 이야기하는 그는 오늘도 비가 오나 눈이 오나 10키로를 걷는다. 끝없는 자기관리다. 최근에 그가 일본에 귀화했다는 소식을 접하게 되어 매우 안타깝다.

개인습관 이외에 사회습관이라는 것이 있다. '민족성' 또는 '문명'이라고 표현해서 큰 문제가 없을 것이다. 1906년에 '대한제국 멸망사'를 쓴 대한제국의 고문이자 목사였던 헐버트는 자신의 저서에서 우리 민족에 대해 '한국인들은 중화사상을 받아들이는 길보다 더 좋은 것이 없다고 알고 있는데 이는 중화사상을 받아들이는 것이 자신의 사상을 유지하는 것보다 더 훌륭하다고 믿는 몽매한 사고방식에서 비롯되는 것이다. 그래서 한국인은 중화사상의 노예가 되었으며 자주성과 독립성을 잃었다. 한국으로서는 중국의 사상을 모방하는 것만이 자신의 소망이었기 때문에 이 한정된 수평선 너머의 모든 장관을 하나도 볼 수가 없었다. 본성을 보나 능력 면에서 볼 때 한국인은 고도의 지적인 능력이 있는 민족이지만 천박하게도 남들이 시키면 시키는 대로, 가르치면 가르치는 대로 행동한다.'라며 안타까움과 함께 약간의 기대감의 기록을 남기고 있다.[40] 또한 19세기 후반, 20세기 초 한국을 찾은 서양인들은 국적과 직업이 다양함에도 한국에 대해 정부의 무능, 관리들의 부패와 수탈, 낮은 여성의 지위, 백성들의 게으름과 불성실에 대해 공통된 인상을 남겼다.

그러던 우리가 불과 몇십 년 후에 일본에 이어 아시아에서 보기 드물게 산업화에 성공했다. 한국의 성공 원인이 무엇이냐는 질문에 대해 노벨경제학상 수상자인 프린스턴대학의 폴 크루그먼 교수는 교육열과 근면성이라고 간명하게 이야기했다. 우리 민족이 백 년 안 되는 사이에 무능, 부패, 수탈, 게으름으로부터 근면성과 교육의 성공으로 전환된 것이다. 물론 그

이면에는 못 먹고 못 입으면서 결사적으로 자녀들을 대학에 보낸 우리 부모들의 헌신과 가진 거 없지만 초중고 12년 하루도 안 빠지고 학교에 다닌 고집스러운 우리가 있었다. 많은 사람이 자신을 위해 살 수 있었던 이 교육과 신분 상승의 기회가 실로 우리 역사상 수천 년 만에 처음 있는 일이었다고 해도 과장이 아닐 것이다. 그리고 안타깝게도 벌써 이 기회가 서서히 사라져 가고 있다.

귀화를 거부했던 재일동포들의 우상 장훈 선수가 버틸 수 있었던 것은 학창 시절에는 일본 아이들에게 지기 싫어서였고, 또 프로선수가 된 뒤에는 역도산이 자신의 자부심이었던 것처럼 이젠 그가 동포들의 자부심으로서 살아남아야 했기 때문이다. 문맹과 무지, 부패와 게으름밖에 없었던 우리 민족이 부지런하고 교육열 넘치는 사람들로 바뀐 배경에는 오직 공부와 일이 우리의 살길이라는 것을 알고 기회가 왔을 때 있는 힘을 다해 버틴 너와 나의 수십 년이 있었기 때문이다.

은퇴자에게 은퇴기간은 다시없는 기회다. 이 기회를 살려야 한다는 절실함으로 버텨야 한다. 그러다 보면 어느 순간 스티븐 코비와 퍼거슨의 생각처럼 자기 내면에서 변화의 문이 열리는 것을 경험하게 될 것이다. 그런 절실함과 버티기가 없으면 잘못된 습관을 고치기 어렵다.

은퇴자의 친구, 독서

말은 글과 달리 기록이 없기에 학자에 따라 편차가 있겠으나 길게 보아 말의 역사는 50만 년, 글의 역사는 만년 정도로 볼 수 있다. 어쨌든 오늘을 사는 우리에게 말과 글이 있다는 것이 얼마나 감사한 일인지 모른다.

우리 민족은 처음에 중국의 한자를 빌려서 읽고 쓰고 했는데, 그러다 보니 읽고 쓰기가 일부 귀족들에게만 가능한 일이었고, 또 남의 글이다 보니 엄연히 중국에서 쓰던 것과는 달랐고 우리 말과 일치되기도 어려웠다. 한글은 우수한 글이긴 하지만 비교적 늦게 만들어졌고, 또 그 뒤에도 편견 때문에 문명 중심부에서는 잘 사용되지 않았다. 그런 결과로 우리의 글인 한글을 넓게 사용하게 된 것은 20세기 들어서부터여서 실제 사용의 역사는 100여 년 정도 밖에 되지 않는 것이 사실이다. 어쩌면 우리의 독서율이 OECD 국가 중 최하위라는 부끄러운 사실의 원인이 한글 사용의 짧은 기간에 있는지도 모른다. 좀 더 범위를 넓혀 보면 대화에 의한 사회문제 해결이 어렵고 집단지성이 좀 빈약해 보이는 이유도 부족한 독서율과 연관이 있을 수 있고, 그 또한 우리글 사용의 짧은 역사와 관련이 있을 수도 있다.

책을 읽으면 무엇이 좋은가.

첫째, 건강에 좋다. 운동하면 육체 건강이 좋아지는 것처럼 독서를 하면 정신이 연마되어 정신건강이 좋아지고, 수면에도 도움이 된다.

둘째, 즐겁다. 만화책이든, 소설이든, 아니면 어려운 역사책이든, 자신의 기호와 역량에 따라 책을 선택해서 읽으면 즐거움과 기쁨, 행복감을 느낄 수 있다. 혼자서 아주 손쉽게 공감하고 감성과 더불어 숨 쉴 수 있는 좋은 시간을 가질 수 있는 것이다.

셋째, 실력이 는다. 각 분야의 책이 있고, 전과 달리 번역된 책도 많으며, 책이 아니더라도 인터넷이나 SNS상에도 좋은 정보가 있기에 책을 비롯한 좋은 내용들을 읽는 것이 습관만 된다면 쉽게 실력을 기를 수 있다. 자기도 모르게 훈련이 되어 집중력, 분석력, 판단력, 통찰력 등이 좋아질 뿐만 아니라, 많이 읽다 보면 언어력과 이해력, 문장력이 좋아져 잘 쓸 수 있게 된다. 또한, 창의력과 상상력도 좋아지며 결국 잘 읽고 쓰다 보면 개인의 지성이 발달하게 되고 집단지성으로 이어질 수 있다.

넷째, 용서할 수 있게 된다. 책에는 지식이나 지성뿐만 아니라 깊은 감동의 세계가 있다. 책을 읽다 보면 분노는 사라지고 안정감을 느끼게 되어 나 자신과 다른 사람을 이해할 수 있게 되는 것이다. 이렇듯 모든 것을 용서할 수 있다는 것은 일종의 영적인 세계인데 책을 읽어서 그러한 차원에 도달할 수 있다는 것이 신기하긴 하지만 분명히 가능한 일이다. '습관'에서 일정 수준에 도달하기까지 우수한 사람도 최소 10년 이상의 시간이 필요하다는 것을 보았는데, 그와 같이 독서에서도 어느 수준에 가면 내공이 쌓이고 영성이 열리는 것이다.

다섯째, 세상이 보인다. 누구는 천 권, 어떤 이는 3천 권을 보면 세상이 보인다고 얘기하는데, 책에는 숱한 사람들의 엄청난 분야에 대한 조사와 사색과 정리의 결과가 방대하게 들어있기에 독서량이 일정 수준을 넘어

가면 간접경험을 통해 세상을 볼 수 있다는 것이 확실하다. 지성이 축적된 결과다. 세상이 보이기 전이라도 독서량이 쌓여 가면서 최소한 날마다 새로운 동네를 접할 수 있다.

여섯째, 인생이 바뀐다. 책을 읽어 인생이 바뀐 사례는 수도 없이 많다. 그중에서도 독서 강사 전안나의 경우를 소개할까 한다. 전안나 강사는 자신의 책 '1천 권 독서법'에서 자신에 대해 이렇게 이야기한다. "나는 세상에서 제일 좋은 엄마가 되고 싶었던 불행한 엄마였다. 14년 차 워킹맘에 에너지는 소진되었고, 일과 공부에서의 열등감과 가족에 대한 죄책감에 빠져 있었다. 아이와 남편에겐 미안했으며 시어머니와도 사이가 나빴고 우울증도 있어서 병원에 입원해서 쉬는 게 소원이었다. 정말 죽을 것 같았던 그때 회사에 강의하러 왔던 박상배 독서 강사를 우연히 만나 시작한 독서가 모든 것으로부터 나를 구원했다. 800권을 읽자 작가가 되어 책을 내고 싶어졌는데 천 권을 읽고서는 정말 작가가 되었다."[41] 그 후에도 계속된 독서로 전안나는 목표인 2천 권 읽기를 눈앞에 두고 있으며, 이젠 '1천 권 독서법'의 저자답게 독서 관련 전문강사를 겸하며 새로운 인생을 살고 있다.

일곱째, 이게 정말 중요한데, 독서는 성과 효율성이 높다. 우리는 앞서 '습관'에서 1만 시간의 법칙에 대해 살펴봤다. 그 어떤 천재라도 자기 분야에서 성공하기 위해서는 1만 시간이 필요하다는 것이며, 실패하는 이유는 재미있어지거나 최소한 뭐가 될 때까지 버티고 견뎌야 하는데 그게 어렵기 때문이라는 것이다. 그래서 좋은 습관을 만들기 힘들고, 성공하기는 더더욱 어려운 것이다. 그런데, 다른 것에 비해 책을 보는 것은 그래도 쉬운 것이며 재미에도 빨리 도달할 수 있다. 전안나 작가가 책을 읽기 시작해서 천 권을 독파하고 작가로 변신하기까지 걸린 시간이 만으로 3년 10개월이고 햇수로 5년이다. 꼭 작가가 아니더라도 책 읽기의 소득은 엄청나다. 책 읽기는 다른 그 어느 것보다 쉽고, 성과는 크다. 한글을 쓸 수 있고, 읽을 수 있다는 것은 대단한 기술을 가지고 있는 것이며 무한한 가능성이 열려있는 것이다. 본인만 그걸 모를 수 있다.

우리나라의 책 읽기 실태는 그다지 좋지 않다. 2015년 OECD 기준, 각국 국민 독서율을 보면 영국 32.6%, 아일랜드 31.5%, 독일 26.9%, 프랑스 23%에 비해 한국은 8.4%에 불과해 최하위 수준이다(독서율의 기준은 만 15세 이상 국민이 1년에 1권 이상 책 읽은 사람의 비율이다. 출처: 뉴스앤북(http://www.newsnbook.com)). 최근 문체부 국민독서실태 조사에서도 성인 1인당 1년간 독서량이 2017년 9.5권, 2019년 7.5권에서 2023년에는 3.9권으로 대폭 줄어든 것으로 나타났다.

세상에는 좋은 독서법들도 많이 있다. 전병호는 그의 책 '퇴직을 디자인하라'에서 다독가들을 소개하며 3천 권의 책을 보면 세상이 보인다고 말한다. 하지만 그게 어려우면 문·사·철 30대 600권(문학 300권, 역사 200권, 철학 100권을 30대에 읽기)에 도전하라고 권유한다. 그것도 어려우면 독서에 눈이 뜨일 수 있게 우선 1년에 백 권을 읽으라고 이야기한다.

앞서 소개된 전안나는 좋은 대학을 나온 것도 아니고 대학원도 7번이나 떨어졌으며, 회사에서도 치이는 상황에서 모든 게 힘들어 정말 죽을 것 같아서 책을 읽기 시작했는데, 100권을 읽으니 마음이 안정되기 시작했고, 300권을 읽으니 누군가를 미워하고 원망하는 마음이 사라졌으며, 500권을 보니 새로운 세상에 대한 호기심이 생겼다고 고백한다. 박상배 독서 강사는 책에서 본 것을 깨닫고 삶에 적용하는 독서법인 '본깨적'을 활용하라고 사람들에게 알리고 있다.

한국인이 한국어로 말하고, 한글로 쓰고 읽는 게 뭐가 어려운가. 여타 분야보다 독서가 쉬운 것만은 분명하다. 하지만 이것도 처음에는 버티고 견뎌야 한다. '습관'에서의 21일 되면 익숙해지고 66일 되면 안하면 이상하다는 것을 기억할 것이다. 하루에 3시간씩, 3일에 한 권 본다고 생각하면 1년에 100권을 볼 수 있고 10년에 천 권이 가능해진다. 여지없는 '1만 시간의 법칙'이다. 다만 이보다 이른 시점에 재미를 느끼게 되고, 안 보면 이상한 때가 올 것이다.

독서는 누구에게나 좋은 것이지만 특히 은퇴자에게 각별하다. 은퇴자에게 생긴 시간과 마음의 여유는 독서에 최적의 환경을 제공하며, 은퇴설계의 무기로 삼아야 할 PIES(바로 뒤에 나옴)가 책 속에 다 숨겨져 있기 때문이다. 정체성을 찾아야 할 은퇴자에게 독서는 새로운 세상을 맛보며 자신을 돌아볼 기회를 제공할 것이다. 열심히 읽다가 잘 쓰게 되면 인생의 새로운 길도 찾을 수 있음은 사례가 증명하고 있다.

은퇴자의 독서에서 명심할 사항은 2가지일 것 같다. 하나는 한국인이 한글로 쓴 책 보는 것, 정말 쉬운 것이니 절대 포기해서는 안 된다는 점이며, 다른 하나는 독서가 아무리 중요하다고 해도 도서관에서만 사는 도서관파에 함몰되어서는 안 된다는 것이다. 비재무의 핵심인 자신의 삶과 사회적 네트워크의 균형과 조화를 잊어서는 안 되기 때문이다.

PIES

수년 전 코로나19 시절에 활약하던 세계보건기구(WHO)가 1948년 제정한 헌장에서 '건강이란 질병이 없거나 허약하지 않은 것 외에 신체적·정신적·사회적으로 완전히 좋은 상태'라고 정의하고 있다.[42] 건강의 개념이 단지 육체에 국한되지 않음을 일찍부터 강조하고 있는 것인데, 이와 관련하여 정신건강 전문가들이 꾸준히 PIES 접근법을 제시해 오고 있다. 말하자면 mental, social을 분야별로 intellectual, emotional, spiritual로 나누어 정리하고 개발하고자 하는 것이다.

건강은 누구에게나 필요한 기본일 텐데 이 PIES 접근법에 은퇴자들이 더 관심을 가져야 하는 이유는 무엇일까. 은퇴자도 잃기만 하는 것이 아니고 자유, 여유, 지혜 같은 것들을 얻기도 한다는 것을 우리는 잘 알고 있다. 은퇴자가 은퇴라는 변화의 기회를 살리기 위해서는 이것들을 잘 활용해야 할텐데, PIES가 그 구체적 수단이 될 수 있기 때문이다. 또한 기본, 자아실현, 사회적 네트워크의 비재무 3대 영역에서 PIES는 기본 그 자체이면서 성공적 자아실현과 사회적 네트워크를 실현할 수 있는 도구로 활용할 수 있다는 장점이 있다.

physical(육체 건강)은 기본(fundamental) 중의 기본이다. 건강리스크는 은퇴자의 3대 위험 중의 하나로서, 이게 안 되면 은퇴생활이 짧아지거나 무기력해지든가, 또는 다른 가치를 실현하기 어렵게 된다. 이처럼 중요한 건강을 의외로 쉽게 놓치는 경우를 주변에서 흔히 볼 수 있다. 갑자기 혈변이 나와서 병원에 가 보니 대장암이라든가, 또는 고혈압이나 급성 심근경색으로 쓰러졌는데 평소 전혀 알지 못했던 경우 등이다. 이를 방지하기 위해서는 기본에 충실할 필요가 있다. 1~2년에 한 번 정도 검진만 제대로 해도 웬만한 불확실성은 막을 수 있으며, 평소에 하루 5천 보 이상 걷는다든지 하는 최소한의 운동습관만으로도 기본적인 건강상태를 확보할 수 있다. 육체가 건강해야 건강한 정신을 유지할 수 있을 뿐만 아니라, 여행을 비롯한 여가와 취미생활도 건강이 받쳐줘야 제대로 할 수 있음은 물론이다.

intellectual(지성)은 자유와 여유같은 은퇴자의 장점과 깊은 관련이 있다. 누구로부터도 강요되거나 억압받지 않은 상태에서의 사유와 그 작용이 지성의 성숙으로 이어질 수 있기 때문이다. 또한 은퇴자는 최대한 지성으로 무장해야 긴 은퇴기간 동안 세상을 올바로 보고 균형 잡힌 은퇴생활을 영위할 수 있다. 잡 솔루션 코리아 최종엽 대표는 자신의 책 '블루타임'에서 시간을 자신의 발전이나 자아실현을 위해 쓰는 블루타임과 회사생활, 타인과의 경쟁 등에 소모되고 마는 레드타임으로 구분했는데,[43] 은퇴자가 책을 보거나 글을 쓰든지 하는 지적 활동이 전형적인 블루타임의 예에 해당할 것이다. 하기에 은퇴자가 레드타임에 해당하는 노동으로 많은 시간을 보내는 것은 좋지 않으며, 할 수만 있다면 매일같이 조금씩이라도 독서와 글쓰기 등의 시간을 확보하는 것이 중요하다. 한글이라는 좋은 글이 있고, 또 웬만한 책들은 우리 글로 번역되어 있으며 도서관도 여기저기 자리하고 있으므로 본인이 약간의 부지런을 떤다면 지성을 가꾸고 다듬는데 별 어려움이 없을 것이다.

emotional(감성)은 아는 바처럼 행복, 만족감, 공감, 동정심 등의 느낌이다. 누구나 누릴 수 있지만, 특히 마음의 여유에서 오는 은퇴자의 특권일 수 있다는 데 의미가 있다. 추억은 아름다운 것이다. 얼마 전 아내와 같이 운천에 있는 산정호수에 다녀왔다. 오래전 내가 군대 생활을 할 때 가본 적 있는 F 군단 휴양소가 산정호수에 자리하고 있는데, 가끔 비 오는 날이면 휴양소에서 바라다보이던 그 비 내리는 호숫가가 기억나고, 그때면 같은 포반에서 신우회활동을 같이했던 그 동네 횟집 아들 이 선배가 떠오르곤 했다. '전역하면 자기 집 오라고 했는데…. 혹시 지금 산정호수에서 횟집 하며 나를 기다리고 있는 거 아닐까?' 수십 년이 흘렀지만 산정호수를 찾았을 때 궁금증은 거의 풀렸다. 산정호수는 더 좋아졌고, F 군단 휴양소는 그대로 있었는데, 이 선배와 이 선배 횟집은 찾지 못했다. 경포 모래사장에 숨겨놓은 검은 자갈 찾기였다. 그런데 그날 새삼 깨달은 것이 있다. 몇 해 전 겨울 규슈 갔을 때 방문했던 유후인 긴린코 호수보다 산정호수가 몇 배나 크고 멋있다는 것이다. 주변 길과 상점들만 좀 다듬었으면 좋겠다.

한 때 홍콩사무소장을 지낸 나는 가끔 홍콩 미들레벨에 있었던 우리 아파트(야외 수영장이 있었고, 바다가 보였다.)와 거기서의 우리 가족의 삶을 떠올리곤 한다. 하필이면 그때 IMF(외환위기)가 터져서 사무소 문을 닫고 아쉬움 속에 철수했지만, 우리 가족은 1년여 밖에 안 되는 그때를 늘 행복했던 때로 기억한다. 나는 업무상 서울에 있었고 아내와 아이들은 아내의 학교근무 때문에 C 시에 있었던 관계로 평소 주말부부였던 우리 가족이 모처럼 같이 지냈던 때가 홍콩 시절이기 때문이다. 우리 은행 사무실은 중환의 리포센터 24층에 있었는데 어쩌다 가족이 배 타고 인근 섬에라도 갔다가 돌아올 때 멀리서라도 리포센터 불빛이 눈에 띄면 우리 아이들은 경쟁적으로 소리를 지르곤 했다. "야!, 아빠 은행이다." 지금은 성인이 된 우리 아이들이지만 그때는 먼바다에서도 보이던 리포센터의 불빛이 얼마나 반갑고 자랑스러웠을까. 그때 나는 아빠 은행 사무실은 저 큰 건물의 구석방 하나라는 얘기를 아이들에게 하지 않았다. 그런데 이제는 나도 어쩌다 TV에라도 홍콩 바닷가 야경이 나오면 목을 길게 빼고 본다. '리포센터 안 보이나.' 그리고 '우리 은행이 잘못되면 우리 가족은 어찌해야 하나?' 하고 염려하던 그 시절을 회상한다. 길지 않았던 홍콩 생활은 국가 위기로 그렇게 끝이 나고, 나는 자부심과 기대로 가득했던 그때의 은행 생활을 접고 새 은행으로 옮겨야 했지만 늘 정겨움과 그리움, 그리고 가슴 두근거리게 하는 추억과 한 편의 아쉬움으로 홍콩은 우리 가족의 가슴에 남아 있다.

영성(spiritual)은 누구에게나 필요한 것이지만 특히 goal을 향해 가까이 가야 하는 은퇴자에게는 없어서 안 되는 것이다. '영성'이란 다름 아닌, 내가 5층 연구실에서 창문으로 들어오는 시원한 가을바람을 느낄 때 봉의산 중턱에 걸려 있는 흰 구름을 바라보면서 '가을이 왔네. 아, 역시 신은 살아 있어, 절묘해. 가을바람을 만들다니.' 하는 것일 것이다. 나이 들어갈수록 영혼과의 대화가 필요하다. 안젤름 그륀 신부님은 자신의 책 '하루를 살아도 행복하게'에서 이렇게 쓰고 있다.

> 자신을 고요함에 맡기는 사람은 영혼의 정적에서 울려 나오는 음률을 듣는다. 자기 자신에게서 나오는 음이다.
> 우리의 마음은 그 멜로디에 맞추어 춤을 춘다.
> 당신의 마음은 멜로디를 만들어내는 능력이 있다.
> (중략)
> 다른 사람이 부는 피리 소리가 아니라
> 자기 마음에서 울려 나오는 멜로디에 맞춰 춤추면

우리는 자신과 조화를 이룰 수 있다.
마음의 멜로디를 찾아라.
고요함이 내는 소리에 귀 기울여라.[44]

가진 게 좀 적어도, 일이 뜻대로 잘 안 돼도 영혼과의 대화를 이어갈 수 있다면 긴 호흡, 여유, 아량이 가능할 것이다. 젊은이에 대한 관대함과 응답 없는 상대를 기다려 주는 지혜가 생겨날 것이다. 그럴 수 있는 소중한 자신이 바로 spirituality 아니겠는가.

몇 해 전부터 여름방학 때 아내와 같이 유럽 자동차여행을 다닌다. 거기서 경험했던 몇 가지를 소개할까 한다.

말이 자동차여행이지, 집 떠나면 고생이다. 자동차여행은 내비게이션, 주차장과의 싸움이다 보니 매일같이 최소한 만 보 이상은 걷고, 어떤 때는 높은 산도 올라가고 바다나 수영장에서는 수영도 해야 하니 physical이 약하면 아무리 좋은 여행도 즐겁기보다는 고통이다. 육체의 건강은 여행에 기본이다. 나와 아내도 여행을 떠나기 1달 전부터는 매일 만 보 이상 걸으면서 준비했던 기억이 있다.

이탈리아에서 가장 좋았던 곳이 어디였냐고 누가 묻는다면 나는 주저 없이 '토스카나'라고 이야기할 것이다. 로마와 피렌체 사이에 전개되는 평원, 이탈리아사람들이 자랑하는 드넓은 토스카나, 특히 저녁 무렵 아씨시 성벽 위 망루에서 내려다보이는 광대한 평야와 해뜨기 전 아침, 발도르시아의 이슬 머금은 전원풍경은 압권이다. 그보다 북서쪽, 밀라노 서편 바닷가 친퀘테레의 동화 속 마을 같은 정경은 더운 여름날, 기차로 또 도보로 바닷가 끝 마을까지 찾아온 여행자의 피곤한 몸과 마음을 위로하기에 충분하다. 이탈리아 아말피, 포지타노의 아기자기한 마을 앞바다와 프랑스 니스의 끝없이 이어지는 코발트 빛 바다는 같은 지중해임이 분명하다. 프랑스 '생폴 드 방스'의 성벽과 독일의 튀빙겐 성은 수백 년 전에 마을 사람들이 살기 위해 방어 목적으로 세운 것일 텐데 지금은 세상 최고의 아름다움을 여행자들에게 선물하는 소중한 곳이 되었다. 여행의 멋과 감동은 emotion(감성)에서 온다.

여행에서 얻는 것이 아름다움에 대한 감동만은 아니다. 다니다 보면 파리나 로마의 웅대한 왕궁, 성당과 성에 비해 독일 지방 각지의 성이나 성당이 비록 작지만 더 아름답고 독특하다는 것을 알게 된다. 그것은 아마도 로마제국과 칼 대제의 프랑크 왕국에 비해 독일 신성로마제국이 오랫동안 봉건사회 성격이 강했던 이유로 지방의 각 주가 발전됐기 때문일 것이다. 곳곳의 유적을 잘 살펴보면 역사 책에 나오는 내용의 배경과 이유를 알게 된다. 일본 규슈 북서쪽에 시마바라 해안가가 있다. 작년 1월 하순의 바닷가 마을 시마바라는 무척이나 평화롭고 따뜻했다. 1637년에 거기 하라 성에서 기독 농민군 3만 7천 명이 자유를 위해 봉기했다가 막부가 파병한 12만 명에게 전멸당했다는 것은 단지 지나간 역사의 일부분일 뿐, 시마바라는 오늘의 여행자에게 그때 그들의 의지나 함성을 보여주지 않는다. 하지만 여행자는 시마바라의 파란 하늘에서 평화롭고 밝게 빛나는 태양을 바라보며 후에 일본 사회를 변화시킬 기폭제가 된 메이지 유신에 시마바라 3만 7천 명 기독 농민군이 250년 전에 여기서 죽음으로 기초를 닦았다고 생각해 본다. 자신이 갈 곳에 대해 더 파악, 조사, 준비하고 사유가 함께할 때, 여행자는 여행을 통해서 더 많은 것을 얻을 수 있고, 단지 유희만이 아닌 체화되고 통합된 경지에 도달할 수 있을 것이다. 여행이 지성(intelligence)과의 대화여야 하는 이유다.

오늘날 유럽 사람들은 교회를 잘 안 다닌다고 한다. 하지만 프랑스에서는 노트르담, 이탈리아에서는 두오모라 하고, 독일에서는 그냥 성당이라고 하는, 소위 교회가 이름은 다를지 몰라도 유럽 곳곳에 세워져 있다. 지금은 흔하디 흔하면서도 주일날 차지도, 가지도 않는 교회가 유럽에 참 어렵게 세워진 것을 생각하면 아이러니하다.

예수교인을 박해하던 사도 바울이 회심 후에 생명을 걸고 유럽에 복음을 전했는데, 후에는 숱한 박해와 우여곡절 끝에 로마의 국교가 된 기독교가 오히려 힘과 기능을 상실한 로마제국 시민들의 생명과 재산을 게르만족으로부터 지키고자 사명을 다 한다.

몇백 년 후에 유럽을 통일한 칼 대제가 권위가 필요하여 교황에게 로마황제 작위수여를 부탁하고 한편 기독교를 국교로 한 것을 계기로 기독교는 전 유럽에 전파된다. 가톨릭에 유달리 성상이 많은 이유는 그 당시 야만인인 게르만족에게 복음을 전하기 위해서였다고도 한다. 로마, 바티칸 성당 지하에 초대교황 베드로의 시신이 안치되어 있고, 1층에 죽은 아들을 안고 슬픔에 잠긴 성모 마리아, 미켈란젤로의 '피에타'가 있다. 그 조각상 앞에서 많은 여행객이 슬픔과 환희를 동시에 느낀다. 복음을 전하기 위해 죽어간 사람들, 사도 바울, 베드로, 슬픔에 잠긴 성모에 대한 안타까움과 그들에 의해 우리에게 전파된 복음으로 인한 희망과 감사가 교차하는 순간이다. 여행자에게도 spirituality가 있다.

은퇴자에게 physical, intellectual, emotional, spiritual은 물론 여행에만 국한된 것은 아니리라. 일과 여가를 포함한 은퇴자의 모든 포트폴리오 부문에서 은퇴자가 가까이 오기를 기다리고 있지 않겠는가.

은퇴로 잃는 것과 얻는 것

사례 1

어느덧 내 친구들도 자기 사업을 하는 몇몇 친구 이외에는 대부분 은퇴자가 되었다. 그 중 내 고향 C 시에서 중학교 교장으로 은퇴한 친구 A가 있다.

그 친구가 우리 고교 동기회장을 맡고 있는데 십여 명의 친구들과 같이 한 친구의 땅에서 고구마 농사를 짓고 있다. 솔선수범하는 A가 고구마 수확 철이 되자 친구들이 고구마를 담을 수 있게 하려고 우리 시의 대표적인 대형할인점인 L 마트로 상자를 구하러 갔다. 그런데 상자를 만지는 A에게 직원이 소리를 질렀다. "할아버지, 그거 막 만지시면 안 돼요." A가 무심결에 대꾸했다. "나, 할아버지 아니야…." A는 그길로 평소 염색 좀 하라고 채근하던 아내와 딸을 떠올리며 미장원으로 염색하러 갔다고 한다. 하필이면 그날 수십 년 거래하던 은행으로부터 이제 교장이 아니니 마이너스통장을 쓰실 수 없다는 통지를 받은 터라 A가 받은 충격은 더 컸다.

사례 2

대부분의 은퇴자는 모임이 있다. 그중에서도 대표적인 것이 직장동료들의 모임이다. 이게 잘 되기 쉬운 것은 회사 다닐 때의 친숙함의 연장선에 있는 것이고, 경험의 상당 부분을 공유하고 있기에 대화가 잘 통하기 때문일 것이다. 또 자연스럽게 위계질서가 있어서 새로운 모임에 처음 적응할 때의 피곤함이나 새로 사람을 사귀어야 하는 부담 같은 것도 별로 없어서 좋기도 할 것이다. 나는 힘든 시기에 은행을 다니다 보니까 은행이 합쳐지고 또 합쳐지는 바람에 전직 동료들의 모임이 몇 개나 된다. 그중 한 모임에서 몇 년 전 있었던 일이다. 한참 술자리가 돌고 분위기가 무르익었을 때쯤 한 후배가 고함을 질렀다. "반말하지 말아요." 그 후배는 막내였고 상대는 전직 임원을 지낸 선배였는데 그 선배는 그때 그 모임에서 유일한 임원 출신이었다. 어찌어찌해서 2차까지 하며 그날의 일은 대략 수습을 했지만, 그 후로 모임에서 그 선배는 보이지 않았다. 나중에 후배들이 현역 시절 실적을 너무 심하게 독려했던 그 선배를 모임에서 다시 만나는 것을 부담스러워한다는 얘기를 듣게 되었다.

사례 3

중학교 교사로 수년 전 은퇴한 다른 친구 H가 있다. H는 평생 꿈이 퇴직하면 유럽 자동차여행을 떠나는 것이었다. 그 꿈을 이루기 위해 H는 이것저것을 준비했다. 퇴직 전 마지막 겨울방학 때 전지훈련 성격으로 일본 규슈를 10일간 아내와 함께 자동차여행을 하며 자신감과 신뢰감을 키웠고, 언어부담을 덜기 위해 번역기를 샀으며, 유럽 자동차여행에 최적인 '가민내비'도 서울까지 가서 직접 빌려왔다. 성공적 여행계획을 세우기 위해 현지 조사, 일정 짜기 등에 3달 넘게 몰두했음은 물론이다. 처음에는 H와의 유럽 자동차여행에 다소 회의적이었던 그의 아내도 그 준비하는 열정에 감복해서 보름 일정의 오스트리아 자동차여행을 일단 따라나섰는데 둘 다 훨씬 밝은 표정으로 돌아왔다. "막상 가 보니 유럽 자동차여행, 별로 힘든 건 몰랐고요…. 좋았어요." 또 그 친구가 자랑스럽기도 하고 멋있어 보였다고 그의 아내는 말했다. 그 후로 부부관계도 더 좋아졌음은 물론이다.

사례 4

오래전부터 교회고등부 전직 교사들의 모임을 이어오고 있는데 그 모임에 속한 한 후배의 형님으로 지금 목회를 하는 T 목사님 이야기다. 형님은 처음부터 목회자는 아니었다. 원래는 육군 장교였는데 퇴임해서 고교 교련 선생님이 되셨다. 매사를 열심히 하셨던 형님이 교련 선생님으로는 보기 드물게 승진에 승진을 거듭해서 결국은 교장으로 퇴임하셨는데 그게 다가 아니었다. 다시 신학을 하셔서 목회자가 되셨고 벌써 10여 년 넘게 목회를 하고 계시다. 물론 급여를 받지 않는 자비량 목회자이시다.

은퇴는 평생 몸담았던 직장을 떠나는 것이니 그 기본적인 속성은 상실이다. 즉 잃는 것이다. 이에 대해 '은퇴 후 40년 어떻게 살 것인가'의 저자 전기보는 그의 책에서 '힘, 전문성, 자금'의 세 가지를 이야기했다.[45]

첫째는 힘이다. 누구나 보통 은퇴할 때쯤이면 회사에서 상당한 지위에 있을 뿐 아니라 그간 쌓아온 네트워크와 업적이 있어서 상사로부터 인정도 받고 부하직원들로부터는 존경도 받기 마련이다. 가정이나 모임에서도 핵심이며 어디서나 말 한마디에 웬만한 문제는 쉽게 해결한다. 그러나 퇴직과 동시에 이 모든 것이 날아간다. 위 사례 1의 경우가 전형적인 모습이다. 존경받는 교장 선생님이 하루아침에 동네 할아버지로 전락한 경우인데, 사실은 막강한 재력이 있는데도 불구하고 수십 년 거래한 금융기관에서 마이너스통장의 한도를 회수한 것은 내가 생각해도 너무하다. 사례 2는 휴머니티와 콘텐츠가 수반되지 않는 회사에서의 권력이 얼마나 허무한가 하는 것을 보여주는 적나라한 경우다.

둘째는 전문성이다. 수십 년간 회사에서 갈고닦은 실력이 회사 문을 나서는 순간 아무 소용이 없어진다. 조직을 세우거나 프로젝트를 짜는 능력이 더는 쓸모없거나 아예 없느니만도 못하게 된다. 회사에서의 분석능력이나 추진력으로 가정에서 아내나 자녀를 대하거나 모임에서도 여전한 자신감으로 강력한 자기주장을 펴다 보면 외톨이나 꼰대가 되기에 십상이다.

셋째는 자금이다. 더는 가정이나 친척들에게 해결사 역할을 하지 않아도 된다는 홀가분함은 있을지 몰라도 주 소득원의 감소로 스스로 자신감을 잃게도 되고 또 가족이나 주변으로부터 은연중 무시당하는 경우가 생기기도 한다. 오히려 소득 감소에 빠르게 적응하지 못할 경우 수년 내에 심각한 재정 결핍에 직면할 수도 있다.

한편 은퇴로 잃기만 하는 것은 아니다. 의외로 얻는 것도 있기 마련이다.

첫째, 마음의 여유다. 더는 본질이나 가치와 무관한 무의미한 일들로 인해 스트레스받으며 살 필요가 없다. 수십 년간 내리누르던 실적의 압박에서도 벗어나는 것이며, 정당하지 않은 상사의 지시나, 소통이 잘 안 되는 직원으로 인한 고통을 더는 받지 않아도 된다. 얼마나 마음 편하게 다리 뻗고 잘 수 있는지 모른다. 이제야말로 차근차근 계획을 세워 그간 꿈꾸던 것들을 실행할 수 있는 때가 온 것이다. 위 사례 3의 오스트리아 여행이 대표적인 성공사례다.

둘째, 시간이다. 특별한 예외가 아니라면 직장에서의 시간을 레드타임이라고 얘기하는데 그 뜻은 일방적으로 소모되는 시간이며 남는 것이 없다는 의미이다. 예를 들면 루틴에 따른 반복 업무나 경쟁에의 몰두 같은 경우이다. 회사의 업무는 속성이 실적이나 경쟁일 수밖에 없다. 그 덕에 회사가 존립하고 글로벌 경쟁에서도 버텨나갈 수 있으니 실적 경쟁이 필수인 것이 당연하긴 하지만, 개인은 소모품이 되기 쉽다는 것이 문제이다. 나 자신도 30년 회사생활 동안 책을 보거나 글을 쓰는 시간을 별로 갖지 못했었다. 여기서 벗어나 자신만의 시간을 가지게 되고, 하고 싶었던 것을 마음대로 할 수 있으니 얼마나 좋은가. 사례 4처럼 이 시간을 잘 활용하여 준비하면 새롭고 멋진 인생의 2라운드를 펼쳐나갈 수 있다.

셋째, 자기 인생이다. 보통 직장을 다니는 동안은 회사의 요구나 고객의 요청, 또는 직원들의 기대가 삶의 기준과 방향이 된다. 또 그걸 잘해야 인정도 받고 회사에서 성공적인 삶을 살 수 있기에 당연하기도 하다. 이 기간 동안 주 소득원으로 가족을 돌보는 일에도 매진한다. 그 임무를 다 마치고 이제 매임에서 벗어나 자신이 진정 좋아하고, 또 잘 할 수 있는 것을 시도한다는 것은 은퇴의 축복이 아닐 수 없다. 사례 3의 오스트리아 여행이나 사례 4의 목회자 같은 경우가 다 은퇴 후의 자기 인생을 잘 살고 있는 경우일 것이다.

넷째, 자신의 성장과 개발이 가능해진다. 자신의 정체성을 찾아 감추어져 있던 꿈도 되살리고, 좋아하는 것, 하고 싶었던 것을 찾아서 하다 보면 자기도 모르는 사이에 성장도 하고 발전도 하게 된다. 사례 3이 발전하면 여행기를 쓰거나 사진전을 열 수도 있을 것이며, 사례 4의 목사님은 영성 넘치는 풍부한 휴머니티의 세계를 이어가며 날마다 처음 겪는 새로운 스토리를 써 갈 수도 있을 것이다.

위에서 살펴본 바와 같이 은퇴로 잃기만 하는 게 아니고 얻는 것도 있기 마련이다. 잃는 것은 회사에서의 지위, 그간 수고의 대가인 전문성, 소득의 원천 등이고 얻는 것은 마음의 여유, 시간, 자기 자신, 성장과 발전 등이다. 은퇴생활을 성공적으로 잘하기 위해서는 잃는 것은 극소화하고 얻는 것을 극대화하는 것이 필요하다. 어떤 방법이 있을까.

우선 필요한 것은 은퇴는 새롭고 좋은 것이란 인식이다. 진정한 자기를 회복하고 자기결정권을 행사하게 되었는데 지나간 회사에서의 지위나 전문성을 아쉬워 할 필요가 있겠는가. 오히려 앞으로의 삶에 방해가 될 수도 있으므로 과거의 업적은 과감하게 내던지고 되돌아 보지 않는게 좋다. 방송인 서장훈이 삼성농구팀의 감독이 된 옛동료 이상민으로부터 코치직 제안을 받았을 때 거친 몸싸움을 해야 하는 농구보다 자신의 부드러운 이미지를 보여줄 수 있는 방송이 더 좋다며 거절했다는 일화를 생각해 볼 필요가 있다.

한편 은퇴자의 자신감이 중요하다. "이제 내가 꿈꾸던 내 길을 갈 수 있게 됐다. 게다가 전과 달리 시간과 여유가 있으므로 무엇이든 쫓기듯 서두르지 않아도 된다. 내가 잘 보고 결정해서 그 길로 가면 되지 남의 눈을 의식할 필요도 없다." 또 하다 보면 앞서 사례 1의 교장선생님처럼 은근히 무시당하는 상황에 처할 수도 있겠지만 그건 개의치 않으면 된다. "내가 내 길을 가고 있는데 남이 무슨 상관인가. 내 길을 똑바로 잘 가는게 중요하지. 암, 흔들리지 말아야 해."

남은 평생 든든한 동지가 필요한 은퇴자에게 있어 가장 중요한 관계는 부부관계가 아닐까 한다. 기사와 조수의 협력관계인 사례 2의 자동차여행 부부가 성공사례이다. 부부가 좋은 소통을 바탕으로 서로 상대의 잠재력을 믿고 성장, 발전을 응원해 줄 때 은퇴생활은 벌써 절반은 성공이다.

결국 은퇴생활도 인생에 있어서의 다른 것과 마찬가지다. '은퇴는 좋은 것'이라는 인식, 또 '할 수 있다'는 자신감, 그리고 '그 이(녀)와 함께라면 세상 어디를 가도 해 볼 만하다는 믿음…' 이런 마음가짐이 있으면 가진 게 그리 많지 않아도 벌써 절반은 승리한 셈이다.

제 3 장

은퇴설계,
이렇게 하면 된다

은퇴자에게 있어서 경력

은퇴자는 보통 파워, 전문성, 자금을 잃는다. 그 중에서도 가장 아까운 것이 전문성일 것이다. 수십 년 경력이 하루아침에 무용지물이 되기 때문이다. 은퇴자가 가장 은퇴를 실감할 때가 오랫동안 갈고 닦아 자기도 모르게 쌓인 경력이 쓸모없어졌다는 것을 막상 피부로 깨닫는 때일 것이다. 어제까지 내가 보스였던 그 사무실을 오늘부터 안 나간다는 것도 이상하지만, 내가 없는데도 그 사무실이 잘 돌아간다는 것은 더 신기하다.

'은퇴했으니 거기는 더 이상 가면 안되고 …, 돈은 많이 안 줘도 좋으니 수십 년 갈고 닦은 내 경력을 좀 이어갈 수 있는 데가 없을까.' 하는 게 모든 은퇴자의 솔직한 바람일 것이다.

은퇴자에게 경력이란 무엇일까, 또 활용가치가 있을까, 하는 관점에서 은퇴자의 삶과 기존 경력의 관계를 살펴보자. 우선 경력을 활용하는 경우와 활용하지 않는 경우로 나눌 수 있다. 활용하지 않는 경우는 다시 정체성을 찾아서 정말 하고 싶었던 새로운 일에 도전하는 것과 그냥 단순히 기본소득을 올리거나 시간을 때우기 위해서 아무 일이나 하는 것, 그리고 아무 일도 안 하는 것, 이렇게 셋으로 구분할 수 있다. 한편 마크 프리드먼은 본인의 책 '앙코르'에서 제2의 인생을 살아가는 사람들을 자신의 경력과 관련하여 경력재활용자, 경력변환자, 경력생산자로 구분하였는데 그의 설명에 의하면 위에서 첫 번째 경우가 경력재활용자이고 두 번째가 경력생산자이다.[46]

이 두 가지를 연결하고 용어를 정리해서, 기존 경력을 손질해서 이어가는 경력재활용자와 새로운 삶을 개척하는 경력전환자(생산자)를 우리의 관심 대상으로 정한다. 이전 경력과 관련 없는 단순 경력변환자와 아무것도 하지 않는 경우를 의논의 대상에서 제외한다.

경력재활용은 기존 경력을 보완하거나 적절히 고쳐서 쓰는 것이니 쉽게 할 수 있다는 장점이 있다. 통상 정상급에 있어야 쉽게 실현 가능하다는 제약이야 있겠지만, 이 경력재활용의 사례는 꽤나 많고 주변에서 쉽게 찾아볼 수 있다. 우리가 잘 아는 김호철, 박미희, 김연경, 이승엽, 차범근 같은 스포츠 스타나 장미희(연극영화학과 교수), 강창희같은 자기 분야의 전문가들이 여기에 해당한다.

이만기는 지금 인제대학교 스포츠 헬스 케어 학과 교수다. 온 국민이 알듯이 천하장사 10회를 거머쥔 씨름선수 출신인데, 틈틈이 공부해서 석, 박사 학위를 마치고 어엿한 스포츠 학과 교수가 되었다. 또한 취미로 하던 배드민턴을 이어가서 경남 배드민턴 생활체육협회 회장도 역임하며 생활체육지도자로서도 멋진 모습을 보이고 있을 뿐만 아니라 KBS 동네 한바퀴의 진행을 맡아 방송인으로도 이름을 날리고 있다. 강창희 은퇴전문가는 원래 금융, 투자, 그 중에서도 특히 일본 주식시장 전문가였는데 미래에셋 부회장을 거쳐 지금은 유명 은퇴 강사로 자리를 잡았다. 그의 주 저서 중의 하나인 '인생 100세 시대의 자산관리'가 보여주듯이 현재 그의 아이덴티티는 금융에 기반한 은퇴전문가이다. 2002년 우리나라 축구, 월드컵 4강 진출의 영웅 히딩크 감독도 길게 보면 축구선수경력을 이어가는 중이다. 다만 그 후에 우리나라 국가대표팀을 맡았던 또 하나의 네덜란드 출신 감독 아드보카트가 현역시절 국가대표를 지냈던 데 비해 소문난 명장 히딩크 감독이 국가대표 출신은 아니었다고 하니 아이러니 칼한 면이 없지는 않다. 경력재활용에 있어 사전경력의 깊이가 절대적이지는 않다는 것을 보여주는 좋은 사례다.

경력전환은 우리가 잘 아는 자기실현의 경우이다. 따라서 경력전환에 성공한다는 것은 내가 뭘 좋아하지, 내가 뭘 잘하지, 내가 뭘 잘할 수 있을까 등 자신의 정체성 문제에 대해 전환으로서 현실적인 답을 얻은 경우다. 예를 들면 가까이 있는 강호동, 서장훈이나 곽규석같은 경우인데, 강호동과 서장훈은 운동선수에서 방송인으로, 또 곽규석은 코미디언에서 목회자로 전환에 성공했다.

강호동은 지금 아는 형님, 한끼줍쇼 등 숱한 프로에서 핵심으로 활약하는 대한민국의 대표연예인으로 국민 MC 유재석과 쌍벽을 이룰 정도인데, 그가 방송인으로 변신하게 된 계기에는 연예계의 대부 이경규와의 만남이 있었다고 한다. 어쨌든 강호동은 지금 다양한 프로에서 존재감을 과시하며 활약하고 있다. 한편 2m 7㎝의 거구 서장훈도 방송인으로 자리매김에 성공한 경우인데, 그는 자신이 방송인이 된 동기가 몸싸움을 해야 하는 농구에서 형성된 차갑고 거친 이미지를 방송에서 부드러운 모습으로 해소하고 싶어서였다고 이야기한다. 삼성의 감독으로 사령탑을 맡았던 과거의 동료 이상민이 코치로 초빙했을 때 서장훈이 스트레스받는 체육지도자보다 방송이 재미있다고 하면서 거절했다는 것은 유명한 일화이다. 경력재활용자가 될 뻔한 유혹을 이기고 경력전환자의 길을 선택한 것이다.

꽤나 멋진 경력전환자에 일본의 소설가 이케이도 준이 있다. 이케이도 준은 63년생으로 게이오대학을 졸업하고 88년에 스미토모은행에 입행했다가 92년에 은행을 나와서 소설을 쓰기 시작, 98년에 은행의 내막을 소재로 다룬 첫 소설 '끝없는 바닥'을 발표하여 미스테리 신인상인 '에도가와 란포상'을 받는다. '당한 대로 갚아준다'가 포함된 그의 후속작 '한자와 나오키'는 직장인들의 환호 속에 베스트셀러 기록을 세울 뿐만 아니라 최고 시청률 드라마, 영화로 제작되었고, 2019, 2020년에는 한국어로도 번역, 출간되었다.[47] 이케이도 준의 스미토모은행 경험이 그가 금융계의 내막이나 사회 비리, 직장인들의 비애를 흥미 있고 리얼하게 다룰 수 있는 토대가 되었음을 알 수있다.

대부분의 베이비붐 세대들은 밀림의 성자 슈바이처 박사를 기억할 것이다. 그의 아이덴티티는 복잡하다. 의사, 목사, 신학자, 철학자에다가 음악가로서 파이프오르간 연주자이며 봉사자이다. 그가 노벨평화상을 받았다는 것은 잘 알려진 사실이지만, 정체성 면에서 그의 복잡한 삶을 어떻게 해석할 수 있으며, 과연 전환이라고 소개해도 되는지가 미지수다. 철학자, 신학자, 목사이면서 어떻게 의사를 겸할 수 있는가, 음악가는 또 어떻게 가능했을까, 아프리카는 왜 가게 되었나 등 의문점이 수도 없다. 1875년생인 그는 아우구스부르대학에서 1899년에 철학박사, 그리고 1900년에 신학박사 학위를 받고, 1903년에 그 대학 신학부 강사 겸 목사가 되었다. 그런데 1905년에 다시 의대에 입학하여 7년 후인 1912년에 의학박사가 된다. 그리고 이듬해 1913년에 그와 뜻을 같이하기 위하여 간호사 자격을 얻은 아내와 함께 아프리카로 가서 1965년에 생을 마치기까지 거기서 원주민들을 치료하고 돌보며 평생 봉사자로 사는 삶을 살았다.[48] 일단 교수 겸 목사가 대학교수를 그만두고 다시 의대에 입학한 것이 세간의 관심을 끌 수밖에 없었을 텐데 그때 주변의 충격과 만류가 심했던 것으로 알려졌다. 이에 대해 슈바이처 박사는 대학생이던 21살 때 이미 30세까지 학문과 예술활동을 위해 살고 그 이후는 사람을 위한 봉사자의 삶을 살기로 마음먹었고, 그 뒤는 자기 뜻을 실행에 옮긴 것이라고 이야기한다. 그의 말대로 그는 단호하고 침착하게 흔들리지 않고 자신의 길을 갔다.

그렇게 보면 그의 삶을 교수(신학) 겸 목사가 의대에 입학한 것으로 다소 단순하게 정리할 수 있고, 그 이유는 봉사자의 삶을 살기로 했던 자신의 꿈을 실현하기 위해서였다고 해석할 수 있다. 그의 의학박사 학위 논문이 '예수에 관한 정신의학적 연구'라는 점에서 그의 삶이 철학, 신학, 의학으로 분화되지 않고 오히려 인간으로 통합되고 있음을 암시받는다.

한편 음악은 어려서부터 교회 오르간 연주 선생님의 지도를 받다가 아버지가 목회하는 교회의 반주자가 되었는데, 평생 연주했으며 바흐에 관한 책을 내기도 했다. 아프리카 현지에서도 여유가 있을 때는 파이프오르간 연주를 했으며 경제적으로 곤궁하면 유럽에 다시 와서 바흐 파이프오르간 연주회로 병원비용을 조달했을 정도이니 슈바이처에게 음악이야말로 평생 같이해온 업이라 하지 않을 수 없다. 따라서 그의 삶은 전환이라기보다는 통합으로 표현함이 적절하다.

그런데 경력이냐 가치냐의 기준의 차이는 좀 있을 수 있겠지만 경력재활용과 경력전환의 내면에 통합이라는 공통점이 흐르는 것을 발견할 수 있다. 강창희전문가의 경우는 금융전문가와 은퇴전문가가 통합되어 재활용되는 것이고, 천하장사가 공부를 거쳐 체육학 교수로 재활용된 이만기는 거기 그치지 않고 백년손님에서 장모와 티격태격하며 웃음을 선사하더니 아는 형님에서 강호동과 만나는 장면에서는 국민 엔터테이너로 통합되는 모습을 보여준다. 강호동에게 방송인은 분명히 새 분야일 것이고 거기서 독자적인 위치를 구축한 강호동의 에너지는 대단하다고 할 것이다. 하지만 강호동이 그의 파워를 자랑할 때보다도 이수근에게 당할 때 더 큰 웃음을 선사하는 것을 보면 그의 방송인으로서의 위상은 천하장사 경력과 동떨어져 있지 않으며, 오히려 그의 삶의 통합에 근거하고 있음을 알 수 있다. 이케이도 준이 직장인들의 가려운 곳을 긁어 주며 소설가로 성공할 수 있었던 배경은 그가 스미토모은행이라는 거대 조직에서 젊은 날을 보냈다는 것과 무관하지 않을 것이다. 복잡해 보이는 슈바이처 박사의 삶은 젊은 시절의 꿈을 이루기 위해 준비하는 과정과 그 꿈을 실현해가는 과정으로 아주 단순하게 정리해서 아무 문제가 없다. 신학자, 철학자, 목사, 의사, 파이프오르간 연주자라는 이 신비한 정체성은 30세까지 학문과 예술, 그 이후는 사람을 위한 봉사라는 그의 인생 목표의 반영인 것이다. '예수에 관한 정신의학적 연구'라는 그의 의학박사 학위 논문 제목이 그의 삶의 통합을 명시하고 있다.

경력재활용자인 이만기, 강창희뿐만 아니라 경력전환자인 이케이도 준과 슈바이처 박사에 있어서도, 모두 다 결국 자신의 목표와 가치가 삶의 지속성으로 통합되고 있음을 알 수 있다.

은퇴자가 진정 자신이 '전에 무엇을 어떻게 했느냐, 앞으로 무엇을 어떻게 할 것이냐'의 답을 얻고자 한다면 '내가 정말 잘하는 게 뭐지?, 내가 진정 하고 싶은 게 뭐지?, 나에게 그만한 준비와 노력이 있었나.'의 성찰에 매진하여야 할 것이다. 그리고 그 성패 여부는 통합에 달려 있음을 명심해야 한다. 오늘도 나를 들여다보자. 아직 늦지 않았다.

은퇴설계 영역

그냥 대충 사는 인생과 뚜렷한 목표와 구체적 계획을 세우고 하루하루 매진하는 삶이 같을 리 없다. 하물며 어디에 얽매이거나 소속이 없는 은퇴자에게야 좋은 목표와 계획이 성공적 은퇴생활을 위한 필수요건임은 당연하다. 좋은 은퇴설계는 그 뿐만 아니라 취약한 재무에 대해서도 대안을 제시할 수 있다는 면에서 또 다른 의미가 있다.

그런데 막상 은퇴설계의 대상 또는 범위라고 할 수 있는 은퇴설계 영역에 대해서는 뚜렷하게 정해진 것이 없다. 금융전문가는 재무를 중요하다고 하기 쉽고, 심리 또는 상담전문가들은 정체성을 보다 강조하는 경향이 있다. 각 영역의 우선순위에 대해서도 마찬가지 문제가 있다. 또한 범위를 너무 넓게 잡으면 목표달성을 위한 집중력이 떨어지기 쉽고, 반대의 경우에는 생활이 협소해질 우려가 있다.

어떻게 하는 것이 좋을지 은퇴설계의 영역에 대해 정리해 보자.

먼저 은퇴에 대해 다시 한번 생각해 볼 필요가 있다. 은퇴에 대하여 종래에는 '직임에서 물러나거나 사회활동에서 손을 떼고 한가히 지냄', 또는 '주된 일거리에서 중간일자리나 소일거리 부업 등을 거쳐 완전하게 물러나는 과정' 등으로 정의했었다. 그러나 최근에는 '회사 일을 그만두고 자기 삶을 시작하는 것', 심지어는 '숙제 인생을 졸업하고 축제 인생에 입학하는 것'[49] 등으로 적극적으로 정의하는 추세로 바뀌고 있다. 마찬가지로 '은퇴설계'에 대해서도 종래에는 미래에 대한 재무계획이나 재취업준비 등이 주된 관심사이었던데 비해 최근에는 정체성 발견, 좋아하는 것 찾기 등 개인의 자아실현에 초점을 맞추는 경향이 강해지고 있다.

은퇴설계 영역에 관한 기존의 사례들을 살펴보자.

한국 은퇴설계 연구소는 은퇴설계를 5대 영역으로 나눈다. 직업, 재무, 소통, 건강, 시간이 그것이다. 직업설계는 재취업, 창업, 귀농, 귀촌 등에 대한 것이고, 재무설계는 소득대체율, 재무제표와 합리적 소비, 노후소득, 연금 및 리스크관리 등을 다룬다. 소통설계는 자아 탐색, 부부, 자녀 관계와 커뮤니티 등을 대상으로 하고, 건강설계는 주로 신체와 정서의 건강에 대해, 시간 설계는 시간 설계의 원칙과 일상생활, 자가운영 시간 설계 등을 다룬다.

한국노인인력개발원 지은정 박사는 '고령화 사회 보편적, 균형적 노후설계서비스 활성화 방안'(2013.10)에서 노년기 삶의 질에 영향을 미치는 요인으로 경제상태, 여가, 사회참여, 건강, 가족관계, 종교를 제시하고, 그에 따라 노후설계를 재무, 건강, 여가, 대인관계의 4분야로 구분하였다.

한국보건사회연구원의 노후준비 실태조사 및 노후준비 지원에 관한 5개년 기본계획 수립 연구(책임연구자, 정경희, 2016. 11)에서는 노후준비 영역을 사회적 관계, 건강한 생활습관, 여가활동, 소득과 자산으로 구분하였다.

위의 내용을 보면 대체로 어디서나 재무는 공통이다. 재무 이외의 부문에서는 여가만 공통이고 자아실현 부분은 전반적으로 부족하다. 또한 재무와 비재무의 구분이 불명확하고 우선순위 개념도 보이지 않는다.

우리는 개념을 명확하게 하고, 구분을 은퇴생활의 현장 기준으로 하기 위해서 우선 은퇴설계 영역을 재무와 비재무로 구분한 다음, 비재무를 다시 기본(fundamental), 자아실현, 사회적 관계의 세 가지로 나누고자 한다. 우선 재무와 비재무로 구분하되 은퇴의 목적이 비재무이고, 재무는 그 수단이라는 것을 명확히 하고자 함이고, 또한 비재무를 셋으로 구분하는 의미는 비재무의 핵심은 '자아실현'이고, 하지만 성공을 위해서는 '사회적 관계'와 양립되어야 함을 강조하기 위해서이다. '기본'은 자아실현과 사회적 관계를 지원하는 인프라라고 할 것이다.

각각을 살펴보자.

재무는 여태껏 은퇴설계의 핵심으로서의 위치를 누려왔지만, 사실은 비재무를 뒷받침하는 도구나 수단으로 이해함이 마땅하다. 따라서 은퇴론에서의 재무는 재산증식보다는 현금흐름 확보와 장기 리스크 관리에 포커스를 맞추어야 한다.

비재무에 있어서 '기본' 역시 개인의 자아실현과 성공적인 사회적관계를 뒷받침한다는 면에서 재무와 흐름을 같이 한다. 이를테면 개인의 건강, 은퇴 후 주거, 가족관계, 부부관계, 소통 같은 것들로서 각각의 변수도 중요하지만, 기본이 약하면 자아실현과 사회적 관계가 어려워진다는 점을 은퇴자는 명심할 필요가 있다. 간단한 예를 들어본다면 부부관계가 나쁘면 은퇴 후 아내와 같이하는 유럽 자동차여행 같은 것들이 어려워진다. 또 은퇴와 동시에 삼식이가 되거나 아내의 시간이나 공간을 침해하게 되면 인생 후반기의 화려한 계획이 일시에 물거품이 될 수도 있다. 종래의 영역에서 건강 등도 여기 포함된다.

'자아실현'은 자신이 좋아하는 것, 자신이 생각하는 핵심가치, 하고 싶었던 것, 능력을 발휘할 수 있는 것들을 찾아보고 실행에 옮기는 것을 의미한다. 가정을 돌보고 회사에서 책임과 사명을 다하는 직장인들이 자신이 꿈꾸는 삶을 살기란 쉽지 않다. 가정과 가족에 대한 책임, 회사에서의 적응과 성취가 우선이기 때문이다. 그러나 은퇴생활에서는 패러다임이 변화되었으므로 이 구도가 송두리째 뒤바뀌어야 한다. 회사는 이미 떠났고, 집에서도 가족에 대한 봉사는 할 만큼 했으므로 이젠 내 삶을 살아야 한다. 다만, 이 점에서는 아내도 마찬가지일 테니 공동의 개념 정립과 소통이 필요하다. 자아실현 과정에서는 자신의 정체성 발견, 목표 수립, 실천계획 만들기, 실행 등의 만만치 않은 프로세스를 거쳐야 한다. 기존 사례에서의 여가가 자아실현에 포함되어야 함은 물론이다.

하지만 그에 못지않게 또 중요한 것이 '사회적 관계'이다. 구체적으로는 친구, 봉사, 종교, 여가 등으로 나타난다. 물론 여가는 개인의 몫이기도 하고 사회적 관계이기도 하다. 이 사회적 관계가 약하면 설혹 자아실현이 강하다고 하더라도 길고 긴 은퇴생활에서 외로움에 빠지기 쉬울 뿐만 아니라 삶의 활력을 유지하기 어려운 것도 사실이다. 직장생활에서는 같이 일하는 동료와 파트너인 고객도 있기에 때론 스트레스를 받고 힘이 들긴 하지만 외로움에 쉽게 빠지지는 않는건데, 은퇴자는 외로움의 리스크에 늘 노출되어 있다고 생각해야 한다. 그런 면에서 사회적 관계 형성은 매우 중요하다.

성공적 은퇴설계가 되기 위해서는 각 영역 변수들의 밸런스가 중요하다. 예를 들어 재무는 넘치고 좋은데 비재무가 취약하면 목표 잃은 항해가 되기 쉽고, 역으로 비재무는 좋은데 재무가 약한 경우는 자아실현이 헛된 꿈에 그치고 만다. 비재무에서 '기본'은 은퇴생활을 지탱하는 버팀목인 동시에 자아실현과 사회적 관계를 가능케 하는 지원시스템이다. 자아실현과 사회적 관계는 둘 다 필수항목이면서 균형이 필요하다. 전자가 약하면 은퇴생활이 무의미해지기 쉬우며, 한편 전자가 아무리 강해도 후자가 빈약하면 외롭고 쓸쓸해져서 전자를 오래 지탱하기 힘들어진다.

은퇴생활 또는 은퇴설계 영역은 우선 재무와 비재무로 나누고 비재무는 다시 자아실현, 사회적 관계와 기본으로 구분한다는 것을 다시 한번 강조한다. 다만 구분은 끝이 아니다. 통합을 전제로 하는 것이다. 좋은 은퇴설계의 성사 여부는 각 요소들의 조화와 균형이 얼마나 잘 이루어지느냐에 달려 있다.

비재무설계 전략

우리는 앞서 은퇴설계의 영역을 재무와 비재무로 구분했다. 재무는 한마디로 돈에 관한 것이고, 비재무는 재무 이외의 것을 말하는데 사는 방법, 지내는 방법이라고 표현해서 무리가 없을 것이다.

종래 은퇴론은 연금을 비롯한 은퇴소득이 준비되어 있는가, 은퇴준비에 도움이 되는 금융상품과 복지제도 등에는 어떤 것들이 있나, 재취업을 할 방법은 없을까와 같은 재무, 금융, 제도 위주로 논의되어 온 것이 사실이다. 비재무에 관해 얘기를 하더라도 건강이나 거주지, 또는 여가생활이나 버킷리스트 같은 단편적인 내용에 국한되는 경향이 있었다.

그러나 최근 들어 재무나 경제적인 것만이 은퇴준비의 전부가 아니며 그 이외에 건강과 심리, 사회적 측면 등을 고려하여 은퇴론이 행복과 삶에 대한 총체적 개념을 설정하고 다뤄야 한다는 쪽으로 의견이 기울고 있다. 이렇듯 비재무가 강조되는 이유는 그것이 바로 은퇴의 목적이기 때문이다. 자아를 실현하고 사회적 관계도 잘 형성하여 그야말로 행복한 은퇴생활을 영위해야 할텐데, 은퇴론이 수단이라고 할 수 있는 금융이나 제도에만 주로 관심을 기울인다면 주객전도가 아닐 수 없다.

비재무에 관한 기존의 여러 논의를 살펴보자. Schlock(2004)은 삶의 질에 관한 영역으로 정서적 웰빙, 사람들 간의 관계, 물질, 자기 계발, 신체, 자기 확신, 사회적 참여, 권리 등의 8가지를 제시하였다.[50] 좋은 것들이지만 좀 복잡하다. 우리나라의 국민연금공단은 '2013년 노후준비 진단서비스'에서 노후설계 영역을 사회적 관계, 건강, 소득과 자산, 여가의 4가지로 구분하였다.[51] 뭔가 빠져 있다는 느낌이다. 또한, 서울대학교 은퇴설계 지원센터와 삼성생명 은퇴연구소(2012)는 여가, 일, 가족과 친구, 주거, 마음의 안정, 재무, 건강 등 7개 영역으로 구성된 종합은퇴지수를 개발하였다.[52] 역시 좀 복잡하면서 뭔가 빠져 있는 듯하다.

은퇴생활이 중요한 이유는 그냥 사는 것이 아니라, 전과 달리 잘 몰랐던 자신을 발견하고 평소 하고 싶었던 것들을 실행할 기회가 된다는 데 있다. 인간관계도 직장이나 가정에 국한되지 않고 마음만 먹으면 여가나 봉사, 종교 생활 등을 통해 범위를 넓힐 수 있음은 물론이다. 그런 은퇴생활의 장점을 살리기 위해 우리는 비재무를 기본, 자아실현, 사회적 관계의 세 가지로 구분했다. 단순하면서도 목적달성에 유리하도록 짜임새 있게 구성하려는 취지이다. 기본은 기본 자체이면서 다른 두 가지, 즉 자아실현과 사회적 관계 형성을 뒷받침하는 역할을 하는 것이고, 자아실현은 자기 자신의 새로운 세계를, 그리고 사회적 관계는 주변과 더불어 함께 나누는 삶을 강조한다.

'기본'은 건강, 주거, 가정, 자녀, 부부 등으로, 달리 표현하면 은퇴환경이나 은퇴시스템이라고 할 수 있을 것이다.

건강은 WHO가 1948년에 제정한 헌장에서 신체적, 정신적, 사회적으로 완전히 좋은 상태라고 정의하고 있는 바와 같이 육체에 국한하지 않고, 지성, 감성, 영성의 정신건강을 추가하는 것이 좋다. 구체적인 내용은 PIES에서 이미 언급한 바 있다.

우리는 은퇴에서 ‘주거’를 대수롭지 않게 보는 경향이 있는데 다시 한 번 생각해 볼 필요가 있다. 은퇴란 그 자체가 큰 환경변화이기도 하면서 또 평소 꿈꾸던 그 무엇인가를 시도할 기회가 되기도 하므로, 은퇴 시에 자신들의 주거개념에 적합한 주거환경을 모색하는 것은 매우 중요하다. 이때 주거를 정하면 그 이후에 변경이 쉽지 않으므로 신중하면서도 심각하게 고민하고 협의할 필요가 있다. 예를 들자면 지금의 주거에서 그대로 살 것이냐, 아니면 남편이 좋아하는 바닷가로 갈 것이냐, 아내의 꿈인 호숫가를 택할 것인가 같은 것들인데, 의사결정과정에서 가족 구성원 간 충분한 논의와 의견 조율, 상대에 대한 존중과 배려가 필요함은 물론이다.

‘부부’는 은퇴에 있어 기본 중의 기본이다. 짜장면을 먹어도 둘이 같이 먹는 게 좋고, 자동차여행을 가도 둘 중 하나는 기사를 하고, 다른 하나는 조수를 하는 게 좋다. 은퇴생활에 생각지 않았던 어려움이 닥쳐올 때는 허심탄회하게 얘기하면서 대안을 모색할 수도 있다. 이렇듯 은퇴생활에서 가장 편하고 신뢰할 수 있는 부부보다 더 좋은 파트너가 어디에 있을까. 하지만 은퇴 초기에 부부가 가정 내 은퇴 구도를 잘 짜지 않으면 의외로 엄청난 어려움에 봉착할 수 있다. 남편이나 아내이기 전에 하나의 인간으로서 누구나 자기 공간, 자기 시간이 필요하기 때문이다. 예를 들어 남편의 은퇴와 더불어 수십 년간 편하게 지켜 온 가정 내 아내의 공간이나 시간이 방해받게 된다거나 그 반대의 경우가 생긴다면 보통 일이 아니다. 이런 문제가 생기지 않도록 미리미리 의논하여 서로 방해받지 않는 공간과 시간을 설정하여야 한다. 물론 쌍방 대등이 전제되어야 한다. 통계상으로는 아내와 여행 가고 싶은 남편은 80%, 남편과 여행 가고 싶은 아내는 20% 정도 되는 것으로 나타나고 있다. 은퇴 후 평생을 같이 보내야 할 부부들이 간과할 문제가 아니다. 자녀에 대해서도 마찬가지다. 갑작스러운 간섭이나 잔소리, 꾸지람 등은 성공적 은퇴생활과 가정의 평화를 위협

하는 것들이다. 나의 은퇴라는 변화가 나뿐만 아니라 가족에게도 좋은 것이 되어야 한다는 명제는 아주 중요하다. 그리고, 뭐, 각자의 신념에 따라 독신주의자도 있겠으나 은퇴생활을 가족 없이 혼자 해야 한다는 것은 심각한 위험이다. 최근 늘어나고 있는 독신 가구, 황혼이혼에다가 젊은이들의 결혼연령이 늦어지고 있는 것 등은 매우 염려되는 문제들이다. 젊어서는 자신도 못 찾을 정도로 미친 듯이 일하고 살 수 있지만, 은퇴자는 평온한 가운데 가족과 더불어 외로움에 맞서야 하는 것이기 때문이다. 은퇴로 인한 부모의 '변화와 전환'이 자녀들에게 당황스러울 수도 있다. 하기에 부모는 자신들의 계획에 대하여 자녀에게 설명하고 지지를 받을 필요가 있다. 물론 부부의 일관성 있는 자세도 중요하다.

'자아실현'(개인, 성취, 가치)은 은퇴설계의 핵심이다. 인간은 누구나 자유로워야 하고 자기 문제는 스스로 결정할 수 있어야 한다. 하지만 모든 것이 그렇게 뜻대로 될 수만은 없다. 때가 되면 무조건 군대도 가야 하고, 내가 가고 싶은 회사를 못 가고 나를 뽑아 주는 회사에 가서 은퇴 시까지 다니는 경우도 많다. 그러나 은퇴해서까지 남의 눈치나 보고 산다면 그건 문제다. 회사와 가족을 위해 열심히 살아온 만큼 이젠 자신을 위해 살아야 하기 때문이다. 패러다임은 이미 바뀌었다. 정체성 찾기, 내가 좋아하는 것, 내가 믿는 가치, 내가 잘할 수 있는 것, 하고 싶은 것 등에 대한 탐색과 발견이 그래서 중요하다. 그리고 목표를 세우고, 실행계획을 만들고 세부실천계획과 일정표도 작성하여야 한다. 물론 자아실현의 대상은 취미, 여가 등 뿐만 아니라 일도 포함되고 그 외에도 방대하다.

자아실현이 자신에 관한 것이라면 '사회적 관계'(Network)는 친구, 동호회, 봉사, 종교 등 누군가와 더불어 같이 하는 것을 의미한다. 자기가 은퇴생활의 핵심인 것은 분명하지만 사회적 관계가 약해도 된다는 것은 아니다. '사회적 관계'가 약하게 되면 고독과 외로움의 함정에 빠지기 쉽다.

멋진 자기 세계를 건설한 이들이 앞만 보고 달리다 보니 사회적 관계가 약할 확률은 더 크다.

외로움은 관심받지 못하는 데서 온다고 한다. 가족이나 친구가 없거나, 있더라도 나에게 별로 관심 두지 않는다고 느낄 때 나는 외로움에 빠지기 쉬울 것이다. 이에 대처할 수 있는 방법은 내가 먼저 관심을 두는 것이다. 가족, 친구 등 사람에게도 그렇고, 취미, 스포츠 등의 대상과 그룹에도 마찬가지이다. 내가 먼저 그 사람에게 관심을 보이고, 또 내가 좋아하는 종목의 동호회 등을 무작정 노크하는 것이다. 네트워크에는 오프라인 네트워크 뿐만 아니라 온라인 네트워크도 있다. 좋은 카톡 몇 개만 가지고 있어도 심심치 않고 좋은 정보도 수시로 얻을 수 있다. 밴드는 모임과 연결되는 장점이 있고, 페이스북은 온라인으로 좋은 친구들과 교류할 수 있으며, 네이버 카페 등은 잘하면 방대한 조직의 회원이 되어 재미있게 활동할 수 있다. 취미나 여가 등의 활용도 혼자 시작해서 동호회나 그룹으로 발전될 수 있으므로 사회적 관계를 넓힐 수 있는 좋은 방법의 하나다.

마지막으로 잊지 말아야 할 것은 생각보다 비재무의 편차가 크다는 것이다. 가진게 많지 않아도 현명한 은퇴설계로 행복한 은퇴생활을 하는 이들이 있는가 하면, 넘치는 재무와 넉넉한 시간을 가지고도 비재무 설계의 부족으로 어이없이 남의 눈치나 보면서 여생을 보내는 이들도 많다. 구체적인 은퇴설계서 작성방법에 대해서는 131쪽의 은퇴설계서 작성하기에서 서술한다.

재무설계 전략

사람마다 근사한 본래의 자기가 있다고 한다. 하지만 살면서 사회와 조직에도 맞추고, 또 남에게도 따라 주고 하다 보니 원래의 자기 모습대로 살기 어렵다는 것이 우리 모두의 공통된 문제이다. 그런데 인생 후반기에 대부분 사람들에게 어떤 변화가 있어서 그 변화에 대한 전환을 잘하게 되면 본래의 자신을 찾을 기회가 온다고 한다.

이 변화가 바로 은퇴이며, 여기에 어떻게 대응을 잘해서 멋진 은퇴생활을 할 수 있겠는가 하고 논하고 고민하는 것이 우리의 은퇴론이자 은퇴설계이다. 은퇴는 일자리를 잃기만 하는 나쁘기만 한 것이 아니며, 때로는 구원자와도 같은 역할을 하기도 하는 것이다. 은퇴가 구원자의 임무를 잘 할 수 있느냐는 각자가 얼마나 전환을 잘하느냐에 달려 있다고 할 수 있다. 하기에 은퇴자에게는 이때 자신의 내면을 향한 탐험에의 열정과 진정한 자신을 찾겠다는 의지가 필요하다. 이렇게 본래의 자신을 찾는 것이 바로 비재무의 핵심이다.

문제는 재무의 뒷받침이 없이 비재무의 실현이 어렵다는 데 있다. 여행은 물론이고 사진, 음악, 스포츠 등 웬만한 취미활동만 해도 적잖은 비용이 수반되기 때문이다. 그뿐만 아니라 재무의 지원이 부족하게 되면 자기를 회복하며 넘치는 감동으로 찬란해야 할 은퇴생활이 오히려 위축과 불안의 나날이 될 수도 있다.

사실상 은퇴자 또는 노인들의 재무는 현금흐름을 확보하는 것이 그 핵심이다. 매우 단순한 것이다. 그러나 우리 상황은 그다지 좋지 않다. 그 상태를 먼저 살펴보자.

첫째, 우리나라 노인들은 가난하다. 노인빈곤율이 40%로 OECD 국가 중 1위이면서 OECD 평균의 3배 정도나 된다. 그 주된 이유는 불균형산업화에 있다. 다행히 산업화하기는 하였으나 그 산업화가 대기업, 또 개발성장 위주로 진행된 것이 문제였다. 그 결과 수출과 소득은 높아졌으나 심각한 배분, 형평의 문제로 양극화가 더 심해졌고, 특히 산업화의 주역인 지금의 노인계층은 제도의 혜택에서 제외되면서 절반 정도가 빈곤 상태에 놓이게 된 것이다. 우리 사회의 맹점이다.

둘째, 제도도 좋지 않다. 수십 년간 성장 일변도 제도에 함몰되다 보니 복지정책이 실종되어 우리나라의 복지비지출이 OECD 국가 중 최하위 수준이고, 1988년에 뒤늦게 시작된 국민연금도 부실하여 은퇴자들의 은퇴 후 소득대체율이 40%에 불과하며, 퇴직연금과 개인연금에 대한 지원제도도 다른 나라에 비하면 많이 부족하다.

셋째, 재무환경도 좋지 않다. 미국의 금융자산 비중이 65%인데 반해 우리는 24% 밖에 되지 않을 정도로 부동산 쏠림 현상이 심해 은퇴자와 젊은이들에게 위험요인이 되고 있다. 은퇴자들의 재무에 직접 관련 있는 퇴직연금시장의 규모도 미국이나 호주는 GDP의 100% 정도인 데 비해 우리는 20% 정도 밖에 되지 않을 뿐만 아니라, 퇴직연금의 자금 운용 수익률도 낮아 은퇴자들을 힘들게 한다.

그러면 아무 대책이 없는 것인가. 꼭 그렇지는 않다.

이제부터 재무설계 전략에 대해 생각해 보자. 무엇보다 이기기 위한 전략의 기본은 정공법이다. 재무설계 전략도 마찬가지일 것이다.

첫째, 우선 은퇴 시기가 가까워져 오면 주택이나 부동산 등의 비중을 줄여 자산의 안정성을 확보하여야 한다. 지금 우리나라는 전체 국부 중에서 부동산 비중이 너무 크면서도 앞으로 주택이나 땅 등의 부동산 전망을 긍정적으로 보기 어렵기에 자산 구조상, 부동산을 줄이고 금융자산 비중을 증가시키는 것이 필요하다. 더욱이 은퇴자가 부동산 가격 상승을 기대하고 부동산투자에 매달릴 상황은 아니다. 오히려 할 수만 있다면 현금흐름 확보를 위해 사는 주택의 규모도 최소화하는 것이 낫다. 재산증식보다는 현금확보가 절실한 것이 은퇴자다. 비싼 집을 깔고 앉아 있을 이유도 없다.

둘째, 은퇴생활은 생각보다 '길다'라고 하는 것이 속성인 만큼 '생애주기 전략'으로 그에 대처하는 것이 좋을 것이다. 크게 보아 은퇴 전에는 모으기 전략, 그리고 은퇴 후에는 현금흐름 확보에 따른 인출전략으로 가는 것이 좋다. 될 수 있는 대로 일찍 준비할수록 좋을 것이므로 30대부터 시작하되, 30대에는 가리지 않고 저축이나 투자하기, 40대에는 수익률에 초점을 두어 투자 위주의 전략을 실행하기, 50대부터는 위험성을 줄이는 게 좋으므로 투자는 줄이는 쪽으로 하고 은퇴 후에는 저축이나 투자보다는 인출 위주로 하는 것이 좋다.[53]

셋째, 현금흐름을 확보해야 한다. 사실상 사람은 누구나 돈이 필요하다. 돈이 있어야 하고 싶은 것도 할 수 있고 의사결정도 자신 있게 할 수 있지 않은가. 다달이 들어오는 돈이 바로 '현금흐름'인데 은퇴해서 월급을 받지 못하는 은퇴자에게 현금흐름은 사실상 연금 밖에 없다. 그래서 연금을 확보하는 것이 은퇴자의 재무설계전략의 기본이자 핵심이다.

공적연금이 가장 중요한데, 대부분 국민은 그중에서도 국민연금대상자이다. 길다고 하는 은퇴생활의 속성을 생각해 보면 물가상승률을 반영하는 국민연금의 장점은 중요한 의미가 있다. 연금 중에 물가상승률을 반영하는 것은 공적연금밖에는 없기 때문이다. 어떻게 하든 국민연금에는 꼭 가입해야 한다. 또한 국민연금에는 의무가입자가 아닌 주부 등이 가입할 수 있는 임의가입제도가 있는데, 이것도 활용하는 것이 좋다. 사정상 조기연금을 받을 수도 있겠으나 할 수만 있으면 조기 수령은 피하는 것이 좋다. 1년에 6%씩 줄어들기 때문에 장수할 경우는 손해가 확실하다. 국민연금에는 연금수급자격이 생겼을 때로부터 5년간 수령을 연기할 수 있는 연기연금제도가 있는데 1년에 7.2%씩 수급액이 증가하므로 버틸 수만 있으면 나중을 생각해서 연기하는 것이 좋다. 은퇴자의 재무전략에는 인내심도 필요하다.

퇴직연금은 자기도 모르게 피어나는 직장생활의 꽃이다. 1년에 통상 1달 급여 정도를 회사에서 넣어 주는 것이므로 퇴직 시에는 자기도 모르는 거액이 생긴 것을 알게 된다. 문제는 퇴직연금제도가 연금을 확보하게 하려는 제도이지만 현재 우리나라의 연금수령률은 계좌 기준으로 볼 때 10% 정도 밖에 안 되는 것으로 조사되고 있어 실효성이 극도로 낮은 실정이다. 퇴직연금이 실효성을 가지기 위해서는 세금혜택을 더 강화할 필요가 있고, 금융당국과 금융기관은 관련 수수료율은 낮추고 수익률을 올릴 방법을 모색해야 한다. 같은 OECD 국가인 호주 등에 비해 우리나라의 퇴직연금 수익률이 상당히 낮게 나오고 있는 것이 사실이다.

은퇴자는 퇴직연금이 통상 10년 이상의 장기 자산운용임을 고려하여 DB(회사가 자금운용하고 책임하에 지급)와 DC(근로자 본인이 자금운용) 중 DC를 선택하고 DC에서도 원리금보장형(주로 정기예금)보다는 실적배당형을 정하는 것이 좋다. 근로자와 자금관리 금융기관의 담당자는 지속해서 높은 수익률 달성과 그를 위한 금융시장의 분석, 예측에 대해 소통하여야 한다. 퇴직연금은 다른 금융상품과 달리 노후를 금융기관에 위탁한 것이므로 금융기관은 퇴직연금을 상품의 하나로 간주해서는 부족하고 자신의 금융기관을 선택한 은퇴자를 보살핀다는 자세를 가져야 한다. 정부는 위원회를 구성해서라도 퇴직연금의 안정성을 확보하고, 수익률을 높이고, 수수료는 줄일 수 있는 방법을 찾아야 한다.

퇴직연금은 퇴직 시에 55세부터 연금으로 받을 수 있다. 일시금으로 찾으면 세제상의 불이익이 있을 뿐만 아니라 시간과 더불어 돈이 없어지기 쉽고, 금융자산이나 부동산에 투자하는 것은 유동성 부족 문제가 있으므로 은퇴자에게 적절치 않다. 퇴직연금은 연금으로 수령하여 은퇴 후 적정 시기부터 현금흐름을 확보할 것을 강추한다.

다음은 개인연금이다. 우리나라 연금구조는 공적연금, 퇴직연금, 개인연금의 3층 구조로 되어 있다. 공적연금은 국가와 사회가 책임지는 공무원연금과 국민연금을 말하는 것이고, 퇴직연금은 회사가 넣어 주고 개인이 퇴직해서 연금으로 받는 것이고, 개인연금은 각자가 자금을 아껴서 미리미리 넣었다가 나중에 연금으로 수령하는 것을 말한다. 개인연금에는 은행의 적금이나 투신사의 펀드와 달리 납입 시에 소득세를 공제해 주는 연금저축과 10년 이상 되면 수익에 대해 비과세하는 연금보험, 2가지가 있다. 일반적으로 연금보험보다 연금저축의 세금혜택이 더 크며, 모든 금융기관에서 다 취급할 수 있어 편리하기에 사업비의 부담이 있는 연금보험보다는 연금저축을 추천한다.

넷째, 금융상품 선정에 대해서이다. 기본적으로 은퇴자에게 투자를 권유하지는 않지만 살다 보면 불가불 투자가 필요한 때도 있을 것이기 때문이다. 펀드가 일반화된 지금은 세상에 금융상품은 최소 수천 가지가 있다. 모든 상품에 대한 정보를 가진다는 것은 사실상 불가능하고 또 그럴 필요도 없다.

두 가지만 파악하기를 권한다. 먼저 리스크(위험)와 어닝(수익)을 파악하고 이들의 균형을 비교하는 것이다. 모든 금융상품에는 리스크와 어닝이 있다. 대체로 하이리스크 하이리턴인데 다 그런 것은 아니다. 따라서 상품마다 리스크, 어닝 파악, 그리고 나름대로 균형이 맞는지를 비교하는 습관을 들여야 한다. 예를 들어 동양그룹 CP의 수익률이 7%였을 때 여타 CP는 대략 5%였으며 은행의 정기예금 금리는 3% 정도였다. 이럴 때는 동양그룹 CP의 수익률이 왜 높은지, 그것이 시장에서 정당한지를 생각해 보아야 한다. 공짜를 바라면 안 된다. 다음은 유동성이다. 은퇴자에게는 되도록 투자를 권하지는 않지만, 만일 하게 된다면 꼭 유동성을 염두에 두어야 한다고 말하고 싶다. 흑자도산의 경우나 큰 자산을 가지고도 일부 유동성이 없어 패망하는 사람들을 적지 않게 보아 왔다. 유동성은 즉시 또는 어렵지 않게 현금화할 수 있느냐 하는 것인데 투자에 있어서 아주 중요한 체크포인트이다. 거듭 강조하지만, 투자에서는 리스크와 유동성 제약을 신경 쓰는 것이 먼저이고, 어닝은 나중이다.

다섯째, 은퇴생활은 장기이므로 재무위험 관리가 필수적이다. 즉 재무위험 관리는 재무설계 전략의 일부이다. 우선 물가상승률을 반영하는 국민연금에의 가입은 필수이고, 임의가입 대상자들은 임의가입도 적극적으로 고려하여야 하고, 장기 위험에 대처하기 위해 사회보험의 건강보험과 민영보험인 실손의료보험에는 꼭 가입하여야 한다. 퇴직연금의 자금 운용에서 DC(실적배당형)를 선택하는 경우에는 필히 포트폴리오를 구성하여 리스크를 줄이도록 하여야 한다. 인출은 꼭 퇴직일시금을 피하고 연금으로 받아야 하는 것도 중요하다. 또한 은퇴자의 긴 은퇴기간에 무슨 일이 생길지 모르고, 또 자녀 등의 유사시에도 대비하여야 하므로 확보한 현금흐름 이외에도 금융자산의 일부는 유동성이 있는 것으로 보유하고 있어야 한다.

여섯째, 재무설계 전략의 최종단계로 소비를 줄이는 것이다. 줄인다기보다 패러다임 변화에 따라 소비의 패턴을 바꾸는 것이다. 우리의 폐단 중 하나인 지나친 경조사 비용 등은 줄이고, 남의 눈을 의식해서 하는 소비로부터 '나' 중심의 소비로 바꿔가야 한다. 그러기 위해 여태껏 해오던 논의의 연장 선상에서 삶의 패러다임을 바꿀 필요가 있다. 즉 집단성, 모방성을 탈피하여 자신의 정체성을 확립하여야 함을 말하는 것이다. 우리나라의 과도한 경조사 비용과 과소비는 남 따라 하는 것과 깊은 관련이 있다고 보이기 때문이다. 은퇴생활의 개념을 먼저 정립하고 우선순위에 따라 소비하는 습관이 몸에 배도록 하며, 주택과 자동차 유지, 관리비 등의 기본경비는 줄이는 쪽으로 기본구도를 짜야 함도 물론이다.

어느 사회, 어느 나라나 은퇴소득의 주종은 공적연금이다. 그런데 우리는 국민연금의 소득대체율이 낮으므로 온갖 방법을 동원해서 은퇴 후 현금흐름을 확보하는 것이 재무설계 전략의 기본이 될 수밖에 없다. 현금흐름이 있어도 소비가 과도하면 감당이 안 되므로 은퇴생활에 맞게 소비를 재편하는 것이 그다음이다.

그래도 뭔가 안 되면 배에다 힘주고 버텨야 한다. 큰 아파트 사는 친구, 연금 많이 받는 친구, 잘 나가는 자식을 둔 친구, 부러워할 것 없다. 그들도 다 남모르는 애로가 있을 것이다. 가족 간 소통으로 기본 비용은 최소화하고, 돈 덜 들이고 할 수 있는 취미생활도 찾아보고 튼튼한 두 다리로 걷고 버스 타고 다니면 된다. 군대 시절도 견뎠고, 직장에서의 신입 시절도 잘 버티지 않았는가. 다만 실정에 맞는 은퇴생활을 디자인하고 실행하겠다는 의지와 자신감만은 있어야 한다.

퇴직연금, 이렇게 하면 된다

은퇴생활이 어려운 중요한 이유가 연금제도가 불비해서 돈이 부족하다는 것인데 그 중에서도 대표적인 것이 퇴직연금이 제 역할을 못한다는 것이다. 왜 근로자가 회사생활하는 동안 회사가 넣어 주고 은퇴자가 은퇴 후에 연금으로 수령하면 되는 퇴직연금제도가 우리나라에서는 제대로 운영이 안되는 것일까.

우선 수익률이 낮다는 것이 문제이다. 2024년 기준으로 우리나라 퇴직연금의 과거 5년간 수익률이 2% 정도(5년간 국민연금 수익률은 약 7%)이고 2023년만 보면 4% 정도 된다. 같은 기간 주요 선진국들의 8~10% 수익률과 비교조차 할 수 없다. 왜 수익률이 이렇게 턱없이 낮을까.

퇴직연금에는 DB와 DC(IRP는 DC와 거의 같음)가 있다. 간단히 말해서 DB는 회사가 자금을 운용, 지급보장하는 것이고 DC(IRP)는 본인이 상품을 선정, 운용하는 것인데 그 상품에는 원리금보장형과 실적배당형이 있다. 실적배당형은 높은 수익과 상당 손실의 여지가 있으나 장기로 운용하면 리스크를 현저하게 줄이면서 높은 수익성을 기대할 수 있다. 그런데 퇴직연금은 10년 이상 운용을 기본으로 하는 장기상품이므로 퇴직연금에서는 DC(IRP)를 선택하고 실적 배당형 상품을 선정하는 것이 정답이다. 이렇게 해서 다른 나라들 대부분 높은 수익을 내고 있는 것이다. 하지만 우리는 DC가 절반도 안 되고 DC 중에서도 정기예금을 비롯한 원리금보장형이 90% 정도나 되니 퇴직연금 수익률이 낮을 수밖에 없는 것이다. 실제로 우리도 2023년에 DC 실적배당형을 선택한 경우는 13% 수익률을 기록했다. 결국 DC 중 실적배당형 비중이 극히 작다는 것이 저조한 퇴직연금 수익률의 결정적 원인인 셈이다.

세금혜택도 작다. 어느 나라나 연금제도에는 정부가 혜택을 부여한다. 실효성을 확보하고 또 은퇴생활에 실질적 도움을 주기 위해서이다. 우리는 퇴직금을 일시금으로 찾지 않고 퇴직연금으로 수령하면 퇴직소득세를 30% 감면한다. 한편 호주같은 나라는 퇴직연금 수령을 장려하고자 세금을 100% 감면한다.

우리는 가계자산 중에 금융자산이 약 30% 정도 되고 그 중 투자자산이 또 30% 정도 된다. 반면 미국은 금융자산이 60% 정도, 그 중 투자자산이 60%쯤 된다. 우리 금융투자자산 비중이 너무 작은 것이다. 투자관행, 또는 문화의 문제이기도 한데 이것이 부동산 만능주의로 가는 원인이자 결과이기도 하다. 퇴직연금을 일시금으로 찾아 부동산 투자하는 분위기가 만연하다 보니 퇴직연금의 연금수령률은 계좌기준으로 10%에도 못미치게 된다.

2005년부터 시작한 퇴직연금제도가 제대로 시행되지 않아 제도의 실효성이 크게 떨어지자 정부가 이런저런 시도를 하기는 했다. 그 중 하나가 디폴트옵션(default option, 퇴직연금 사전지정운용제도)이다. 퇴직연금의 큰 문제가 DC를 선택한 근로자가 본인이 선택해야 하는 금융상품 지정을 하지 않는다는 것인데, 그러면 운용기관은 책임소재가 있어 투자

상품을 선택하지 못하고 일괄 정기예금으로 하게 되니 결과적으로 수익률이 떨어진다. 그것을 막고자 운용사가 근로자와 협의하여 미리 상품을 정하고 유사시에는 그 상품으로 금융기관이 운용하겠다는 것이 바로 디폴트옵션 제도이다. 하지만 2023년 7월부터 시행된 디폴트옵션의 결과는 기대에 미치지 못했다.

그러자 얼마 전인 2024년 10월부터는 퇴직연금실물이전제도를 시행했다. 그 전에도 계좌이전이 가능하기는 했으나 상품을 해약해야 했던 불편 때문에 실효성이 별로 없자 포트폴리오를 해지하지 않고 그대로 다른 금융기관으로 옮기는 이전방식을 도입한 것이다. 그래서 최근 각 금융기관은 '큰 일 났다' 또는 '이때다' 하면서 잘 모시겠다고 갑자기 광고에 열을 올리고 있다.

우리나라의 퇴직연금의 실태를 보면 제도가 법이나 지시, 생색내기 등으로 성공하는게 아니란걸 알 수 있다. 또 당사자 중 하나가 열심히 한다고 되는 것도 아니다. 퇴직연금은 당사자 모두가 제 역할을 해야 성공할 여지가 커진다. 퇴직연금의 당사자는 최소한 정부, 금융기관, 근로자 본인, 이렇게 셋이다. 정부는 '좋은 제도 시행했으니까 우린 할 일 다했어. 나머지는 금융기관의 몫이야.' 하면 안된다. 이 제도가 제대로 운영되는지 관찰하고 장기상품이 제대로 수익이 나는지 체크하고 금융기관을 독려해야 한다. 금융기관도 '우리가 이제 맡았으니까 집토끼야.' 하고 방심하면 안된다. 우리에게 맡긴 고객을 실망시키면 안된다는 결의로 고수익을 내기 위해 최선의 노력을 다 해야 한다. 본인도 중요하다. 막연히 '손실 보면 안되지' 하면서 정기예금만을 고집하거나 아예 상품선정도 하지 않는 무관심 상태에 빠져서는 안된다.

정부, 금융기관, 본인이 무엇을 어떻게 해야 되느냐에 대하여 좀 더 구체적으로 살펴보자. 정부는 제도의 목적인 타당성과 실효성이 지켜지고 있나를 체크해야 한다. 수익률이 극도로 낮다면 제도가 타당성을 잃고 있다는 것이므로 금융기관과 방안을 협의하여야 하고 또 연금 수령률이 매우 낮으면 실효성을 상실한 것이므로 원인을 파악하고 대처방안을 찾아야 한다. 법과 제도의 목적은 시행이 아니라 국민의 행복임을 명심하여야 한다.

우리나라 퇴직연금이 2% 수익률을 기록하는 동안 같은 시장에서 활동하는 선진국들의 퇴직연금은 10% 전후의 이익을 실현했다. 금융기관 간 격심한 수익률 경쟁이 고수익의 원천이 되었음은 물론이다. 이제는 우리도 은행, 증권, 보험의 금융기관간 장벽이 사라졌다. 자금운용 시장과 상품은 다른 나라와 거의 같다고 할 것이다. 우리가 우리 퇴직연금 고객에게 높은 수익률 내지 못하면 망한다는 절실함이 퇴직연금 관리, 운용기관에 필요하다. 고객이 상품을 정하지 않는 것도, 또 디폴트옵션제도가 성과를 내지 못한 것도 기본적으로 금융기관이 고객과 적극적으로 소통하지 않았기 때문임을 알아야 한다.

근로자 본인은 퇴직연금은 장기상품이므로 DC를 선택하고 실적배당형 상품으로 운영하면 된다는 자신감을 가지고 모발뱅킹이든, 점포창구 거래든 간에 '내 상품 내가 정한다' 하는 각오로 덤벼들어야 한다.

퇴직연금제도는 정말 좋은 제도다. 물론 제도라기보다는 상품과 제도의 혼합형이다. 또 당사자도 혼자가 아니라 정부, 금융기관, 본인이다. 그래서 퇴직연금 운용은 종합예술이다. 정부는 좋은 제도, 정책을 성공시켜야 한다는 선한 의지가 필요하고 금융기관은 나를 믿은 고객에게 성공으로 보답해야 한다는 사명감을 가져야 하며 본인은 정부나 금융기관 등 남이 해결해 주기를 바라거나 남 탓을 하지 말고 금융시장과 금융상품에 대해 공부하면서 장기전략으로 나가야 한다. 수익률이 기대에 못미치면 금융기관을 과감하게 바꾸는 것도 필요하다.

퇴직연금의 수익률이 낮은 것, 또 연금수령률이 떨어지는 것과 관련하여 논란이 많다. 현재 은행, 증권, 보험회사로 돼 있는 연금 운용기관을 아예 운용수익률이 높은 국민연금으로 바꾸자거나 일종의 펀드운용방식인 기금형 퇴직연금을 도입하자는 주장 등이다. 하지만 제도를 또 바꿔서 혼란을 야기하기보다는 현재 운용의 문제를 잘 파악해서 기존제도가 정착되도록 제대로 해보는게 우선이다. 국민연금의 수익률이 높은 것이 아니라 퇴직연금이 정상적으로 운영되지 못하고 있는 것이 문제이며 이미 높은 수익을 내고 있는 선진국들도 다 이런 과정을 거쳤다는 것을 알아야 한다.

상품에 대해 얘기하자면 실적배당형 상품의 대세는 ETF이다. 그 중에서도 인덱스펀드(index fund)이다. ETF는 상장지수펀드라고 하는데 펀드를 상장시켜서 유동성과 수수료문제를 해결한 금융상품으로 투자자들이 시장의 특성만 이해하면 쉽게 결정할 수 있는 좋은 상품이다. 시장을 잘 보고 장래가 있어 보이는 시장의 대표 ETF를 정하면 된다.

결국 퇴직연금 성공의 가장 중요한 단서는 금융기관이다. 식당도 고객의 입맛에 맞는 맛있는 음식을 잘 준비해서 효과적으로 알려야 잘 되는 것을 연상해 보자. 금융기관이 좋은 ETF를 준비하지 못한다든지, 준비했어도 고객에게 쉽게 사용하는 방법을 알리지 못하면 성공하기 어려울 것이다. 금융기관이 꾸준히 고객과 소통하면서 결국 수익률 차별화로 승부해야 이 상황이 개선될 수 있다. 광고보다는 차별화 실적을 보여줘야 한다. 장기상품을 단기처방으로 수습하기는 어렵다.

여가와 포트폴리오

여가에는 자유, 해방, 레저, 이런 것들이 떠오르니, 한마디로 여가는 좋은 것이다. 여가라는 개념은 꽤 오래전부터 있었던 듯한데 실제로 세상 사람들이 여가를 가지게 된 지는 얼마 안 된다.

여가(餘暇)의 사전적인 의미는 '직업상의 일이나 필수적인 가사활동 외에 소비하는 시간'이며, 순수한 우리말로 짬이라고도 한다. 먹기, 자기, 일하러 가기, 사업하기, 수업에 출석하기, 숙제하기, 집안일과 같은 의무적인 활동 전후에 남는 자유로운 시간을 뜻한다. 여가의 영어 낱말 레저(leisure)는 '허가된, 여유가 있는'의 뜻을 가진 라틴어 licere에서 나온 것이며, 레저란 노동이나 직무로부터 일시적으로 면제되어 갖게 되는 자유시간을 말하는 영어를 그대로 옮겨 쓰는 외래어이다. 이 말에는 노동과 직무뿐만 아니라 일체의 용무(用務)나 책임으로부터 해방되어 개인이 자기 뜻대로 이용할 수 있는 시간이라는 의미가 내포되어 있고, 또 그 결과로 레저에서는 자유로움이나 좋은 기회를 얻는 것 등이 연상된다.

좋은 여가란 어떤 것일까. 외부 활동적인 것, 감성, 지성 등과 관련한 정신 활동이면서 창조적인 것, 또는 어떤 범위를 더 넓고 깊게 하면서 지속

할 수 있는 것 등을 생각해 볼 수 있을 것이다. 활동적인 여가로는 축구, 야구, 격투기 같은 스포츠나 예술, 예능 등의 공연활동 또는 여행 같은 것들이 있다. 감성, 지성 등의 사고와 관련된 것에는 독서, 글쓰기, 그리기, 음악감상, 여행, 악기연주, 연구회활동 등이 있을 것이다.

한편 좋지 않은 여가에는 누워서 온종일 TV 보면서 강냉이 먹기, 노름, 쇼핑 등 비활동적이고 소모적이며 단순 반복된다거나, 쓸데없이 비용만 많이 드는 것 등이 있을 것이다. 등산, 골프, 낚시 등도 너무 지나치면 시간의 소모 때문에 좋지 않은 여가가 될 수 있다.

사람은 여가를 통해 자유와 해방을 맛볼 수 있다는 것 이외에도 외로움을 이기는 힘을 얻을 수 있다. 외로움은 관심받지 못하는 데서 온다고 한다. 가족이나 친구가 없거나, 있더라도 나에게 별로 관심 두지 않는다고 느낄 때 나는 외로움에 빠지기 쉽다. 이에 대처할 수 있는 좋은 방법은 내가 먼저 관심을 두는 것이다. 이처럼 사람뿐만 아니라 그 무언가에 관심을 가지고 지속해서 다가가려고 노력할 때 자기도 모르게 저절로 외로움에서 벗어날 수 있다. 여가활동이 대표적인 경우인데 이게 자연스럽게 이어져서 동호회 등의 사회적 관계가 형성되기도 한다.

은퇴에 일에서 벗어난다는 의미가 있다고 하면 은퇴는 그 자체로 여가다. 근대 이전의 사회와 비교해볼 때 은퇴자에게는 여가가 없는 것이 문제가 아니라 오히려 넘쳐나는 시간이 문제가 될 것이다. 하기에 은퇴자의 삶은 잘만 하면 좋은 여가를 만드는데 최적이다. 좋아하는 스포츠나 악기연주를 배우고, 책을 읽고 글 쓰고, 여행을 다니고, 또 그 중에 몇 가지는 지속한다고 생각하면 이런 환경은 은퇴 전에는 현실적으로 가능하기 어려운 것이다. 다만 일시적 해방이 아니고 지속해서 기쁨과 만족감을 얻을 수 있는 좋은 여가를 만들기 위해서는 은퇴자에게 은퇴 전과 같은 지속적인 노력이 필요함은 물론이다.

직장생활은 힘들고 피곤할 수는 있어도, 해결해야 하는 일이 있고, 또 그것도 동료 직원들이나 고객과 함께 해야 하기에 외롭지는 않다. 하지만 은퇴자는 일에서 벗어나는 대신 외로움의 리스크에 기본적으로 노출된다. 은퇴자는 근대 산업사회의 혜택으로 여가를 맛볼 수 있게 되었지만 잘못하면 외로움과 쓸쓸함의 상태에 놓이기 쉬운 것이다. 이런 은퇴자에게 구원자 역할을 할 수 있는 것이 또 여가이기도 하다.

여가는 직장생활과 유사해서 종류가 다양하다.

우선 수동적인 여가와 능동적인 여가가 있다. 능동적인 여가는 육체적, 정신적인 힘을 이용한다. 걷기, 요가와 같이 힘이 덜 드는 활동이 있는가 하면, 킥복싱, 축구와 같이 힘이 많이 필요한 활동도 있다. 수동적인 여가는 사람이 중대한 물리적, 정신적인 힘을 발휘하지 않는 것인데, 영화 보기, 텔레비전 보기, 슬롯머신에서 도박하기 등을 예로 들 수 있다.

로버트 스테빈스 교수는 여가를 일상적 여가, 프로젝트형 여가, 진지한 여가, 3가지로 구분했다.[54] 일상적 여가란 즐기기 위해 특수한 훈련을 받을 필요가 없으며 직접적이고 내재적인 보상이 따르는, 상대적으로 짧고 즐거운 활동을 말한다. TV 보기, 낮잠, 수다, 술 마시기, 경치 보기 , 꽃 보기 등이다. 프로제트형 여가는 일회적 또는 한 때 즐기는 것으로 생일파티, 결혼식, 회갑 잔치, 공연 관람 등이다.

스티븐스 교수가 말하는 진지한 여가란 특수한 기술, 지식 그리고 경험 등을 획득하고 표출하는, 충분히 본질적이고 재미있으면서, 참여자가 경력을 쌓아가며 성취감을 얻게 되는 체계적인 활동을 말한다. 일상적 여가와 프로젝트형 여가도 좋은 것이기는 하지만 지속되지는 않는다는 데 한계가 있다. 이에 비해 진지한 여가는 체계적이면서 지속 가능하고, 성취감을 얻을 수 있다는 것이 돋보인다.

진지한 여가에는 몇 가지 특징이 있다.

첫째, 해당 여가활동과 자신을 동일시하는 경향을 보인다. 진지한 여가가 자신의 삶에서 차지하는 비중이 크기에 참여자들은 자신의 활동을 자랑스럽게 생각하고 개인의 정체성도 그 여가를 중심으로 형성되기도 한다.

둘째, 참여자의 노력과 관련이 있다. 시간과 돈을 투하할 뿐만 아니라 진지한 노력을 해야 지식과 기술을 습득할 수 있기 때문이다.

셋째, 참여자가 여가활동을 지속하는 과정에서 발생하는 여러 난관을 끈기 있게 극복해 나가는 과정이 요구된다. 버텨야 한다.

넷째, 노력하고 난관을 극복해 나가는 과정을 통해 장기적 경력이 쌓이게 된다.

다섯째, 아홉 가지의 영속성 있는 혜택, 즉 자아실현, 자기 충만감, 자기 표현, 자신의 재발견, 성취감, 자아 이미지 향상, 소속감, 사회적 관계 확대, 실제 아웃풋 획득 등을 얻을 수 있다.

여섯째, 참여자들은 해당 여가활동과 관련해 다른 참여자들과 지속적인 사회교류를 통해 그들만의 독특한 정서를 형성한다.[55]

또한 스티븐스 교수에 의하면 진지한 여가는 참여하는 여가의 방식과 범주에 따라 순수 아마추어, 취미활동, 전문적 자원봉사활동의 3가지로 분류된다.[56]

순수 아마추어는 예술, 스포츠, 과학, 오락 등의 분야에 참여하되, 단순한 여가선용 차원 활동이다. 취미활동은 여가선용 차원을 넘어 전문성을 갖췄지만 수익 창출 목적은 아니다. 전문적 자원봉사활동은 활동을 통해 획득한 전문성으로 자원봉사를 하는 경우이다. 이를테면 색소폰을 불더라도 혼자서 불면 순수 아마추어이고, 여럿이 같이 모여서 하면 취미활동이고, 1년에 한 번 양로원에 가서 불면 전문적 자원봉사활동이라고 할 것이다.

은퇴자는 기본적으로 소득, 파워, 전문성을 잃기는 하지만, 전과 달리 시간과 경험, 지혜 등이 있어서 마음의 여유만 가진다면 진지한 여가와 같은 좋은 여가를 실현할 수 있다. 또 외로움이나 우울함의 함정에 빠지기 쉬운 은퇴자에게 여가가 구원자가 되기도 한다. 그러기 위해 은퇴자의 현명함과 의지, 노력, 이런 것들이 필요하다. 은퇴자에게 여가는 직장인에게 직장 이상의 의미가 있는 삶의 현장이기 때문이다.

성공적인 여가생활을 위해서는 좋은 포트폴리오를 형성하는 것이 우선이다. 포트폴리오는 금융 용어인데 나누고 분산시켜서 하나에 몰아넣지 않는다는 의미가 있다. 여가에도 실패를 면하기 위해서는 그런 개념이 필요하다. 생각해 볼 수 있는 것들은 독서, 글쓰기, 영화(Netflix)감상, 여행, 사진찍기, 스포츠(보기와 하기), 음악(듣기와 하기), 미술(보기와 하기) 등이다. 잘 보면 하나같이 몸을 쓰거나 머리를 쓰는 것들이다. 몸이나 머리를 쓰지 않는 것들은 포트폴리오에 포함하지 않는 것이 좋다. 몸이나 머리를 쓰더라도 도박이나 마약같이 본인이나 남에게 해가 되는 것도 피해야 함은 물론이다.

진지한 여가로 보고 포트폴리오에 포함한다는 것은 하루 이틀에 끝내겠다는 뜻이 아니다. 습관에서의 내용을 기억해 보면 알 수 있듯이 어떤 것이 편해지고 재미있어질 때까지 버텨야 한다. 은퇴자에게 여가는 은퇴 전의 일과 같은 것이므로 자신감과 끈기를 가지고 성공을 향해 계속 달려가야 한다.

다음은 포트폴리오 간 균형을 유지하는 것이 중요하다. 주지한 바와 같이 여가에는 몸을 쓰는 것과 정신을 사용하는 것, 크게 두 가지가 있고, 또한 혼자 하는 것과 더불어 같이 하는 것이 있다. 그 균형에 착안하여 어느 하나에 함몰되지 않도록 균형감각을 잘 유지하는 것이 필요하다. 예를 들면 은퇴하자마자 미친 듯이 골프에만 몰두하는 이가 있는가 하면, 세상의 모든 책을 1년 이내에 다 읽겠다는 듯이 도서관에만 처박혀 있는 사람이 있는데, 다 좋은 여가라고 하기 어렵다. 균형이 중요하다.

또한 은퇴기간은 길기에 환경변화에 대처가 필요함을 염두에 두어야 한다. 예를 들어, 얼마 전 코로나19같은 환경 아래서는 탁구나 수영 같은 운동은 하기 어렵고 음악회는 아예 열리지 않으므로 가지 못한다. 하지만 걷기나 등산은 할 수 있다. 포트폴리오를 잘 구성했으면 이럴 때 아무 문제가 없다.

마지막으로 은퇴자에게 있어 여가는 중요하기는 하지만 전부는 아니라는 것을 명심하여야 한다. 즉 '일과 여가 사이의 균형을 유지하라'는 윌리엄 새들러 교수의 충고[57]는 직장인에게만 필요한 것이 아니다. 은퇴자에게도 여가는 여가여야 한다.

은퇴설계서 작성하기

이제껏 소통하고 의논한 것들을 바탕으로 해서 은퇴설계서를 한번 만들어 보자. 직접 해 보는 것만큼 좋은 것이 또 없다. 시중에 알려진 은퇴설계 관련 책들은 대부분 재무중심, 또는 은퇴생활 가이드 위주로 되어있어 실제 은퇴설계에 도움을 받는 데는 한계가 있어 보이기도 한다.

무엇보다 재무와 비재무를 연결하는 은퇴설계서가 되어야 한다는 게 중요하다. 따라서 몇 가지 부속자료가 필요한데 현실을 그대로 정리하면 되므로 별로 어려울 건 없다. 자신에 대한 정보를 정리한 것과 그에 근거하여 작성한 은퇴목표, 세부실천계획과 은퇴설계 재무표 등인데 책에서 제시한 순서대로 천천히 따라하면 되고 207~213쪽에 사례도 나와 있다.

은퇴설계의 정의에는 광의와 협의, 두 가지가 있다. 광의의 은퇴설계란 '인생 제2, 제3의 때에 자기, 자아를 찾기 위해 미리 계획을 세우고 준비함'이라고 정의할 수 있다. 이 책의 주제이다. 한편 협의의 정의는 '은퇴설계서를 작성하는 것'이다. 광의가 포괄적인 은퇴생활 준비과정을 의미하는 반면 협의는 몇 장의 자료를 만드는 페이퍼웍을 뜻하는데 여기서의 은퇴설계는 은퇴설계서를 만드는 후자의 경우이다.

은퇴설계서를 작성하기 전에 은퇴설계의 특징에 대해 먼저 알아보자.

첫째, 자신을 찾는다고 하는 새로운 인생 설계 차원에서 시작하여야 한다. 재무나 재취업 같은 분야는 그 수단은 될 수 있으나 은퇴의 목적은 아니라는 것을 분명히 알아야 한다.

둘째, 은퇴생활은 길다고 하는 것을 명심하여야 한다. 55세에 은퇴해서 95세까지 산다고 가정하면 40년이 되는 것이므로 그동안 생각지도 않았던 별의별 일이 다 생길 수 있다. 하기에 화폐가치 변화, 물가상승률 등 이외에도 다양한 환경변화를 예상해 보아야 할 것이다.

셋째, 장수위험을 비롯한 이런저런 위험이 발생할 수 있다. 은퇴설계에는 위험관리가 꼭 포함되어야 하는 이유다.

넷째, 은퇴설계는 고정되는 것이 아니고 plan-do-see 과정의 연속이다. 따라서 경제나 사회 환경변화와 자신의 여건변동, 또는 생각의 변화 등을 체크하며 지속해서 모니터링 해 나가야 한다.[58]

은퇴설계서를 만드는 과정은 조사(정보, 자료조사, 파악, 정리), 분석(조사한 자료를 분석), 작성(은퇴설계서 작성)의 3단계로 구분한다. 이 3단계 기법은 비단 은퇴설계뿐 아니라 거의 모든 문제에 접근할 때 사용할 수 있는 정형적이면서도 손쉬운 방법이다. 이 기법을 잘 익혀 놓으면 세상이라는 바다에서 파도를 비롯한 웬만한 어려움에 대처할 수 있는 무기를 하나 가지고 있는 것과 마찬가지다. 기법을 체득하는 방법은 자꾸 해 보는거다. 그래서 이런 기회가 소중하다. 여기까지 읽은 독자라면 지금 자신의 은퇴설계서를 필히 만들어 보아야 한다. 이런 기회를 놓치면 안된다.

1. 조사

1) 자료정리(자료는 부부동반을 기준으로 한다)

시작이다. 실태를 파악하는 것이다. 부록에 있는 표와 자료를 활용할 수 있다.

가) 기본정보 - 본인과 배우자, 자녀 등 가족의 건강, 거주, 등 비재무에 대한 상세한 정보

* 구체적이고 상세하게 정리

사례 1 - 첨부(207쪽)

나) 재무정보 - 재산, 소득, 연금 등 재무정보

* 구체적으로 명확하게 작성

사례 2 - 첨부(208쪽)

다) 나와 배우자에 대한 추가정보

좋아하는 것, 안 좋아하는 것, 잘 하는 것, 잘 못하는 것 등

사례 3 - 첨부(209쪽)

2) 정체성 파악 – 내가 어느 유형에 속하는지 파악

* 데이비드 보차드의 책 '은퇴의 기술' 에서는 4가지 유형으로 구분 (1. 숨은 실력자, 2. 새로운 일 탐험가, 3. 모험추구자, 4. 항해사, 정원사)

* MBTI 등 각자 자신이 선택한 자료에 의해 조사, 파악 가능함

3) 은퇴목표 작성 – 조사, 정리한 자료와 자신의 정체성을 바탕으로 하여 작성

1)과 2)를 참고하여 은퇴목표 작성

가) 내 인생의 목표,

나) 5년 후의 목표,

다) 내 삶이 6개월 밖에 남지 않았다면

사례 4 - 첨부(210쪽)

4) 세부실천계획 작성

* 자신의 정체성과 목표에 맞는 구체적 실천계획 작성

사례5 - 첨부(210쪽)

5) 은퇴설계 재무표 작성

* 은퇴목표, 실천계획에 의거하여 은퇴 후 필요한 연간소득을 추정하여 은퇴설계 재무표에 기록(재무와 비재무가 연결되는 것임)

* 설명에 따라 재무표를 작성하고 은퇴시점 부족액과 매월 필요한 적립액을 파악하여 은퇴설계서에 반영

사례6 - 첨부(211쪽)

2. 분석-조사에서 만든 자료를 다시 정리하고 비교, 분석한다.

1) 비재무: 기본정보, 추가정보와 관련사항 등을 자아실현, 사회적 관계, 기본의 셋으로 구분해 정리하고 적절한지, 실현 가능한지, 과다여부 등을 파악

2) 재무: 은퇴설계 재무표에 근거하여 재무 과부족, 또 비재무를 지원하기 위한 현금흐름이 적절한지 파악

3) 비재무와 재무의 배런스: 비재무와 재무의 조화와 통합이 잘 되겠는지 파악(은퇴설계 재무표에 근거하여)하고 내용을 은퇴설계서의 제안내용에 반영

4) 환경변화 예상: 은퇴기간은 길다는 것을 염두에 두어야 한다

사례7 - 첨부(212쪽)

3. 작성(은퇴설계서 작성)

3단계 기법 중 마지막 3단계인 해결의 단계이다. 1단계에서 조사한 정보와 은퇴설계 재무표는 첨부로 하고, 2단계에서 작성한 분석 및 평가를 바탕으로 하여 제안내용을 간결하게 정리하여 은퇴설계서를 완성한다.

사례7 - 첨부(212쪽)

4. 은퇴목표, 세부실천계획 수정, 일정표 작성

완성된 은퇴설계서를 반영하여 당초 세운 은퇴목표와 세부실천 계획을 현실에 맞게 수정하고, 일정표를 작성한다.

사례 8 - 첨부(213쪽)

당장 실행에 옮기자. 모든 계획은 실행하기 위해 세우는 것이다. 그리고 이게 끝이 아니다. PLAN-DO-SEE를 반복해야 한다.

성공적 은퇴설계의 요소

은퇴생활도 결국 인생의 일부이다. 성공하려면 여러 요소가 부합되어야 하고, 최소한 실패하지 않는 데만도 이런저런 필수요건이 있기 마련이다. 그 중에서도 은퇴설계의 중요성은 아무리 강조해도 부족할 것이다. 좋은 계획이 좋은 생활, 좋은 결과를 담보할 확률이 크기 때문이다.

우리는 앞서 직접 '은퇴설계서'를 만들어 보았다. 잘된 '은퇴설계서'란 어떤 것일까. 다시 말해서 은퇴생활을 성공으로 이끌 만한 은퇴설계에는 어떤 요소들이 포함되어 있어야 할까. 즉 은퇴설계서 작성 시의 주의사항이기도 하다.

첫째, 재무와 비재무의 밸런스가 중요하다. 종래 우리의 은퇴설계는 주로 금융권에서 주도되면서 대체로 재무가 강조된 면이 없지 않았다. 물론 재무도 중요하기야 하겠지만 비재무 없는 은퇴설계는 목표 없는 항해안내서와 같다고 할 것이다. 계획(은퇴설계)에서 특히 비재무가 약하면 안 된다는 것을 다시 한번 강조한다. 그와 관련하여 수년 전에 인터넷에 소개된 95세 면장 출신 노인의 사례를 하나 소개할까 한다.

나는 젊었을 때 정말 열심히 일했습니다.
그 결과 나는 실력을 인정받았고
존경을 받았습니다.

그 덕에 60세 때 당당한 은퇴를 할 수 있었죠.
그런 내가 35년 후인 95살 생일 때
얼마나 후회의 눈물을 흘렸는지 모릅니다.
(중략)
덧없고 희망이 없는 삶….
그런 삶을 무려 35년이나 살았습니다.
(중략)
그때 나 스스로가 늙었다고,
뭔가를 시작하기엔 늦었다고
생각했던 것이 큰 잘못이었습니다.

그 후에 이분은 8년을 더 살면서 영어공부도 하다가 103세에 돌아가셨다고 한다. 이 경우는 은퇴가 끝이 아니라 새로운 시작이라는 것을 깨닫고 비재무계획을 세워 실행하는 것이 얼마나 절실하게 필요한가 하는 것을 보여주는 중요한 사례이다.

한편 반대로 재무가 약하면 비재무가 아예 불가능하거나 부실해지기 쉽다. 여행이나 취미생활에 있어서도 싼 것만 찾으면 제대로 되기 어려운 것을 보면 알 수 있다. 재무도 역시 중요한 것이다. 은퇴설계에서 재무와 비재무, 어느 한쪽도 부족하지 않도록 신경 쓰는 것은 은퇴생활의 성공을 담보할 수 있는 기본 요소이다.

둘째, 장기 환경변화를 염두에 두어야 한다. 지금도 40년 정도의 은퇴기간을 추측해볼 수 있는데 앞으로 갈수록 은퇴기간은 길어질 수밖에 없으므로 살다 보면 전혀 생각지 않았던 위기가 닥쳐올 수도 있다. 우리가 최근에 겪은 것만 해도 1997년 외환위기, 2007년 금융위기, 2019코로나 등이 있지 않은가.

조금 범위를 넓혀 보면 피케티가 실증분석한 인류 경제의 '저성장'과 해리 덴트가 얘기한 '인구절벽' 같은 것들도 환경변화에 관한 이야기들이다. 피케티는 그의 저서 '21세기 자본'에서 주요국의 300년 자본주의 경제가 저성장 상태에 있음을 실증분석해서 임금소득 성장이 자본수익률을 밑돌기 때문에 통상의 상태에서 불평등은 심화할 수밖에 없음을 천명했다.[59] 해리 덴트의 '2018, 인구절벽이 온다'는 베이비붐 세대와 관련된 사회현상을 설명한 것인데, 인구증가율이 최대 정점을 지나면 50년 후 인구, 소비가 정점을 찍고 급격히 감소하면서 경제가 절벽으로 추락한다고 하는 것으로 요약될 수 있다. 또한, 우리나라는 2018년부터 인구절벽에 빠진다고 친절하게 덧붙였다.[60] 50년 후 경제가 추락한다든가, 자본주의 경제가 기본적으로 저성장이라는 것은 1950년대에서 80년대의 고성장을 경험한 우리 베이비붐 세대에게는 상상하기조차 어려운 일일 것이다. 지금도 AI나 블록체인, 암호화폐 같은 4차 산업혁명의 방향이 어디로 갈지 내다보기는 사실상 어렵다. 그렇더라도 최대한 환경변화를 예측해서 은퇴설계에 반영하고 수시로 모니터링하여야 한다.

좀 오래전 일이기는 하지만 조선 후기에 환경변화에 잘 대처한 것으로 볼 수 있는 대표적 사례가 하나 있는데 선비 구상덕의 이야기이다. 월봉 구상덕은 경상남도 고성지역에서 영농활동을 하면서 동시에 서재 훈장으로 일생을 살며 영조 1년(1725)부터 영조 37년(1761)까지 만 37년간 하루도 빠짐없이 자신의 생활일기 승총명록을 쓴 선비이다. 18세기 중엽 그의 가문은 사족의 신분을 벗어나 거의 잔반층으로 몰락하였으나 구상덕이 농업관리를 잘 하여 농지와 노비를 늘려나가면서 마을에 서재도 세워 직접 훈장을 맡아 젊은이들의 양성에도 힘을 다한 결과 그의 가문을 경제적으로나 사회적으로 한 단계 다시 끌어 올리면서 마을도 지킬 수 있었다.[61]

조선 후기인 18세기경에는 재지 사족들이 거의 과거에 급제하기 쉽지 않았고, 또 17세기경부터는 양반들이 사실상 토지를 개간하기 어려웠으므로 지방의 양반들은 별수 없이 잔반으로 몰락하는 경우가 많았다. 하지만 구상덕은 조선 시대 양반으로 보기 드물게 지방의 양반들에게 불리해져 가는 환경을 탓하지 않고 주어진 여건에서 자신의 삶을 포착하여 평생 농업에 매진하면서 후학을 양성하고 가난한 이웃들을 돌보기도 했던 참 선비였다. 은퇴자가 은퇴생활에서 승리하기 위해서는 넓고 긴 안목을 가져야 한다.

셋째, '자아실현'과 '사회적 관계'의 균형이 필요하다. 은퇴설계에서는 어디까지나 비재무가 목표이고 재무는 서포터이다. 그리고 비재무의 핵심은 '자아실현'이다. 하지만 자기를 지나치게 강조한 나머지 '사회적 관계'가 없거나 약하면 이 또한 문제가 아닐 수 없다. 이미 소개한 바 있는 도서관파가 이런 경우인데 이게 지나치게 되면 자기 세계는 확보할 수 있을지 몰라도 주변에 사람이 없어지므로 남과 더불어 같이 할 기회가 적어져 외롭게 될 염려가 있다. 한편 사무실파같은 경우는 또 반대로 심심치 않아서 좋을 수 있지만 모든 것을 사무실 친구들과 같이 나누게 되어 자신을 찾을 기회가 아예 없어지거나 잊어버리게 될 우려가 있다. 하기에 이 양자의 균형은 은퇴설계와 은퇴생활에서 무엇보다 중요한 요소이다.

넷째, 리스크관리가 필요하다. 은퇴설계가 대표적인 장기기획, 장기전략이라는 점 때문에 오히려 리스크관리를 막연하게 생각하고 소홀히 할 우려가 있다.

재무 관련 리스크관리로는 은퇴 전에는 돈을 모으고, 은퇴 후에는 현금흐름을 확보하고 찾는 일에 집중하여야 한다는 것, 은퇴 후에는 변동성이 큰 무리한 투자는 삼가는 것이 좋다는 것, 물가상승률과 화폐가치 변화에 신경 써야 한다는 것, 최소한 유동자산을 확보하고, 보유 금융상품의 유동성을 체크해야 한다는 것 등이 있다. 한편 최근에는 특히 퇴직연금 사례를 강조하면서 은퇴자도 포트폴리오를 활용한 투자자산운용에 신경 써야 한다는 견해도 있다.

비재무 관련은 기본과 자기, 사회적 관계의 밸런스와 구도를 유지해야 한다는 것이 중요하다. 리스크라는 것은 장래 어떻게 될지 모른다는 것이므로 평소 좋은 구도를 만들어서 흔들림에 대비하는 것이 리스크관리의 기본이다. 리스크와 관련하여 또 한 가지 강조할 점은 은퇴 초기의 조급함은 실패의 지름길이라는 것이다. 처음에는 주변을 돌아보고 환경변화도 생각해 보고 여행도 하고 책도 보면서 여유를 가지는 것이 좋다. 은퇴기간은 생각보다 길다.

재무와 비재무의 균형과 조화, 자아실현과 사회적 관계의 밸런스, 환경변화, 위험관리, 이 네 가지는 은퇴설계서 작성뿐만 아니라 은퇴생활 내내 명심하여야 할 요소이다.

제 4 장

은퇴,
50 이후의 자유

은퇴자, 끝없는 향상, 가능하다

은퇴자에게도 좋은 것이 있다. 전에 없던 자유와 시간, 여유가 생기고, 또 그간 습득한 지혜가 있다는 것이다. 하기에 은퇴자는 잘만 하면 자아실현, 만족감, 충족감, 즐거움, 기쁨, 감동 등을 맛보며 정말 인간답게 살 수 있다. 나의 경험으로만 보더라도 그런 만족감은 일에서 얻는 성취감과는 분명히 다르다. 직장생활 동안의 성취감은 주로 조직과 자신의 목표와 가치를 이룬데서 얻는 만족감과 조직을 비롯한 남으로부터의 인정에서 오는 것이라면, 은퇴자의 기쁨과 행복은 자신의 내면 변화와 충족 같은 것에서 온다. 따라서 이 만족감, 충족감은 다른 이의 평가나 남과의 비교에 개의치 않고 오직 자신의 느낌과 깨달음에 따라 자신의 변화를 이어가며 얼마든지 계속될 수 있는 것이다.

나는 30년을 일이 좋아 열심히 일했다고 자부한다. 그리고 일에 관한 한은 웬만큼 자신감도 있다. 하지만 출근이 즐거웠던 날은 손꼽는다고 생각한다. 회사 가는 게 기다려지고, 어제 만난 직원이 그리워지고, 그런 경험은 거의 없었다는 이야기다. 왜냐하면, 일터는 원래 그런 것이다. 이상한 것이 아니다.

하기에 은퇴란 꽤 좋은 것이다. 아니, 사실은 엄청나게 좋은 것이다. 다만 '자아실현'을 통한 충족과 기쁨이 이루어지기 위해서는 전술한 '정체성 파악'과 '삶의 포트폴리오 잡기'가 전제되어야 한다. 그에 따라 은퇴생활의 방향과 포트폴리오 내용이 형성되면 그때부터는 성공하기 위한 노력이 필요하다. 이것은 분야와 영역에 관계없이 어디서나 동일하다. 영어 공부에 왕도가 없다고 하는 것과 같은 얘기다.

level을 향상시키는 방법에는 두 가지 경우가 있다.

하나는 부단한 연습이다. 이에 대해서는 앞서 습관에서 1만 시간의 법칙을 예로 들어 얘기한 바가 있다. 이의 사례로는 전설적인 재일동포 야구선수 장훈이나 우리나라 프로 통산 3할대 타자 장효조를 들 수 있다. 신동, 천재 작곡가인 모차르트에게도 알고 보면 1만 시간의 연습이 있었다고 알려졌다. 우리나라를 대표하는 백건우 피아니스트는 지금도 연주를 앞두고는 하루에 6시간씩 연습한다고 한다. 장훈 선수는 오늘도 10km를 걷는다.

포트폴리오에 클래식 음악이 들어있는 은퇴자라면 클래식 음악 하나만 가지고도 하루하루 새로운 감동과 기쁨을 맛보며 더 넓고 보다 깊은 세계를 통해 새로운 차원을 평생 경험할 수 있다. 그 세계가 상상을 초월할 정도로 넓고, 깊고, 다양하기 때문이다. 수영을 좋아하는 이라면 수영종목, 스킨다이빙, 스쿠버다이빙, 영법, 거리, 모션을 바꿔가며 꾸준히 그 세계를 개척해 갈 수 있다. 독서와 글쓰기는 보기 드물게 연습은 쉽고 대가는 엄청나게 크고 고마운 불균형 종목이다.

다음은 반전이다. 하다 보니 자기도 모르게 어느 순간 고수가 되어있는 경우이거나, 망하고 있는 줄 알았는데 놀랍게도 그게 아닌 경우다. 반전은, 예를 들면 무협지의 기본서 군협지에 나오는 서원평을 생각하면 된다.

서원평은 초짜가 뭐가 잘못돼서 동굴에 갇혔는데, 거기 다 떨어져 가는 이상한 책이 하나 있기에 할 일도 없어서 그걸 보며 연습을 하다 보니 자기도 모르는 사이에 엄청난 고수가 되어 결국 악인들을 무찌르고 선으로 무림을 통일한다는 신나고 통쾌한 이야기의 주인공이다.

아내와 함께하는 유럽 자동차여행, 몇해 전 이탈리아에서 경험한 일이다. 유럽 사람들이 죽기 전에 꼭 가봐야 한다는 지중해의 아말피, 포지타노에서 2박 3일을 보내기로 계획을 세웠는데 아말피 해안가 바로 앞 언덕 위에 자리한 호텔들이 워낙 비싸서 감당이 안 되므로 한 14km 정도 떨어진 '라벨로'에 있는 주세피나 호텔을 숙소로 정했다. 대체로 여행자들의 스케줄은 지연되므로 숙박호텔에 저녁 늦게 도착하는 경우가 많다. 가뜩이나 아말피, 포지타노, 라벨로 지역은 길이 좁고 위험하기로 유명하여 겨우겨우 내비게이션을 달래 가며 언덕 꼭대기에 있는 주세피나 호텔에 밤늦게 도착했는데 세상은 온통 어둡고, 입구는 현관 같지도 않은데 아무리 벨을 눌러도 응답이 없었다. 순간 '아, 이거 문 닫은 거 아니야. 괜히 비용 아끼려다가…. 이 시간에 갈 데도 없는데….', 나중에 어떻게 어떻게 해서 우리가 마귀할멈이라고 부른 좀 인상 험악한 여성이 나와 안내를 해서 방으로 들어가긴 했다. 입구가 두 개였는데 내비게이션이 다른 쪽으로 인도해서 생긴 해프닝이었다.

그런데 다음 날 아침 레스토랑에 내려가 보니, 그리 넓진 않아도 한쪽 면 유리창이 다 열려있었고, 그 너머로 계곡 건너 맞은편 마을과 숲이 눈에 들어왔다. 말로만 듣던 라벨로 마을의 정경…. 이럴 수가…. 이런 데가 있다니…. 어젯밤의 어둡고 답답한 느낌은 눈 녹듯이 사라지고 마을의 환한 모습이 마음에 들어왔다. 반전이었다. 그게 다가 아니었다. 마귀할멈은 간 곳 없고 웬 신사가 나타나더니 사람들한테 인사를 하고 다닌다. 자기는 센쇼라 하는데 사장이라고, 라벨로 마을 소개도 하고, 아말피를 쉽게 가는 방법 등도 알려주며 돌아다닌다. 에스프레소 마시겠냐고 물어보고 또 갖다 주기도 한다. 주세피나 호텔은 라벨로 제일 높은 곳에 자리하고 있는데 제대로 된 실외수영장을 갖추고 있다. 그리고 수영장에서 보면 멀리 지중해가 눈에 들어온다. 거길 떠나면서는 둘만 왔다는 미안한 마음에 '우리 애들과 함께 언젠가 다시 오리라….' 하고 마음먹었다. 그리고 가끔은 센쇼를 떠 올리곤 한다. 코로나19가 세상을 괴롭힐 때 주세피나 호텔과 센쇼가 무사할까, 하고 때로 염려했다.

독서 강사 전안나도 반전이다. 전안나는 우울증에 시달리고 있었고, 병원에 입원해서 쉬는게 소원이었을 때, 죽을 거 같아서 책을 읽기 시작했는데 300권을 읽으니 누군가를 미워하고 원망하는 마음이 사라졌고, 500권을 보니 새로운 세상에 대한 호기심이 생겼으며, 800권을 읽었더니 작가가 되고 싶어졌고, 1000권을 읽고서는 정말 작가가 되었다고 고백한다.[62] 장훈 선수도 원래는 왼손잡이가 아니었다. 어렸을 때 오른손 화상으로 어쩔 수 없이 왼손을 쓰기 시작했는데 전설의 좌타자가 되었다. 사도 바울은 타릇수스라는 그리스문명권에서 자라 희랍철학에 정통했으면서, 예루살렘에 유학해 율법을 공부했고, 유대인이자 일종의 지도자인 바리새인이며 랍비였다.[63] 따라서 사도 바울이 유대교를 위협하는 예수교도들에 맞서는 것은 당연했던 것인데, 어느 날 갑자기 예수를 핍박하는 입장에서 예수가 구약성서에 나오는 메시아이며 오직 그를 믿고 따르는 것만이 구원에 이를 수 있는 길이라고 온 세상에 전파하는 사람으로 바뀌었다. 그의 반전이 기독교를 로마의 국교가 되게 했고, 훗날 로마가 망했을 때 야만인의 손으로부터 기독교가 사람들의 생명을 지키는 일을 하게 했다면 지나친 주장일까. 사실은 거기 그치지 않고 그 야만인들이 후에 다 기독교도가 되었다. 그 야만인이 게르만족이었고 오늘날의 프랑스와 독일인이다.

대서양, 인도양 항로는 15세기 대항해 시대에 서양사람들이 개척했고, 그 대양의 파워가 근대 산업사회에서 동양에 대한 서양의 힘으로 이어진 것으로 해석된다. 하지만 이미 명나라 영락제 때 정화가 이끄는 명의 함대가 서역을 넘어 아프리카까지 갔었던 일이 있다. 그런데 돌연 해상 활동을 중단했던 것이고, 서양은 십자군 전쟁으로 이탈리아에 와 보고 나서야 무역의 이점과 동양의 우수한 물자 등에 대해 알게 되어 동양과 무역을 하고 싶어 했지만 강력한 이슬람에 막혀 뜻을 이루지 못하게 된다. 하는 수 없이 아프리카를 돌아 인도로, 또 대서양을 건너 인도로 가려고 했던 것인데, 이게 동서양의 위치를 바꾸는 하나의 시발점이 되었다고도 할 수 있다. 부인할 수 없는 반전이다. 절실함의 승리다.

하이든은 분명히 불후의 위대한 음악가다. 하지만 오늘날 베토벤에 하이든을 비견하는 클래식 애호가는 거의 없을 것이다. 수백 년 전 젊은 베토벤은 당시 화성과 대위법의 최고 거장이자 전에 없이 일정 흐름을 버티고 유지할 수 있는 교향곡의 구조를 세운 하이든에게서 배우고 싶어 했다. 하이든은 베토벤을 제자로 받기는 했지만, 당시 최고 상태에 있던 그가 베토벤을 지도하기에는 너무 바빴던 것 같다. 그래서 제대로 지도하지 못하자, 베토벤은 대안을 찾아 오토 솅크에게서 화성과 대위법을 배웠고, 영화 '아마데우스'에 모차르트의 경쟁자로 등장하는 살리에리로부터는 성악곡 작곡법을 배웠다.[64] 훗날 베토벤은 하이든으로부터는 배운 게 없다고 공공연히 얘기했고, 하이든도 베토벤을 위대한 야만인이라고 비꼬았다는 것을 볼 때 이것은 사실인 것 같다. 어쨌든 베토벤은 다른 스승으로부터 배우기도 하고, 또 하이든과 모차르트의 음악으로 독학을 하기도 해서 필요한 것들을 터득했을 것이다. 오늘날 베토벤의 교향곡이나 바이올린 협주곡, 피아노 협주곡을 보면 베토벤이 하이든으로부터 배우고자 했는데 제대로 안 돼서 다른 대안을 찾은 것은 반전임에 틀림없다.

반전이 훨씬 멋있어 보이고 신나는 것이 분명하지만, 사실은 연습으로 스테디하게 향상되는 것과 같은 맥락으로 보아야 한다. 사도 바울은 공부와 배움으로 이미 내공이 쌓여 있는 상태였기에 깨달음에 도달할 수 있었고, 베토벤도 자신의 노력으로 벌써 시대를 넘어서는 역량이 비축되어 있었던 것인데, 그걸 알아보기에는 하이든이 너무 바빴던 것이리라. 힘센 이슬람이(그때는 그랬음) 육로에서 유럽을 막은 것이 오히려 유럽이 해양에서 힘을 키우는 동기를 제공했다는 것도 같은 흐름이다.

군협지에서는 서원평이 동굴에서 배운걸로 평생 써먹을 수 있을지 몰라도, 현실에서는 반전은 끝이 아니고 또 새로운 시작이어야 한다. 고마운 반전의 감격 이후에도 이어지는 향상을 위해 노력은 계속되어야 하는 것이다. 한편 그로 인하여 은퇴생활에서의 감동과 기쁨이 끊기지 않고 지속될 수 있다는 것은 은퇴자에게 그 어느 것과도 비교할 수 없는 최고의 희망이다. 사도 바울은 예수를 만난 뒤에는 인생관이 바뀌었고, 그 후로는 예수를 위해 살다가 그 때문에 죽었지만, 기독교는 유럽을 구원했다. 베토벤은 결국 화성과 대위법을 터득한 후에 거기 그치지 않고 평생 갈고 닦아 최고의 교향곡을 만들어 오늘날 우리를 행복하게 해주고 있다. 유럽은 할 수 없이 바다로 갔지만, 그것이 대항해 시대의 시작이었다. 이처럼 은퇴자도 평생 노력해야 향상될 수 있음은 물론이다.

리추얼, 필요하다

내가 은행을 떠난 게 2010년 초였으니 어느덧 15년이 된 셈이다. 그때 아내는 시내 Y 여고 교사였다. 직원들의 송별회를 마치고 들어온 내게 앞으로 뭘 할 거냐고 아내가 묻기에 할 말도 없어서 홧김에 내일부터 아침은 내가 차린다고 했던 것 같은데 그로부터 15년이 지난 지금까지 나의 아침 준비는 이어지고 있다.

이제는 노하우가 있다. 크루아상 빵 3분 해동, 수란, 물 끓기 시작해서 1분 30초, 커피는 원두를 머신으로 갈아서 더운 물 부어내리면 끝이다. 그 전에 테이블 세팅하면 되고, 채소 샐러드는 아내가 만든다. 거기에 라디오에서 7시부터 흘러나오는 이재후 아나운서의 '출발, FM과 함께', 음악 방송이 눈이 오나 비가 오나 곁들여진다.

처음에 내가 시작할 때는 명분이 있었다. 내가 아침을 차려야 일찍 학교에 가야 하는 아내가 밥을 먹을 수 있다는 것, 자동으로 대화의 시간을 갖게 된다는 것, 거기에 그렇게 치고 나서야 설거지의 위협에서 벗어날 수 있을 거라는 나만 아는 내면의 이유가 하나 더 있었다.

물론 하다 보니 즐거운 대화의 시간은 거의 안된다. 나는 조선이 이래서 문제였다느니, 왜 우리나라는 기독교가 세상을 바꾸지 못하느냐 같은 황당한 이야기를 주로 늘어놓고, 아내는 어제 BTS 누가 제대했다느니, 구봉산 꼭대기에 어느 카페가 새로 생겼다느니 하기 때문이다. 그래도 서로 화내지 않고 자기 얘기를 끝까지 다 한다. 가끔 마음이 맞는 순간도 있다. '어, 지금 저 음악이 뭐였지…. 멘델스존과 차이콥스키의 바이올린 협주곡은 정말 똑같아…. 맨날 들어도 구분 못 하겠어.' 하고 실력 없음을 정당화할 때다.

많이 어설프긴 하지만 그래도 아내와 나의 아침은 '리추얼'이라고 스스로 생각한다. 사실 '리추얼'이란 걸 처음 들은 것은 김정운 교수로부터였다. 뭐, 지금은 행복을 찾겠다고 교수도 던져버리고 남해에 내려가 그림 그리고 있는 김정운 교수의 고달팠던 독일 유학 시절에 아내에게 돌연 뇌종양이 생겼단다.

"여보, 미래를 확실히 알 수 없는 이 힘든 생활이지만 우리 아침을 생각해 보자. 버터와 잼 바른 빵, 햄, 소시지, 부어스트,[65] 계란프라이, 샐러드, 거기에 우유와 커피, 아무도 방해하지 못하는 당신과 나의 아침 식사 시간, 우리의 '리추얼'이 있었잖아. 여보, 그 좋았던 때를 생각하며 용기를 내. 당신, 낫기만 하면 이젠 내가 당신이 한 거 이상으로 우리의 '리추얼'을 이어갈게. 정말이야."

나의 은행 시절, 명사들의 온라인 특강 같은 것이 있었는데 거기서 김정운 교수가 자신의 힘들었던 독일 유학 시절을 회상하며 동영상에서 직접 한 얘기다. 그 뒤 정말 궁금했지만 확인해 보지는 못했다. 외환위기 시에 홍콩사무소장을 지낸 탓에 가족과 거의 생이별 같은 경험을 했던 나였기에 동병상련인 나도 그 부부를 응원했다. 김정운 교수의 행보를 보면 그 후에 아내는 다행스럽게도 회복된 것으로 보이는데, 김정운 교수가 약속을 지켰는지, 지금도 지키고 있는지는 잘 모르겠다. 어쨌든 나는 15년째 홧김에 한 그 약속을 지키고 있으면서 설거지는 면제받고 있다.

리추얼(ritual)의 어원은 라틴어의 성스러운 관습을 뜻하는 ritus라고 하는데, 리추얼은 신에게 드리는 제사 또는 신을 만나는 시간이라고 해석된다. 엄숙하기도 하지만 신을 만나는 만큼 엄청나게 좋은 시간, 최고의 시간이라는 뜻이다. 따라서 최상의 즐거움과 감동이 같이 한다는 뜻이 내포되어 있다.

김정운 교수는 리추얼의 조건을 3가지로 이야기한다. 첫째, 매일, 매월, 또는 매년처럼 반복되어야 하고, 둘째, 신과 내가 하나라는 황홀의 정서적 반응이 있어야 하고, 셋째, 신과 같이할 정도의 최고의 시간이라는 의미부여가 있어야 한다는 것이다. 반복되는 이벤트에 감성, 지성, 영성의 정신작용이 함께 해야 한다는 의미일 것이다.

나는 30년 은행 생활이 제법 보람도 있었지만 한편 꽤 고달팠다고 생각한다. 1997년 외환위기 이후에 환경이 급격하게 나빠지면서 어떻게 하든지 생존을 위해 버텨야 한다는 일상적 위기의식도 그랬지만, 주로 수도권에 근무했기에 C 시에 있는 가족과 떨어져 있어야 했던 것이 특히 힘들었다. C 은행 시절에 인천에서 지점장을 한 적이 있었는데, 토요 휴무도 하기 전인 그때, 매주 토요일이면 어김없이 집으로 내려가 아내, 두 자녀와 저녁 외식을 같이했다. 삼겹살, 감자탕 등 그리 비싼 것도 아니었던 거로 기억되지만 나와 우리 가족에겐 그 시간이 리추얼이었다. '토요일이면 난 집으로 갈 수 있다. 그리고, 사랑하는 가족과 외식을 한다.' 내가 객지에서 일주일을 버틸 힘이었고, 아마 가족도 마찬가지였을 것이다. '주말엔 애 아빠가 오는데 난 저녁은 안 차려도 된다.' '아빠가 오신다. 그럼 맛있는 거 먹는다.' 꼭 비싼 음식을 먹어야 리추얼인 것이 아니다. 반복해서 만나고, 만나니 반갑고, 또 거기에 고마움이 있으면 되는 것이다. 그 전, 결혼 초기, K 은행 서울지점에 근무할 때는 토요일이면 청량리에서 무궁화호를 타고 태백으로 향했다. 아내의 초임 발령지가 태백의 C 중학교였기 때문이다. 거기서 주일마다 참석했던 작은 교회의 예배와 학생성가대의 추억도 지금 생각해 보면 일종의 리추얼이었다.

리추얼의 장점은 최소한 두 가지 정도를 생각해 볼 수 있다.

우선은 즐겁고 좋은 시간이라는 것이다. 신을 만난다고 너무 딱딱할 필요는 없다. 그와 더불어 자유와 평안을 얻으라는게 신의 뜻 아닌가. 아름다움을 느끼는 감성, 무언가를 깨닫는 지성, 배려가 함께 하는 영성과 더불어 즐거움을 주기적으로 맛본다면 얼마나 좋은 시간인가. 혼자라면 영혼의 대화가 가능하고, 가족이나 팀처럼 누구와 같이라면 신뢰와 감사가 함께 할 것이다. 매일 새벽 6시에 가는 수영장, 매월 두 번째 화요일에 함께 술 먹는 친구들의 모임, 추석이면 고향으로 향하는 발걸음 등이 쉽게 볼 수 있는 리추얼이다.

다음으로 리추얼에는 버티면 된다는 위안의 힘이 있다. 당연히 리추얼은 영원히 지속되는 시간은 아니다. 영구적으로 이어갈 수 있다면 얼마나 좋을까마는 현실은 그렇지 못하다. 김정운 교수와 나의 아침처럼 하루 중에서도 잠시인 것이다. 해서 리추얼의 의미는 행복을 지속한다는 것보다는 힘들고 고달픈 가운데 버틸 수 있는 용기, 희망같은 것에 더 가깝다. 아무리 힘들어도 내일 아침에는…. 이번 주말에는…. 10월 첫 주에는 나의 리추얼이 온다. 그때까지 견뎌야 해…. 하는 것이다.

구약성서에 '희년'이 나온다. 본래 하나님은 이스라엘의 12지파 백성들에게 상속의 땅을 분배하셨다. 태어날 때부터 먹고 살도록 하신 것이다. 그러나 세월이 흐르면서 부자와 가난한 자가 구분되고, 채권자와 빚진 자가 생기게 된다. 하나님은 그것을 그대로 두지 않고 50년에 한 번씩 빚을 탕감하고, 노예는 해방시켜서 신분을 회복하게 하여, 누구나 자신의 땅과 집으로 돌아갈 수 있게 하였다. 그게 바로 희년이다. 본래의 모습으로 돌아간다는 것이다. 김정운 교수 아내의 회복, 나의 인천 생활 시절 주말이면 만나는 가족, 그런 본래의 모습이 바로 희년이요, 리추얼이다. 사실은 늘 가져야 할 좋은 시간이 현실적으로 어쩔 수 없이 가능하지 않아도 최소한 주기적으로는 해방과 회복의 희망이 있기에 버틸 수 있는 것이다.

리추얼은 혼자서 할 수 있는 것과 같이 할 수 있는 것으로 구분할 수 있다.

혼자 쉽게 매일같이 하는 경우로는 산책, 음악 듣기, 악기 연습, 수영 등이 있을 것이며, 매주 할 수 있는 것에는 주말 등산, 종교의식 참여 같은 것들, 또 매월 할 수 있는 것에는 정기음악회 참석, 독서토론회 등이 있을 것이다. 같이 할 수 있는 것으로는 가족여행이나 합창단, 스포츠 동호회 참여 등이 있을 것이다. 군대 시절 유격 훈련 도중 10분간 휴식시간에 피우는 화랑 담배나, 수십 년 전 빨래터에서 방망이질하는 며느리끼리의 수다 등도 그들에겐 더없이 소중한 리추얼이다. 아침 샤워시간이나 전철 안에서 이동시간에 갖는 독서 시간도 리추얼이 될 수 있음은 물론이다. 매년 아내와 같이하는 유럽 자동차여행, 혼자 하는 오지마을 탐험, 남극이나 이탈리아 토스카나 아침 정경 사진찍기 등 자기만의 독특한 리추얼은 수도 없이 많을 것이다. 수업시간에 학생들에게 각자의 리추얼에 대해 얘기해 보자고 하면, 대체로 영화감상이나 음악 듣기, 여행 등이 많이 등장한다. 좀 더 다양했으면…, 하는 아쉬움을 늘 느끼곤 한다.

신은 누구에게나 공평하기에 리추얼은 모두에게 가능하다. 하지만 리추얼에 즐거움뿐만 아니라 해방, 영혼의 대화 같은 것들이 동시에 내포되어 있다고 하면 그건 은퇴자에게 절대적으로 유리하다. 은퇴자는 많은 것들을 잃기는 하지만 오히려 자신에게로 돌아가고 자신의 내면을 들여다볼 수 있는 자유와 여유를 얻을 수 있기 때문이다. 은퇴자가 그 자유와 여유를 활용해서 자신만의 창조적인 리추얼을 개발할 수 있다는 것은 그 어느 것에도 뒤지지 않는 장점이자 축복이다. 또한 은퇴자는 직장인과 달리 기본적인 업무과제와 근무시간을 가지지 않으므로 준비가 안 된 경우에는 오히려 자유와 여유를 제대로 소화하지 못하고 당혹감에 빠지는 경우가 발생할 수도 있는데, 그때 리추얼이 구원자 역할을 할 수 있다. 버티면서 가끔이라도 즐거움과 감동의 시간을 겪다 보면 어느 순간 스스로 해결의 단초를 발견할 수 있기 때문이다.

버텨야 한다

'온라인 플랫폼 마케팅'의 저자 신승철은 그의 책에서 유튜브에서 성공한 몇 개의 대표 프로그램을 예로 들며, "이들은 각자의 분야에서 최고는 아니다. 그렇지만 변함없이 그 자리에 있었기 때문에 기회가 찾아온 것이다." 또 "꾸준함은 갈 길이 너무 명확해서 실천하기 어렵지만 동시에 갈 길이 너무 명확해서 실천하기 쉽다. 뻔함을 견뎌내고 반복해야 한다."라고 이야기한다.[66]

모든 성공의 배경에는 버팀과 견딤이 있다. 자본주의 사회에서 성공하는 기업은 약 10% 정도에 불과하다고 하며 우리나라 자영업자도 5년 후에 살아남는 경우는 20% 정도 밖에 되지 않는다고 한다.

은퇴자가 생각보다 그리 나쁘지 않은 위치에 있는 것은 분명하다. 잘하면 까맣게 잊고 있었던 진정한 자신의 모습도 찾고, 날마다 하고 싶은 걸 마음대로 하면서 만족감, 충족감, 감동에 기쁨까지 맛보면서 살 수 있을 테니 말이다.

문제는 그 '잘하면'이 무엇이냐 하는 것이다. 신승철 저자는 '온라인 플랫폼 마케팅'에서 '성공하려면 버텨야 한다.'라고 강조한 것인데, 이것은 은퇴자의 삶에서도 마찬가지일 것이다. 은퇴자도 성공하려면 무조건 버텨야 한다는데 나도 동의한다. 게다다 은퇴자의 무기라고 할 수 있는 넘치는 자유와 여유가 오히려 어느 순간 페이스를 상실한 은퇴자를 함몰과 파국으로 인도할지도 모를 우려가 있기에, 은퇴자가 초반에 계획을 잘 세우고 설사 뜻대로 잘되지 않는다고 하더라도 당황하지 말고 버티고 견디는 것은 생각보다 중요하다.

잘 버티려면 어떻게 해야 할까.

첫째, 훈련이 필요하다. 성공에 왕도가 있을 리 없다. 땀 흘려 준비해야 한다. 그래서 어려울 때 써먹을 수 있는 완펀치 한 개는 최소한 가지고 있어야 한다. 우리 시대, 70년대 대학야구, 80년대 프로 야구 초기 최고의 투수 최동원을 기억할 것이다. 그가 갈고 닦은 주 무기는 속구와 커브다. 오늘날처럼 다양한 구종이 아니다. 단 두 개만 가지고도 일단 마운드에 섰다 하면 타자를 압도하고 자신감 있게 던진다. 최동원이 불우하여 메이저에 가지 못해 그렇지, 그때 아마 미국에 갈 수 있었다면 세계를 휘저었을 것이 분명하다.

조선을 구한 위대한 영웅 이순신 장군의 전략은 학익진 한가지다. 일본 배의 2배 정도 크기인 우리 수군의 판옥선과 우월한 화포 사거리와 자신을 따르는 조선 수군을 믿고 항상 일본 수군과 대적하게 되면 학의 날개 모양인 학익진을 펴고 자신의 대장선은 그 중심에 선다. 왜적은 알면서도 늘 그 학익진에 당한다. 최동원, 이순신과 조선 수군의 흔들리지 않는 자세는 훈련량에서 오는 자신감이다. 은퇴자도 자신의 무기로 삼을만한 것이 무엇인지 심사숙고해서 정한 후에는 넘치는 자유시간을 활용하여 그 무기가 다듬어질 때까지 훈련에 훈련을 거듭해야 한다. 스포츠, 악기 다루기, 노래 부르기, 책 읽기, 사진찍기, 글쓰기, 명상 등 대상은 수도 없이 많다.

둘째, 페이스 유지가 중요하다. 최동원 같은 투수야 던졌다 하면 9회까지 완투가 기본이지만 최근에는 투수가 보직개념으로 선발투수와 불펜투수로 구분되면서 선발투수가 5, 6회를 던져주느냐가 중요하게 되었다. 버틸 수 있느냐, 즉 무너지지 않아야 한다는 것이 변수인데 의외로 선발투수가 컨디션이 더 좋을 때 쉽게 무너지는 경향이 있다. '오늘 공 좋은데…, 어디 마음껏 던져 보자.' 하면서 마구 덤벼들다 보면 오히려 조심스레 상대 타자들을 상대할 때보다 얻어맞을 확률이 커지는 것이다. 컨디션이 좋을 때는 오히려 오버하지 않도록 조심하고 덜 좋은 경우에는 목표를 낮춰 잡으면서 자기 팀의 다른 선수들을 믿고 플레이하는 자세가 필요하다. 즉 누구나 인간인 이상 컨디션이 늘 좋을 수는 없고, 또 그게 통제 하에 있는 것도 아니므로 상황에 따라 유연하게 대처하며 페이스를 조율하는 것이 중요하다. 은퇴자가 컨디션 좋을 때만 훈련을 한다고 하면 모처럼의 희망을 살리기 어려울 것이 뻔하다. 최소한 그 무엇이 형성될 때까지 변함없는 페이스 유지가 필요하다.

셋째, 회복능력이 중요하다. 은퇴자는 직장생활을 할 때에 비해 일이나 여가활동에서의 실패 때문에 받는 상처나 스트레스가 심하지는 않을 것이다. 하지만 어쨌든 뜻대로 되지 않는 일이 있을 수 있고 그게 쌓이다 보면 용기도 잃고 우울감에 빠질 수도 있을 것이다. 회사에 있을 때는 디프레스 상태에 빠졌더라도 일과 사람에 부대끼다 보면 그냥 지나가기 일쑤인데 은퇴자는 오히려 이럴 때 무너질 우려가 더 크다고도 볼 수 있다. 그럴 때 안 좋은 일이나 기억은 훌훌 털고 언제 그랬냐는 듯이 웃으며 현장으로 빨리 복귀하는 자세가 필요하다.

구약성서에 다윗 왕은 거의 위인처럼 나온다. 그런데 그도 늘 좋은 일만 있었던 것이 아니고 때로는 엄청나게 슬프고 고통스러운 일들도 많이 겪었다. 한번은 그의 아들이 죽었는데 오래도록 슬픔에 잠겨있을까 봐 걱정하던 신하들 앞에 불과 수일 만에 새 옷을 입고 나타나 음식을 달라 하여 맛있게 먹는다. '이미 아들은 죽었는데 내가 슬퍼하기만 한다고 뭐가 되겠느냐….' 다윗 왕의 빠른 회복력은 그의 장점 중의 하나이다. 회복능력, 위기관리능력, 이런 것들은 은퇴자에게도 여전히 중요하다.

넷째, 구도가 좋아야 한다. 인생의 수많은 승부에서 승리할 확률을 높이기 위해서는 우선 좋은 구도를 확보해야 함은 기본이다. 다만 직장생활하는 동안에는 개인이 자신에게 유리한 구도를 마음대로 설정하기가 쉽지 않다. 회사나 상사, 또는 고객의 요구에 맞춰야 하기 때문이다. 하지만 은퇴자는 주변이나 타인의 요구로부터 비교적 자유롭다. 자신의 정체성에 맞게, 또 본인이 잘하거나 하고 싶은 것 위주로 구도를 짤 수 있는 것이다.

따라서 은퇴 초기에 은퇴자가 서두르지 않고 자신의 내면과 대화하면서 일과 여가를 포함하는 다양하고 균형 잡힌 삶의 포트폴리오를 그리는 것은 매우 중요하다. 그러면 그 후의 진행 과정에서 설사 뜻대로 되지 않는 일이 생기더라도 포트폴리오 내용 중 한 두 가지라도 제대로 되는 것에서 용기와 기쁨을 얻어 버티고, 그러다 보면 회복력이 작용하기 쉬운 것이다.

다섯째, 무리하지 않는 습관이 필요하다. 부단한 훈련으로 완투펀치인 자신의 무기를 장착했으면 실전에서 슬슬 써먹으면서 무리하지 말고 기회가 오기를 기다리는 것이 좋은 태도다. 준비되지 않은 펀치는 될 수 있는 대로 사용하지 않는 것도 실패를 줄일 수 있는 방법이다.

이순신 장군은 평소 열심히 대비하는 것으로 유명하다. 병사훈련에 힘쓰고, 척후선을 활용하여 경계를 게을리하지 않으며, 틈나는 대로 백성들과 같이 배를 만들고 군량미도 준비한다. 그렇게 준비를 철저히 한 만큼 단 1번도 패한 적이 없다.

패하지 않는 또 하나의 이유는 무리하지 않기 때문이기도 하다. 비록 삭탈관직을 당할지언정 왕이 명령해도 부산 앞바다에는 가지 않는 사람이 이순신 장군이다. 일단 이순신 장군 스스로가 전라도 쪽 뱃길보다 경상도 뱃길에 밝지 못하다. 또한 난중일기를 보면 이순신 장군이 조선 수군은 비록 큰 배를 보유했으나 왜군보다 배의 숫자가 절대적으로 적으므로 탁 트인 바다에서 일본 수군과 전면전을 벌이는 것은 불리하다고 생각했던 것을 알 수 있다. 이처럼 본인이 패하면 단지 1번의 패배가 아니고 나라와 백성이 위태롭다는 것을 알고 있는 이순신 장군이 목숨을 걸고 부산 앞바다에 가지 않은 것이나, 단지 13척의 배를 가지고 왜적의 호남진출을 막아야 하는 위급한 상황에서 좁은 명량 앞바다에 진을 치고 왜적이 올 때까지 집요하게 기다린 것 등에서 이순신 장군의 무리하지 않고 때를 기다리는 전략적 자세를 엿볼 수 있다.

예를 들면 여행도 마찬가지이다. 가끔 해외여행에서 큰 사고를 당하는 뉴스를 접하게 되는데 무리하게 나쁜 지역을 택한 결과일 것이다. 이탈리아 여행을 해도 환경이 좋지 않고 사고 위험이 큰 나폴리나 폼페이는 가지 말고, 대신 그 주변 아말피나 포지타노에 가는 것이 좋을 것이다. 로마에 간다면 걷거나 택시를 이용하고 소매치기 들끓는다는 전철은 타지 않는 것이 현명할 것이다. 변화와 감동을 찾아 나선 여행자가 사고의 확률을 줄여야 함은 당연하다.

21세기 들어 은퇴자는 전에 없이 30년이라는 은퇴기간을 선물로 받았다. 만만치 않은 기간이다. 성패 여부의 개인 편차도 클 수밖에 없다. 또 누구라도 좋은 날만 있기는 어렵다. 좋은 날이 있는가 하면 궂은날도 있을 것이다. 궂은 날에는 버티다 보면 좋은 날이 다시 오리니 때로는 무식하게 버티는 것도 필요하다.

은퇴자의 희망이 분노를 이긴다

12/3계엄(2024.12.3.) 이후, 12월 14일에 국회가 서둘러 탄핵소추안을 가결하였고 이어 2025년 4월 4일에 헌재가 탄핵소추안을 인용하여 대통령은 결국 파면되었다. 그 몇 달 동안 탄핵반대파와 찬성파가 전국 곳곳에서 주중, 주말 가리지 않고 시위를 벌였다. 수 차례 양진영의 격돌의 위기가 경찰을 긴장시켰으며, 그 과정에서 법원을 공격하는 일도 있었다. 정말 큰 사고 나지 않은 것이 천만다행이다. 온라인에서도 쌍방은 심하게 싸운다. 상대에 대한, 또는 무엇인가에 대한 분노가 걷잡을 수 없다.

서울대 행복연구센터의 발표자료에 의하면 우리나라에서 중증도 이상의 울분을 느끼는 사람이 14.7%로 독일의 6배가 되며, 전체의 40%는 위험 수준에 있다고 한다. 국민의 절반 이상이 분노로부터 자유롭지 못한 것이다.

분노에는 다양한 원인이 있겠지만 크게 두 가지로 나눌 수 있을 것이다. 하나는 내가 하고자 하는 것이 뭐가 잘 안돼서일 테고, 다른 하나는 남이 나에게 어떻게 해서일 것이다. 물론 두 가지가 합쳐지는 경우가 있을 테고, 그러면 더 화가 날 것이다.

전자의 경우는 나에게 기회가 없거나, 열심히 했는데도 보상받지 못하는 경우일 것이다. 지방에 살기에 열심히 공부해서 형편에 맞는 지방대학에 갔는데, 졸업 후 원하는 기업에서 아예 서류통과도 안 시켜 준다거나, 나중에 알고 보니 그 기업이 불공정한 방법으로 자격도 안 되는 다른 사람들을 채용했다든지 하는 케이스다. 또 잘하고 열심히 하는 사람이 잘 돼야 하는데, 줄을 잘 서서, 또 어느 지역 출신이기에 출세하는 이가 많다면 보는 이로서는 화가 날 수밖에 없다. 그런 면에서 시장원리가 정치 논리보다는 백배 낫다고 할 수 있다.

후자는 이런 경우다. 경연대회에서 우리 아이가 더 잘한 것이 명백한데 잘 못 한 부잣집 아이한테 상을 주거나, 분명히 우리 팀이 수량화된 데이터로는 앞섰는데 이상한 비계량 평가 기준이 적용되어 상대 팀이 더 좋은 평가를 받은 경우다. 명절날 1시간마다 떠나는 고향 가는 버스를 줄을 서서 기다리는데 이번 버스 줄이 내 앞에서 끝났을 때도 기분이 좋지 않다. 은근히 행장님 앞에서 발표할 것을 기대하며 밤새워 자료를 만들었는데 "이과장, 수고했어. 내가 할게." 하면서 부장님이 들고 올라갈 때도 화가 난다.

문제는 남들보다 우리의 분노지수가 높다는 것이다. 그래서 자살률도 높은 것이다. 그 이유는 공정성 문제, 희망 없음, 왜곡된 정파주의 정치 등, 수도 없이 많다. 최선을 다해도 기회가 오지 않을 때, 또 그 이유가 우리 사회가 공정하지 않기 때문이라고 생각될 때 좌절하고 분노하는 것은 당연하다. 거기에 정부와 사회, 심지어 가족까지도 내 문제 해결에 도움이 되지 않는다고 여겨지면 절망과 분노는 더해질 수밖에 없다. '문제는 있지만, 정치지도자와 정부가 진정으로 문제를 해결하고자 노력하고 있으므로 참을 수 있어.' 할 수 없다는 데 우리의 문제가 있다. 이대로라면 우리의 분노지수는 계속 높아질 것이 분명하다.

더구나 분노는 은퇴자에게 마귀와도 같은 적이다. 은퇴자는 권력, 전문성, 자금을 잃지만 대신 자유와 마음의 평안을 얻는다. 일에서 해방되고 책임도 면하게 되어 한결 스트레스로부터는 자유로워질 수 있는 것이다. 그런데 분노가 앞서게 되면 그 소중한 장점이 사라지게 된다. 은퇴자가 분노의 노예가 되면 그야말로 남는 것은 아무것도 없다. 오히려 가정과 사회에서 무시나 냉대를 겪으며 쌓인 노인, 은퇴자의 분노가 자기도 모르게 갑자기 표출될 것이 염려된다. 존재감을 잃었다는 은퇴자의 내면의 허전함, 좌절감은 분노와 동의어이다.

어떻게 분노에 대처할 수 있을까. 답은 한가지다. 희망을 건설해야 한다. 희망이야말로 은퇴자가 분노를 잠재울 수 있는 무기다. 힘들었던 군대 시절을 어떻게 보낼 수 있었을까. 한가지 희망으로 살았다. '국방부 시계는 지금도 간다'라는…. 우리 아들 세대는 군생활 때 경연대회에서 성적을 내면 휴가를 쌓아 놓는다고 했다. 그래서 누구나 전역할 때가 되면 꽤 되는 말년휴가가 기다리고 있는 것이다. 역시 희망이다. 유격 훈련은 훈련도 아니다. 거의 괴롭히는 것이다. 그 고통스러운 시간도 버티는 수밖에 없다. 50분을 버티면 10분의 휴식시간은 여지없이 돌아오기에…. 그 10분 동안에 한 줄로 앉아 먼지투성이 훈련복에 땀투성이 얼굴로 너나 할 거 없이 화랑 담배를 입에 문다. 선임, 신참의 구분도 없다. 잠시 후부터 또다시 10분을 기다리며 50분을 버텨야 하는 운명공동체의 구성원들이다.

우리네 희망을 두 가지로 구분해 보자. 사회적인 것과 개인적인 것으로….

먼저 사회, 제도적인 면에서의 희망을 살펴보자.

첫째, 누구나 '나도 무대에 설 수 있다.'라고 생각하게 되는 것이 중요하다. 오늘날 계층사다리의 붕괴가 문제가 되고 있긴 하지만 사실상 평민이 무대에 등장한지는 얼마 안 됐다. 서양에서 프랑스대혁명 이후 정도일 것이고, 중국에서 당송변혁 이후에 서서히 그런 변화가 좀 있었던 것이지, 불행하게도 대다수 대중은 산업사회 이전에는 희망 없는 삶을 이어가야 했다고 볼 수 있다. 그 시기가 무려 만년은 넘을 것이다. 그러나 이제 최소한도 어디서나 신분제는 사라졌고, 누구나 인간답게 살 수 있다는 것을 공공연히 천명한다. 관건은 실제로 그렇게 되어야 하고 최소한 될 수 있다고 믿어져야 하는 것이다. 누구나 '나도 열심히 하면 무대에 설 수 있어. 나도 인간답게 살 수 있어.', 이게 말이다. 선언적 헌법 조항과 이념의 문제가 아니라 실제로 사회와 제도의 변화가 피부로 느껴져야 한다. 설사, 과정이라고 해도 우리가 그 길로 가고 있다고 모두가 믿을 수 있어야 한다.

그러기 위해서는 '집단지성'이 '이권 집단'을 이겨야 한다. 개인과 사회가 선순환되며 같이 성장하고, 그 결과물인 지성이 개인의 지성에 그치지 않고 집단지성화할 수 있어야 한다. 비록 문제투성이이긴 하지만 지금 이 사회가 3백 년 전 사회와 비교할 수 없는 엄청나게 좋은 사회라는 것은 명백하다. 개인의 자유와 권리, 그리고 희망이라는 점에서 말이다. 모든 제도를 일시에 바꿀 수야 없을 테지만 이미 좋아졌고, 더 좋아져 가고 있기에, 개인이 그걸 믿고 기꺼이 동참하고 기다릴 수 있게 되는 것이 중요하다. 그것이 제도의 힘이요, 희망의 출발점이다.

둘째, 사회 속에서 개인이 염려, 걱정, 불안에서 벗어날 수 있어야 한다. 그러기 위해서 사회의 기본적 안정성과 복지기능이 확보될 필요가 있다. 덴마크, 스웨덴의 실직자와 은퇴자는 최소한 먹고 사는 데는 걱정이 없는데, 우리는 그렇지 못하다. 노인빈곤율도 높고, 자살률도 높을 수밖에 없다. 역시 제도의 문제이다.

셋째, 사회에 감시기능이 있어야 한다. 말로는 민주, 자유 국가요, 개인의 인권이 보장되어 있을지라도 정부가 국민을 속일 수 있다면 현실은 달라진다. 정보와 여론이 중요한 이유이다. 그 실현 여부의 답 역시 집단지성에 있다. 개인과 사회의 지성이 성숙해 있을 때 일부 이권 집단의 갑질이 자연스레 가능해지지 않게 될 것이기 때문이다. 프랑스의 정치인이자 역사가인 프랑수아 기조는 약 2백여 년 전인 1828년에 저술한 '유럽 문명사'에서 17, 8세기의 프랑스를 예로 들어 사상과 공공의 지성, 그리고 여론의 힘이 있어야 정부가 국민을 상대로 마음대로 하고 싶은 짓을 하지 못한다고 설파하고 있다. '집단지성'이 '이권 집단'을 이기는 경우다.

다음은 개인의 희망이다.

첫째, 모방성, 집단성에서 벗어나야 한다. 그래야 자신의 삶을 살 수 있기 때문이다. 가진 것, 보이는 것을 가지고 남과 비교하는 한, 계속 가지지 못하면 우울해지기 쉽고, 정말 자신이 좋아하는 것을 찾아가기 어려워질 것은 당연하다. 희망은 멀어져 간다.

둘째, 모든 사람에게 공통된 것이지만 특히 30년의 은퇴기간을 거저 얻은 은퇴자는 이런저런 변화와 충격에 대처할 수 있는 자신만의 방법을 가지고 있어야 한다. 대표적인 것이 앞서 보았던 '리추얼'이다. '고통의 유격 훈련, 50분 후에는 10분의 휴식이 있다.' '객지에서 고생하지만, 주말엔 아내와 아들, 딸을 만난다.'와 같은 것이다. '코로나19가 끝나면 아내와 스페인 자동차여행을 간다….'

1만 시간의 연습도 있다. 처음의 고통만 이겨낼 수 있다면 차츰 개선되는 것을 느낄 때의 감동, 만족감, 남에게 발표할 수 있게 되었을 때의 뿌듯함…. 그렇게 이어가는 삶의 연속에 분노가 침투할 여지는 적어진다. 전안나의 독서는 만병통치약이다. 세상이 너무 싫어서 병원에 입원하는 것이 유일한 희망이었던 전안나가 300권을 읽었을 때 모두를 용서할 수 있게 되었다고 했다. 독서로 영성의 세계에 들어간 신기한 경우이긴 한데,

사실일 것이며 누구나 조금만 노력하면 가능하다는 게 중요하다.

셋째, 건강해야 한다. 본인이 강해야 좀처럼 우울, 분노에 잘 빠지지 않고, 기나긴 은퇴기간을 흔들림 없이 자신의 시간과 삶으로 만들어 갈 수 있을 것이기 때문이다. 나이 들어갈수록 건강 하나만 있어도 세상 부러운 것이 없을 수도 있다.

앞서 강조했듯이 건강에도 4가지 변수가 있다. physical은 육체의 건강으로 가장 기본이다. intellectual은 지성인데, 개인에게 이게 있어야 모아지면 집단지성도 가능하고, 자신도 합리적이고 분별력 있는 삶을 사는 데 유리하기에, 독서, 토론모임 등을 통해 꾸준히 지성을 길러가야 한다. emotion은 감성인데 사실 은퇴생활이 늘 새롭고 즐거운 것이 될 수 있느냐 아니면 지루하고 답답한 시간의 연속이 될 것이냐가 여기 달려 있다고 해도 과언이 아니다. 보고, 찍고, 듣고, 다니고, 읽고 쓰면서 감동하기 시작하면 긴 은퇴기간이 재미있고 짧아질 것이다. spiritual을 영성이라고 해서 꼭 종교에 국한할 일은 아니다. 전안나의 300권 독서, 용서는 여지없는 영성의 세계인데 우리에게도 가능한 실제 사례다.

어차피 사회제도의 희망보다는 개인의 희망이 나의 통제 하에 있기 쉬울 것이므로 개인의 희망을 먼저 건설하는 것이 하나의 방법이 될 것이다.

일이 잘되고 잘 풀릴 때 분노하는 사람은 별로 없다. 안 풀리고, 안 될 때가 문제인데, 그래도 희망이 있으면 버틸 수 있다.

우리 사회에 희망이 있는가.

나에게 희망이 있는가.

분노를 이기는 은퇴론은 오늘도 희망에서 출발한다.

연습을 많이 하면 쓰러져도 일어난다

며칠 전 우연히 TV에서 꽤 오래전 있었던 홍수환과 파나마의 카라스키아의 복싱경기를 보게 되었다. 홍수환이 곁들여 해설까지 하고 있었는데, 경기가 끝날 때쯤 홍수환이 이런 말을 했다. "연습을 많이 하면 쓰러져도 일어납니다."

대부분의 사람이 그 유명한 사전오기이자, 홍수환이 거의 지옥문 앞까지 갔다가 경기를 뒤집어 세계챔피언에 올랐던 1977년의 이 경기를 알고 있으리라. 지구 끝 남아프리카 더번에서 열린 챔피언 결정전에서 홍수환은 11전 11 KO승 기록을 가지고 있던 '지옥에서 온 악마' 카라스키아에게 2회에 4번이나 다운당하며 온 국민을 가슴 졸이게 했지만 3회 시작하자마자 언제 그랬냐는 듯이 카라스키아를 마구 두들겨 패더니 48초만에 카라스키아를 캔버스에 뉘어 버렸다.

아마 홍수환 자신은 그 경기를 수백 번도 더 봤겠지만, 해설을 하다 그 순간에 자기도 모르게 중얼거린 것이다. 연습을 많이 하면 쓰러져도 다시 일어난다고…. 그러면서 이런 얘기도 했다. "그때 선생님이 제가 이긴다고 했어요. 제가 상체가 더 크다고요. 선생님과 준비 열심히 했거든요."

그 선생님, 조사해 보니 김준호 선생님이다. 홍수환 승리의 기반은 지도자와 선수의 팀워크, 피나는 연습, 그리고 거기서 오는 자신감이었다.

연습, 하면 전설의 재일동포 야구선수였던, 프로 23년 통산 3할대 타자 장훈을 떠올린다. 초등학교 5학년 때부터 야구를 시작한 그는 항상 한복을 입고 한국말을 사용하시는 박순분 어머니에게서 들은 말, "일본 아이에게 져서는 안 된다."를 명심하고 오직 연습에만 매진했다. 한국인인 그가 야구에서 일본 아이들을 이기는 방법은 오직 연습밖에 없다는 것을 알고 있었기 때문이다. 그는 현역시절, 팀훈련 후에 매일 혼자 3백 개의 타격 훈련을 마치고 40개를 더 했다고 한다. 다른 사람들도 그만큼 훈련을 할 거로 생각해서였다.

우리나라 야구선수로는 장훈과 같은 장씨인 장효조가 있다. 타격의 천재로 알려진 그도 지독한 '연습벌레'였다. 장효조는 생전에 "체구가 작으므로 언제 밀려날지, 선수 생활이 언제 끝날지 모른다는 두려움을 안고 살았다."라며 "결국 나를 만든 것은 8할이 훈련이었다."라고 밝힌 적이 있다. 그는 일본 프로 야구의 전설적인 4번 타자 재일교포 장훈 선수를 닮고 싶어 장훈의 백넘버 10번을 달고 10년의 프로선수생활 동안 0.331 타율을 유지했다.

우리는 감동의 2002년 월드컵 4강을 기억한다. 그 역시 히딩크 감독과 선수들의 피나는 연습의 결과였다. 평소와 달리 그해 겨울 국가대표팀은 따뜻한 나라로 전지훈련을 가지 않고 국내에서 체력훈련에 열중했다. 연습의 강도를 높이기 위해 형, 동생 같은 호칭도 없애고 선수 간 이름을 부르도록 했고 심지어는 홍명보도 예외 없이 일정 기준의 체력테스트를 통과하도록 했다.

2014년 중국을 격파한 아시안게임 금메달의 주인공 위성우 감독과 여자농구 대표선수들, 2020 도쿄올림픽 4강에 들었던 여자배구 대표팀 선수들과 라바리니 감독도 마찬가지다. 위성우 감독은 무지막지하게 연습을 시킨다. 그런 그를 믿고 선수들은 땀을 흘리고 여지없이 우승한 후, 감독을 헹가래 치다 내동댕이친다. 우리은행이 위성우 감독이 부임한 2012년부터 2024년까지 정규리그에서 10번이나 우승한 것은 우연이 아니다. 연습의 결과인 것이다. 한편 독일 여자대표팀 감독 경험이 있는 배구의 라바리니 감독은 한국 여자배구 대표팀 감독으로 부임한 뒤 '세터를 제외한 전원이 공격에 참여하는 빠른 토털 배구'를 추구했다. 그리고 우여곡절 끝에 그게 빛을 보기 시작했다. 일본과 튀르키에를 누르고 2020 올림픽 4강에 올랐던 것이다. 역시 감독과 선수가 하나된 엄청난 연습의 결과였다. 온 국민의 가슴 속에 감동과 희망, 그리고 자부심이 물결치던 그때를 기억한다.

이성계를 찾아 먼 거리를 달려온 정도전은 이성계 휘하의 정예 군대와 일사불란한 지휘통솔에 감탄을 금치 못했다고 한다. 이성계 휘하 군사들의 엄한 군령, 잘 정비된 무기와 열심히 훈련에 임하는 모습에 큰 감명을 받은 것이다.

'이순신과 잘 협력할 수 있을까.' 하고 선조와 유성룡이 염려할 정도로 성격이 거칠기로 유명하고, 또 실제로 조선의 조정과 신료들을 우습게 생각하고 무시했던 명나라 수군 도독 진린이 이순신 장군에게 노야라고 존대해 부르고 자신의 가마가 앞서가지 못하게 했으며, 오히려 명나라 황제 만력제에게 '선조가 시기하여 이순신을 핍박할 것이 염려되니 이순신을 명나라 제독으로 임명해 달라.'고 장계까지 올린 이유는 무엇이었을까. 경계, 훈련, 그리고 독전으로 무장한 이순신과 조선 수군의 전투력에 진심으로 감동했기 때문이다. 노량해전에서 조선 수군과 같이 목숨 걸고 싸웠던 진린 도독은 싸움이 끝난 후 이순신 장군의 전사 소식을 듣고 대성통곡했다고 한다.

은퇴자도 연습을 많이 하면 성공할 수 있다. '은퇴자는 평생 수고하고 이제 안식을 얻으려는데 또 무슨 연습을 하란 말이냐. 말도 안 돼.' 하고 이의를 제기할지도 모른다. 그렇긴 하다. 하지만 은퇴생활이 직장생활과 다른 점이 있다면 회사나 고객을 위한 삶이 아니고 이젠 내가 하고 싶은 것을 아무 제약 없이 마음대로 할 수 있는 내 삶을 살 수 있다는 것이다. 방향만 제대로 정한다면 은퇴자는 자신의 정체성도 찾고, 전에 없는 즐겁고 행복한 삶을 경험할 수 있다.

잡 솔루션 코리아 대표 최종엽은 자신의 책 '블루타임'에서 시간에는 레드타임과 블루타임이 있다고 이야기한다. 레드타임은 소모돼 없어지는 시간이고 블루타임은 갈고 닦아서 본인의 성장이나 자기실현에 도움이 되는 시간이다. 경비나 육체노동, 또는 고객관리 같은 직장생활은 전형적인 레드타임이고 장훈 선수의 타격연습이나 전문가가 되기 위해 땀 흘리는 시간은 블루타임이다.

은퇴자는 자기만 잘하면 얼마든지 블루타임을 가질 수 있다. 어느 분야의 기량을 계속 닦아갈 수도 있고, 더 넓게 하거나 깊게 할 수도 있는 것이다. 유럽 자동차여행이나 중국 자전거여행 등도 당연히 블루타임이다.

은퇴자가 할 수 있는 연습에는 어떤 것들이 있을까. 독서는 일종의 연습이면서 계속 새로운 세계를 만날 수 있게 해주는 축복의 통로다. 읽을수록 속도가 빨라지고 이해, 분석력도 좋아진다는 면에서 연습인 셈이다. 클래식 음악같은 경우도 방대해서 이해와 감상에만도 상당한 연습시간이 필요하지만 일단 친해지면 은퇴기간 내내 행복이 보장될 것이다. 스포츠는 물론이고, 사진찍기 같은 경우도 연습하면 좋아질 것이다. 작가가 되는 것도 시간문제다.

여행도 연습이 필요하다. 유럽 자동차여행을 하려면 가고 싶은 지역의 현재뿐만 아니라 과거 사회와 역사 등도 조사하고 필요한 것을 준비하여야 한다. 계속해서 자동차여행을 하다 보면 해가 갈수록 현지화되고 좋아지는 것을 경험하게 될 것이다. 연습량이 쌓였기 때문이다.

이순신은 천재가 아니다. 무과 급제도 늦었다. 히딩크, 위성우같은 명감독의 공통점은 그들이 다 국가 대표 출신이 아니라는 점이다. 라바리니 감독은 아예 선수 경험도 없다. 그들과 그 팀의 업적은 공히 연습과 준비의 결과이다.

홍수환이 그날의 경기를 다시 보고 빙그레 웃으며 하는 말 "연습을 많이 하면 쓰러져도 일어난다."는 우리같은 보통사람에게도 해당하는 말이다. 은퇴자도 연습을 많이 하면 성공할 수 있다.

기죽지 말자

프랑스 경제학자 피케티는 실증분석을 통해 300년 자본주의의 역사가, 1950년에서 1980년까지의, 약 30년을 제외하고는 저성장이었다는 것을 밝혔다.[67] 그래서 지금의 저성장이 이상하지 않고 오히려 정상으로 돌아왔다는 것이다. 이른바 뉴 노멀(new normal)이다.

미국의 해리 덴트는 최근의 인구생태 변화를 분석하여 '인구 증가가 정점을 찍으면 약 50년 후에 인구가 급격히 줄면서 경제가 절벽으로 떨어진다.'[68]고 주장하였는데, 선진국들은 대체로 그 과정을 이미 겪고 있고, 우리나라는 2018년부터 인구절벽이 시작된다고 2013년에 쓴 책에서 예측했다.

우리나라의 베이비부머들은 피케티가 말하는 뉴 노멀 이전, 1950년대부터 30년의 인류역사상 전무후무한 고성장기를 경험한 사람들이다. 아니, 그 주역이었다고 하는 것이 옳다. 동시에 해리 덴트의 '인구절벽'의 당사자들이다.

우리나라의 베이비부머들은 전에 없이 주어진, 그 일할 수 있었던 기회에 후회없이 일했다. 국가, 사회와 자신의 자녀들을 위해 피땀 흘리며 전력을 다했고, 그 결과 오늘의 우리 사회가 가능하게 되는데 기여했다.

그런데 그들 자신이 이제 절벽으로 떨어지고 있다. 정작 자신들의 노후 준비는 안 돼 있는 것이다. 수명은 길어져서 생각지도 않았던 긴 시간이 앞에 놓여있는데 준비 안 된 자신의 앞날을 생각하면 무언가 이상하고 허전하기 그지없다.

기(氣)의 뜻이 사전에는 '활동하는 힘'이라고 나온다. 보통 무슨 일로 힘들어하는 친구가 있으면 "기죽지마, 친구야." 한다. 그러면 친구는 "고마워, 절대 기는 안 죽지." 하고 대답한다. 기를 '자신을 지탱하는 힘'이라고 설명할 수 있을 것 같다. 즉 어느 한 사람의 존재감, 자부심이라고 생각할 수 있겠다.

존재감, 자부심은 물론 모든 이에게 중요하겠지만 은퇴자에게 이보다 더 소중한 것은 없다. 매일 나가던 곳을 어느 날부터 더이상 가지 못한다. 아내나 자녀들이 믿어 주던 든든한 어깨가 이제는 축 늘어졌다. 어디를 가나 남이 내 눈치를 보아야 하던 상황에서 이젠 내가 남의 눈치를 보아야 하는 걸로 바뀌었다. 우리 동기회장을 맡은 교장 출신 친구가 동기회 일에 필요하여 박스를 구하러 대형 마트에 갔는데, 박스 만지는 그 친구에게 "할아버지, 그거 만지시면 안 돼요." 직원이 던진 말이 우리 친구들 사이에서는 유명한 말이 돼 버렸다. 하필이면 그날 그 친구는 거래하던 은행으로부터 이제 교장이 아니므로 마이너스통장의 한도를 회수한다는 연락을 받아서 이래저래 충격이 만만치 않았던 하루였다고 했다.

수십 년간 고생하면서도 그저 하나 가지고 있었던 '해내고 있다는 존재감', 또 '나의 이 고생이 당신들을 위해서'라는 평생의 자부심이 이렇게 흔들린다. 그뿐만이 아니다. 자칫하면 집안의 해결사에서 저지르는 사고뭉치로 하루아침에 전락하고 만다.

거기에다 전반적인 사회 분위기도 그다지 희망적이지는 못하다. 뉴 노멀, 인구절벽처럼 안 좋은 소식에다가, 베이비붐 세대들은 이미 외환위기, 금융위기와 코로나19를 온 몸으로 겪으며 기진맥진한 상태다.

은퇴자가 어떻게 해야 기죽지 않겠는가. 물려받은 유산, 본인이 어떻게 해서 모은 재산이 있거나, 운수 좋게 가지고 있던 땅이나 주식이 올랐다면 좀 나을까. 하지만 현실은 그렇지 않은 사람이 대부분이다. 국가와 가정을 위해 헌신하며 한 세대를 보낸 베이비붐 세대에게 과실은 공평치 못하다. 고속성장을 위한 정책, 빈약한 복지제도, 부동산값 폭등, 사회의 불안정과 왜곡에다가 증가하는 양극화는 대부분 은퇴자로부터 희망을 빼앗아 간다. 고령화 시대의 은퇴자는 생활의 안정을 위해 현금흐름을 확보해야 하는데 국민연금의 소득대체율은 40%를 넘지 못하고 관련 정책은 방향 없이 흔들린다. 꺾이지 않는 존재감, 자부심을 유지하는 은퇴자, 즉 기 안 죽는 은퇴자가 과연 얼마나 될까.

우리 민족은 웬만해선 기죽지 않는 사람들이라고 생각한다. 인터넷에는 일본이나 일본 사람을 우습게 보는 유일한 민족이 한국 사람이라는 말이 종종 등장한다. 실제로 박제가의 '북학의'에 보면 조선의 지성인들은 중국 사람들은 청나라 오랑캐이므로 우리가 오히려 중화를 이어가야 하고, 일본 사람들은 무도한 야만인이므로 우리가 도를 알려야 한다고 생각했던 것 같다.

그런데 현실적으로 그런 것들은 하나도 도움이 되지 않는다는 데 문제가 있다. 이젠 우리도 그런 치기 어린 모습으로부터는 떠날 때가 되었다. 오히려 그런 왜곡이 중국의 당송변혁이 백성들의 삶에 크고 지속적인 변화를 가져왔다든가 일본 백성의 삶이 에도 시대의 경제발전과 메이지 유신으로 좋아졌다는 것을 부정하게 만들면서 우리가 최고라고 하는 아집에 빠지게 해 세계가 크게 변하던 16세기부터 19세기 사이에 조선을 변화와 발전을 거부하는 우물 안 개구리로 남게 했던 것을 인정하고 가슴 아파해야 한다. 현실 왜곡과 정보차단이 더는 지속되어서는 안 되겠다.

그러면 어떻게 해야 치기나 만용이 아닌 진정 기죽지 않는 자세가 가능하겠는가.

첫째, 은퇴계획(은퇴설계)을 잘 짜야 한다. 은퇴는 끝이 아니라 새로운 시작인 동시에 기회이다. 따라서 은퇴라는 기회를 잘 살리기 위해서는 좋은 계획이 필요하다. 정체성 파악, 목표, 실행계획 수립 등 은퇴설계가 제대로 되어야 하는 이유다. 이를 통해 긴 항해에 필요한 좋은 지도와 나침반을 준비하고 파도와 싸우며 자신 있게 앞으로 나아갈 때 흔들림 없는 자신감을 유지할 수 있을 것이다.

둘째, 흔들리지 않는 자기 견해(view)가 있어야 한다. 긴 은퇴기간 동안 휩쓸리고, 비교하고, 비교당하고, 떼거리 문화에 빠지거나 하는 문제를 벗어나기 위해서다. 그러려면 은퇴자가 시대나 사회, 상황에 대한 합리적인 자기 견해를 가지고 있어야 한다. 은퇴자에게 독서와 사색, 좋은 친구가 필요한 이유다.

셋째, 활력을 유지해야 하고, 그러기 위해 리듬과 변화가 필요하다. 생활의 패턴을 정하여 행동을 지속하면서 산책, 운동, 여행 등을 통해 삶에 변화를 주어야 한다. 또 활력을 지속하기 위해서는 독서나 클래식 음악 같이 범위가 넓고 혼자 할 수 있는 것을 선택하여 꾸준히 개척해 나가는 것이 좋다. 조금 익숙해지면 여가생활을 통해 지속적으로 얻을 수 있는 만족감, 충족감이 일을 통해 얻는 성취감과 또 다르다는 것을 알게 될 것이다. 만족감, 충족감은 기죽는 것을 이기는 무기임이 분명하다.

넷째, 스스로 노인에 대한 편견에서 벗어나야 한다. 어느 사회나 노인에 대해서는 부정적인 시각이 지배적이다. 하지만 최근의 은퇴론은 은퇴는 새로운 희망의 시작이라는 것을 강조하고 있고, 실제로 성공사례가 증가하고 있다. 은퇴자는 역전승에 대한 기대와 희망으로 가득 차야 한다.

어쩌다 대하게 되는 무시하는 듯한 말이나 눈치에는 자존감, 자부심으로 당당히 맞서야 한다. 교장 출신 내 친구도 마트에서 박스 하나 건드린다고 "할아버지, 그거 만지시면 안 돼요." 하는 직원에게 "나, 할아버지 아니야. 물건 사면 되잖아." 하고 기어코 목적을 달성했단다.

우리 스스로 무너지지만 않으면 많은 것을 할 수 있다는 게 사실이다. 주변에 유럽이나 일본 자동차여행을 부담스러워하는 사람이 많이 있다. 그러면 나는 이렇게 이야기한다. "해외운전은 일본같은 반대편 운전도 공항에서 호텔까지 가는 3, 40분 정도면 충분하다. 막상 가 보면 언어도 문제가 되지 않는다. 어디나 여행자에게는 호의적이기도 하고, 또 실수도 여행의 일부이므로 여행자의 실수는 부끄러운 일이 아니다. 나중에 보면 오히려 더 실수가 기억에 남는다. 시작이 중요하다."

다섯째, 소득의 문제는 어떨까. 이렇게 얘기할지 모른다. "다 좋다. 하지만 그게 다 돈이 있어야 하는 것 아닌가. 말은 쉽지만 현실적이지 않아." 하면서 재산이 많은 친구, 자식이 잘 나가는 친구, 연금 많이 타는 친구를 부러워하면서 기죽는 것을 어쩌지 못하는 것은 아닐까. 하지만 이 시대 우리나라 베이비붐 세대의 연금소득은 전반적으로 부족한 것이 사실이긴 하지만, 그 이유는 사회의 역량이 부족하고 정책의 왜곡이 있기 때문이지, 나의 잘못이 아닌 경우가 대부분이다.

그리고 대처방법을 찾아볼 수 있다. 은퇴는 일을 아주 하지 않는다는 것은 아니다. 필요하면 이것저것 찾아서 하는 용기가 필요하다. 예를 들어 K 은행에서 격동의 시절인 1997년에 종기부장을 지낸 선배가 있다. 늦게 결혼한 탓에 자녀를 돌볼 필요가 있어 고민이었는데, 우연히 어느 시골 주유소 소장을 대타로 1달 봐주게 되었다가, 성실성을 인정받아 15년째 거기서 소장으로 일하고 있다. 주말에는 가족에게로 돌아오면서…. 지난주에도 만났는데 딸은 어디 공사에 취업한 지 벌써 몇 년 되었고 아들은 최근에 서울의 모대학교 직원이 되었다고 이야기하는데 행복한 표정이다. 지점장 출신의 다른 선배도 1년간 배우고 준비하더니 방문 요양법인을 세워 복지사인 딸은 원장이고 선배는 기사를 하고 있는데, 1년만에 손익분기점을 넘었다고 자신만만하다. 또 우리 입행 동기들은 C 시에서 아이스크림 대리점, 부동산 중개사무소, 건설회사 등을 운영하며 삶을 이어가고 있다. 그렇게 가족을 돌보고, 또 부부는 가끔 여행도 가고, 하면 되는 것이리라. 그러면서 차츰 일은 줄이고, 여가는 늘리고, 그게 은퇴생활이다. 어쨌든 좋아서 하는 게 중요하다.

설정한 은퇴생활의 꿈과 수준은 낮추지 말되 적절한 방법을 찾아 맞춰서 하는 것이 필요하다. 예를 들어 사진찍기 같은 경우는 비싼 카메라가 아니더라도 핸드폰만으로도 얼마든지 가능하다. 요즘 핸드폰으로도 100배 줌에 1억 화소 사진을 찍을 수 있는데 웬만한 카메라의 성능을 능가한다. 클래식 음악도 꼭 수백, 수천만 원의 오디오가 있어야 하는 게 아니다. 수십만 원짜리 라디오 겸 오디오도 다양한 소스를 소화하며 훌륭한 소리를 낸다. 여행도 변화, 느낌, 감동이 중요한 것이지 꼭 돈을 많이 써야 하는 것은 아니다. 자동차가 없으면 렌트나 기차, 버스로도 여행할 수 있다. 감동과 열정의 문제일 것이다. 시내의 웬만한 수영장 입장료는 목욕탕 값보다도 싸다. 그 이외에도 앞서 재무에서 이야기했듯이 이런저런 방법으로 현금흐름을 확보하는 전략은 필요하다.

여섯째, 기죽지 않으려면 최소한 아내와 자녀 등의 가족을 내 편으로 만드는 것이 중요하다. 할 수만 있다면 윌리엄 새들러가 말하는 '서드에이지'[69] 때부터 가족과 탄탄한 관계를 유지하는 것이 좋으며, 혹 마음의 준비 없이 은퇴를 맞았더라도 진심으로 가족을 대하고 잘못된 습관이 있다면 고치려는 자세가, 그리고 무엇보다 아내를 이해하려는 마음이 필요하다. 가족의 지원이 있어야 은퇴자가 장기전에서 기죽지 않는 데 유리하기 때문이다. 내 경험에 의하면 은퇴한 남편이 아내에게 아침을 차려주는 것이 좋은 방법의 하나다. 남편은 설거지를 면할 수 있고, 아내는 남편의 은퇴가 내게도 좋은 것이라는 큰 위안을 얻을 수 있기 때문이다.

은퇴자가 전에 없이 내 삶을 살고 있다는 확신, 그리고 조금씩 나아지고 있다는 감동, 게다가 언제 그런 적이 있었나 싶게 하루하루가 새롭다는 느낌이 들 수 있을 때, 은퇴자는 더는 기죽을 일은 없다. 오히려 온통 일에 매달려 씨름할 때보다야 행복하지 않겠는가.

열정

열정은 무언가 열렬히 바라는 마음이다. 심리학적으로는 열정에 세 가지 요소가 포함되어 있다고 한다. '좋아하는가, 가치 있다고 여기는가, 시간과 에너지를 투입하는가'이다. 이것은 매우 적절하다. '가치 있는 그 무엇을 좋아하고 이루기 위해 열심히 한다.'로 정리할 수 있기 때문이다.

이 세상에는 열정으로 삶을 물 들인 사람들이 무수히 많을 것이다. 그 중 누구라도 우리가 기억할 수 있다면, 단지 생각만으로도 그 순간 마음이 훈훈해지고 가슴이 벅차오름을 느낀다.

프랑스 종교개혁자 칼뱅의 후예 위그노[70]들은 16세기 후반 기득권자인 가톨릭과의 30년 전쟁을 통해 종교의 자유를 얻었는데, 이때 산업활동의 자유도 같이 얻게 되었다. 주로 기업가, 상인이나 기술자였던 그들은 '세상에서 열심히 일하고 성공하라.'는 것이 신의 명령이라는 믿음에 따라 사명을 다한 결과 자신들도 잘살게 되고 16, 7세기에 프랑스 산업화의 길을 닦았다. 그러나 그 후 재개된 탄압을 피해 유럽 각국으로 이주할 수밖에 없었는데, 그 덕에 오히려 그들이 이주한 곳이 또 산업화한다. 신념에 따라 앞만 보고 달려간 이들에 의해 유럽이 자본주의의 초기 모습을 갖추게 되는 내용은 막스 베버의 '프로테스탄티즘의 윤리와 자본주의의 정신'에 잘 정리되어 있다. 막스 베버는 1910년 당시의 북유럽과 남유럽의 경제력 차이가 16세기부터의 개신교와 가톨릭의 다른 종교윤리에서 유래한 것이라고 보고 그 논문을 쓴 것인데[71], 그 두 지역의 경제력 차이는 그로부터 100년이 지난 지금도 여전하다. 막스 베버는 북유럽에서 자본주의가 꽃필 수 있었던 이유를 개신교 윤리에 두고 있는데, 그 활동의 주역이 바로 위그노다.

일본 에도 시대에 이시다 바이간(1685-1744)이라는 상인이 있었다. 그는 교토 포목점의 점원으로 일을 시작했는데 열심히 한 결과 42세에 포목점 대표가 되었다. 당시 상인을 조닌이라고 불렀는데, 이시다 바이간은 조닌이 이익을 내기 위해 거짓말이나 하는 사람들로 치부되고, 사회적으로 인정받지 못하는 것을 안타깝게 생각했다. 이래서는 안 된다는 생각에 그는 43세에 대표를 그만두고 일본의 상인들에게 상도의와 상인의 자세에 대해 가르치는 일을 시작한다. 이 일은 차차 확산되어 '도비문답'이라는 책이 만들어졌고, 전국 34개 번에 180개소의 강담소를 개설하여 상인들에게 성실, 검약, 근면, 신용을 전파하게 된다.[72] 막스 베버가 말하는 자본주의 윤리와 흡사한 것인데, 일본 자본주의 형성과 기업윤리 발전에 크게 영향을 미쳤을 거라고 생각된다.

조선 시대 경상도 고성에 구상덕(1706-1761)이라는 선비가 있었다. 조선의 18세기는 양반들에게 점점 어려워져 가는 시기였다. 더이상 땅을 개간할 데도 없었고, 지방의 양반들이 벼슬하기 어려워지면서 양반의 위세를 유지하기도 힘들었는데, 그렇다고 양반 체면에 농사에 전념할 수도 없기 때문이었다. 그러나 구상덕은 그렇지 않았다. 과거에 몇 차례 응시하기는 하였으나 거기 얽매이지 않고 자신의 삶을 꾸려나갔다. 농사에 전념하여 새로운 농법을 찾아서 해마다 농토와 노비를 불려 나갔고, 마을에서당을 세워 학문을 가르치며 기근과 흉년에 시달리는 마을 사람들을 돕는다. 그 결과 사회적 혼란기임에도 불구하고 안정성을 유지하여 자신과 그의 가문이 잔반으로 몰락하는 것을 막으며, 마을 사람들도 지킬 수 있었다. 구상덕이라는 농촌의 선비가 알려진 것은 그가 20세부터 56세에 작고할 때까지 하루도 빼놓지 않고 쓴 일기 덕분이다. 그게 승총명록인데 거기에는 그가 얼마나 자신의 농사일을 소중하게 생각했고, 마을 사람들을 기근으로부터 지키려 했는지가 실려있다. 지역에서 농사를 짓고 마을 사람들에게 학문을 가르치면서 좁혀져 가는 자신의 입지와 위기의 연속에 내몰린 백성들을 지키기 위해 평생을 하루처럼 살았던 그를 통해 나름대로 열정의 삶을 다했던 조선 후기 양반의 모습을 발견한다.[73]

내 주변에도 은퇴 후에 열정으로 멋진 삶을 이어가고 있는 사람들이 있다. 고교동창 Y도 그중의 하나다. 실은 고교 땐 그리 친했던 사이는 아니었는데 얼마 전 그가 고교동기 카톡에 글을 올렸다. 수필집을 냈으니 책을 보고 싶은 사람은 개인 카톡으로 주소를 알려달라는 것이었다. 뜻밖이지만 반가웠다. 그의 책을 받아 보고 많은 것을 알게 되었다. 직장생활하면서 계속 공부해서 박사과정까지 마쳤다는 것, 은퇴 후에 시 문화원에서 글공부하게 되었다는 것, 그리고 몇 년 후에 시 문화재단의 지원으로 수필집을 내게 되었다는 것 등이었다. 아, 그래서 술자리에서 많이 보지 못했구나, 하는 생각이 들었다. 그의 글에는 그가 강원도 평창에서 가을이면 잠자리와 같이 뛰어놀던 어린 시절의 모습과 오랜 직장생활을 통해 느꼈던 소회, 그리고 약간의 내면의 고통 등도 실려있었다. 코로나바이러스라는 제목의 글에는 보통사람이 알기 어려운 전문적인 내용이 실려있었는데, 그것은 그가 환경연구원 연구원을 역임했다는 것과 무관하지 않은 것 같다. 책을 다 보고 나는 Y의 문학세계의 장점이 자연과학과 문학의 통합이라고 생각하게 되었다. 자연과학도로서 연구원에서 평생 일하며 공부도 게을리하지 않았던 Y가 이제는 그간의 경험에 새로운 체험을 더해가며 하루하루 수필의 세계를 개척해 가는 즐거움과 감동으로 행복한 나날을 보내게 될 것을 믿어 의심치 않는다.

소도시에 산다는 것이 과거의 추억과 정겨움을 같이 나누고 이어간다는 좋은 점은 있다. K 뱅크 출신 모임에는 행장님부터 서무원 아저씨까지 모두 모여 소식을 나눈다. 몇 해 전에 행장님 사모님이 그림 전시회를 하신다고 해서 가 보니 민화였다. 꽃, 동물들에 화려한 궁궐 벽화까지 있었다. 기억으로는 행장님이 서울 사시다가 한 십 년 전쯤에 고향으로 이주하신 것 같은데 사모님은 민화를 그 이후에 시작하셨다고 한다. 내심 놀라웠다.

교회 L 선배는 고교 때부터 밴드부에서 클라리넷을 불었는데 교회 고등부 문화제 때는 시도 발표하고 또 대학생 때는 피아노도 치고 해서 '에티오피아의 집'에서 아르바이트도 했던 것으로 기억된다. 그 후 음대를 나와 음악 교사를 하고 교장이 되고 은퇴한 것까지는 남과 비슷한데, 며칠 전 지방 KBS가 FM 음악방송 '오후의 클래식'을 새로 개편했는데 새 진행자의 귀에 익은 목소리, 바로 L 선배였다. 그제야 몇 년 전 무슨 음악사를 썼다고 책을 한 권 보내왔던 일이 기억났다. 수십 년째 교회성가대 지휘자이면서 '오후의 클래식' 진행자인 음악평론가 L모, 이게 그 선배의 현재 직함이자 아이덴티티다. 밴드부, 클라리넷, 피아노, 음대, 음악 선생님, 글쓰기, 성가대 지휘자, 방송진행자…. 그 선배는 여전히 자기가 좋아하는 것을 하면서 자기 길을 가고 있다.

열정의 최고봉 하면 나는 악성 베토벤과 밀림의 성자 슈바이처 박사를 기억한다. 베토벤(1770-1827)은 당대 최고의 음악가 모차르트와 하이든과 같은 시대를 살았다. 각자 자기 시대에 최고였던 그들의 교향곡을 보고 듣고 익히고 하면서 베토벤은 모두가 지향하는 보편적인 음악이면서 인류의 승리를 표현할 수 있는 최고의 교향곡을 작곡하고 싶어 했다. 그리고 칸트를 위시한 독일철학, 괴테의 문학 등도 공부하며 오랜 기간 준비한 끝에 그가 죽기 3년 전인 1824년에 9번 합창교향곡을 완성했다. 그의 꿈을 이룬 것이다. 4악장의 가사는 실러가 인류의 사랑과 승리를 주제로 하여 1785년에 완성한 시, '환희의 송가'로 되어있다.[74] 더구나 베토벤이 오랜 기간 겪은 건강상의 고통, 사랑의 구원자를 찾지 못하는 현실의 아픔과 경제적 후원자를 구하지 못하면 음악 활동을 지속하기 어려웠던 현실의 난제 등을 극복해 가며 이를 해냈다는데 더 큰 의미가 있다. 베토벤의 교향곡 숫자는 모차르트나 하이든의 교향곡 숫자의 1/10이 되지 않는다. 하지만 베토벤의 교향곡은 당대뿐만 아니라 지금도 전 세계 사람들이 같이 울고 웃을 수 있는 음악의 최고봉이다.

슈바이처 박사는 스무 살 때, 서른까지 자신을 위해 살고 그 뒤로는 사람들을 위해 살기로 작정했다. 그래서 의학 공부를 새로 시작해 마친 후에는, 교수, 목사의 자리를 다 내던지고 서른에 아내와 같이 아프리카로 떠나 원주민들을 위해 살다가 거기서 죽었다.

모든 사람이 베토벤이나 슈바이처처럼 살기는 어렵다. 또 그럴 필요도 없다. 하지만 은퇴자들은 베토벤이나 슈바이처처럼 남은 동안 하고 싶은 일, 해야만 할 일, 한, 두 개 정도는 가지고 있는 게 좋다. 그리고 그것을 이루기 위해 하루하루 한 걸음씩 내디뎌 간다면 그게 바로 열정의 삶이다.

동네의 작은 행복

최 선배와 점심을 같이하기로 해서 학교 부근의 오래된 곰탕집 K 옥으로 갔다. 차에서 내려 안으로 들어가려는데 "사장님." 하고 누가 부른다. "나, 사장 아닌데…." 속으로 생각하며 돌아보니 주차장 관리하시는 분이 다가온다. 자주 가다 보니 서로 얼굴은 아는 사이다. "펑크 났어요." 손으로 가리킨다. 운이 좋았다. 내 차 옆에 다른 차가 없었기에 그분이 볼 수 있었다. 물론 눈썰미도 있었겠지만…. 그때 최 선배가 왔다. "뭐야, 왜 그래." 하더니 쭈그리고 앉아서 바퀴를 살핀다. "나사못이야. 밥 먹고 가면 돼. 한참 갈 수 있겠어." 주차 관리하시는 분은 친절하게도 가까운데 있는 타이어 집도 손짓으로 알려주셨지만 식사 후에 최 선배 말을 믿고 한 1킬로는 떨어진 나의 파트너 Y 상사의 후배에게로 갔다. 박 사장은 혼자였는지 셔터를 반쯤 내리고 식사를 하다가 나온다. "선배님…." " K 옥에서 여기까지 왔어." 자랑스럽게 내뱉었다. 박 사장은 웃는다. "식사 좀 하구요." 다행히 구멍만 때우면 되는 모양이다. 박 사장이 아무 말 없이 스스슥 하더니 "오케이에요, 선배님. 가세요." 한다. 박 사장이 타이어를 보는 사이 사실은 지갑을 들춰봤었다. 오만 원 1장, 만 원 2장이 있었다. '휴, 됐네.'

내가 지갑을 꺼내니 박 사장이 웃는다. "돈 주시려고요?" 박 사장은 내게 의지가 있음을 알았다. "그럼, 만 원만 주세요." 만 원을 건네고 나오는데, 기분이 나쁘지 않았다. 내가 박 사장에게 불만은 딱 한 가지다. 왜 형님이라고 안 하고 꼭 선배님이라고 하는지. 1년 후배인 거 내가 잘 아는데…. 박 사장 친구들은 오래전부터 형님이라고 하는데.

며칠 전 들렀던 동네 컴퓨터수리점의 김 사장이 생각난다. 그날따라 잘 되던 USB 1개가 갑자기 안 되는 것이었다. 연구실의 노트북에서도, PC에서도 다 안 된다. 순간 머릿속이 하얘졌다. 강의자료도 꽤 들어 있지만, 그보다도 최근 몇 개월간 모처럼 쓴 글들이 거기 들어 있는데…. 주저할 틈 없이 한두 번 들러본 적 있는 집 근처, 동네 컴퓨터수리점으로 차를 몰았다. 마침 김 사장이 있었다. 그땐 성도, 이름도 모를 때였다. "얘가 갑자기 안 돼요." 처음에는 김 사장이 해도 안 되었다. 애가 탔다. 분해하더니 뒤쪽을 핸드폰에 끼어 본다. 되는 모양이다. 그의 얼굴에 미소가 돈다. "다행이에요. 뒤쪽이 됐네요." 그 자료를 새로운 USB로 옮기는데 시간이 꽤 걸렸다. 그 덕에 많은 걸 알았다. 김 사장은 오전 10시부터 저녁 8시까지 근무하고, 생각보다 거기 찾는 이, 전화 문의하는 사람들이 꽤 많다는 것 등을…. 그날은 지옥과 천국을 왔다 갔다 한 기분이었다. USB 안 되는 순간은 딸 생각이 났다. '딸아이가 USB 믿지 말라고 했는데, 내 탓이야….' 짧지 않은 시간을 김 사장 사무실에서 기다렸지만 하나도 지루하지 않았다. 오히려 구원받은 것 같은 안도감을 느꼈다. '흠, 오늘은 시간도 그 무엇도 아깝지 않아…. 대가를 지급하겠어.', 내가 격하게 마음먹은 대가는 고작 5만 원이긴 했지만, '무슨 일이 있어도 그건 써야 해.' 하고 결의를 다졌다. 그런데 잠시 후에 여지없이 무너졌다. "USB 값하고 다 해서 3만 원만 주세요." 옥신각신 끝에 4만 원으로 타협을 보았다. 의지는 관철하지 못했지만 기분은 나쁘지 않았다. 정식으로 명함도 교환하고 속으로 마

음도 먹었다. '흠, 김 사장은 좋은 파트너야.'

좀 멀리 가 볼까, 1995년에 은행에서 보내줘서 7개월간 어학 연수차 미국에 가 있었을 때의 이야기다. 공부하던 곳이 샌프란시스코에서 다리 건너 버클리였는데, 어느 날 학교 담장 밑, 길거리에 댄 나의 차가 안에서 걸려 문을 열 수가 없었다. 국정원에서 파견된 우리 동료가 한 사람 있었는데 그가 기다렸다는 듯이 주저 없이 나섰다. "난 볼펜으로 잠긴 차 열 수 있어. 우리 그런 거 다 배워…." 평소에 그가 자랑삼아 말하곤 했었지만, 그날은 열리지 않았다. "미제 차는 다른가 봐…." 그런데 고민하는 우리 주위로 사람들이 몰려들기 시작했다. 상황을 눈치채자 지나가던 차들이 그냥 있지 않았다. 누구는 자신의 만능열쇠를 테스트했고 어떤 이는 철사 옷걸이를 펴 가지고 왔다. '웅성웅성', 수많은 사람, 어찌 보면 그 상황의 주인공이었던 셈인 나는 처음 경험하는 이런 신기함에 내심 놀라고 있는데, 멕시칸 아메리칸이었던 것으로 기억되는 웬 남자가 자신의 트럭을 세우더니 적재함에서 큼직한 철제 십자자를 가지고 왔다. 그걸로 운전석 옆 유리창을 감싸고 있는 고무 틈새를 한번 확 쑤시니 '덜컹' 대번에 열렸다. 그는 '씩' 하고 한번 웃고는 아무 말도 없이 가 버렸다.

그해 겨울방학 때 아내와 애들을 버클리로 초청했다. 모처럼의 기회인데다가 내가 차를 가지고 있었기에 여기저기 다녔다. 요세미티도 가고, 17마일 코스를 거쳐 LA 디즈니랜드에도 갔다. 모처럼 가족이 행복한 시간을 가졌고…, 다 좋았는데 문제는 인디언 마을 레이크 타호에서 터졌다. 버클리에서 2시간 정도로 그리 멀지는 않은 곳인데 가다 보니 비가 눈으로 바뀐다. 게다가 가까이 갈수록 눈이 엄청나게 온다. 조심스레 운전해서 가까스로 레이크 타호에 도착했는데 날은 어두워지고 몸은 피곤하고, 눈으로 시야는 가려지고, 힘겹게 발견한 호텔을 보고 들어가려고 좌회전 틀다가 미끄러졌다. 나무를 받았다. 다행히 사람은 괜찮았고, 앞이

찌그러졌는데 길길대며 차가 가기는 간다. 사실 별것도 아닌데 그땐 왜 그렇게 참담했을까, 아마, 객지에서 또 객지, 어떻게 대처하지, 엄두가 나지 않았을 것이다. 어쨌든 호텔에 들어 갈 기분은 아니어서 다시 나와 작은 모텔을 찾아 하루를 보냈다. 다음 날 아침, 눈이 무릎까지 쌓인 동네를 걸어 다니며, 빵과 우유를 사서 가족에게 주고, 마침 주변에 자동차 수리점이 있기에 비틀린 차를 가지고 거기로 갔다. 웬 남자가 포클레인으로 마당의 눈을 치우고 있었는데 그가 사장이었다. 그때 나는 '가족을 위해서 어떻게 하든 여기서 차를 고쳐 탈출해야 해. 그런데 시간이 오래 걸리면 어쩌나.' 하는 생각밖에 없었다. 사장이 들여다보고 여기저기 만져보고 하더니 라디에이터만 교체하면 버클리까지 갈 수 있겠다고 한다. 여기서도 할 수는 있지만, 부품을 구해서 하려면 시간과 비용이 더 들 테니 그게 좋겠다고 이야기한다. 사장의 권유가 진심으로 고마웠다. 그리고 그제야 마음이 놓였다. '휴, 살았다. 가족과 같이 버클리로 돌아갈 수 있겠구나….' 그리고 비용도 생각보다 많지 않았던 것으로 기억된다.

그 두 사건, 그다지 심각한 일은 아니었지만 나는 그 후 가끔 그때를 회상한다. 그리고 그 일들로 오히려 미국 사회의 긍정적인 면, 그 사람들의 문명의 힘을 경험했다고 생각한다.

길지 않았던 홍콩사무소장 시절에 한국국제학교에 다니던 어린 아들이 학교 놀이시설에서 떨어져 팔이 부러졌을 때도 기억난다. 처음엔 무척 당황스럽고 힘든 일이었지만 우리 가족은 그 일로 좋은 경험을 했다고 생각한다. 의사가 내게 성장판을 건드렸기 때문에 수술해도 팔이 휠 확률이 1/4은 된다고 얘기했는데 6개월여 재활 기간은 가졌지만, 다행히 완쾌됐고, 병원비도 거의 들지 않았다. 재활 치료가 끝나갈 무렵, 아내가 재활치료실 사람들에게 고마움을 표시하려 했지만, 한사코 거부해서 어렵게 크리스마스 케이크를 전했던 것으로 기억한다. 그 아들이 잘 커서 군대도 다녀오고 지금은 수도권에서 전자회사에 근무하고 있다.

좋은 경험만 있으면 인생이 아니다. 그런가 하면 나는 숱한 실패와 또 일부 배신의 경험도 가지고 있다. 청운의 푸른 꿈을 안고 모두의 기대 속에 해외사무소를 내 손으로 열고 나갔지만, 외환위기의 파고 속에서 다시 내 손으로 사무소 문을 닫고 돌아왔다. 그때부터 이 은행 저 은행을 전전했는데, 어려운 점포를 맡아 직원들과 같이 사력을 다해 살려놓으면 다시 또 힘든 점포로 보내져 원점에서 새로 시작하는 것을 반복하곤 했다. 그뿐만이 아니다. 때론 있는 힘을 다해 도와준 사람으로부터 냉대와 멸시를 당하기도 했다.

하지만 나는 이제 자유인이다. 은퇴의 좋은 점은 자유를 마음껏 누리고, 감성을 후회 없이 맛볼 수 있다는 것이다. 은퇴자는 고민할 여지 없이 그 길로 가면 되는 것이다. 더 이상 과거의 실패와 지난날의 원한에 매달려 가슴 아파하고 억울해할 이유가 없는 것이다. 이젠 자신의 존재감도 일이나 업적에서 찾을 필요는 없다. 자신이 가고자 하는 방향, 변화, 그리고 거기 있는 것들로부터 얻게 되는 감동 등에 얼마든지 존재감이 있는 것이다. 지나치게 바쁘게 살면서 무한 경쟁을 하고 여전히 비교하고 비교당하면서 조급함 속에 빠져 있을 이유가 없는 것이다. 오히려 오늘처럼 동네에서 반갑고 좋은 이웃들을 만나면서 마음의 여유와 평화를 맛보고 기분 좋아하는 것이 가까운 데서 찾을 수 있는 건강한 은퇴생활의 행복이 아닐까 한다.

은퇴설계는 통합의 미학이다

우리에게 일이라는 것이 있어 좋긴 하지만 대부분 누구나 그 대신에 대가를 지급하게 된다. 일과 더불어 부대끼면서 본래의 자아, 진정한 자아, 또는 좋은 자신의 모습을 거의 상실하고 제대로 실현하지 못한다는 것이다.

그런 면에서 은퇴는 본래의 자신의 좋은 모습으로 돌아갈 기회가 될 수 있다는 면에서 은퇴자에게 우울감이나 좌절감보다는 희망과 용기가 될 수 있다.

스위스의 심리학자이며 분석심리학의 창시자인 구스타프 칼 융은 사람의 잠재의식 속에 'self(자기)'라는 구원자 개념인 보편적 자아 또는 진정한 자아가 있어서, 청년의 사회화과정에서 불가피하게 그 발현을 억제당하더라도 30대 후반을 지나면 개체화 과정을 거쳐 회복될 수 있다고 이야기하였다.[75]

'핫 에이지, 마흔 이후 30년'의 저자 윌리엄 새들러는 그의 책에서 심리학자 제롬 브루너가 인생의 말년에 가서야 자기 내면의 소년을 되찾는 법을 배웠다고 한 말을 소개하면서, 마흔 이후에 2차 성장을 하는 많은 이들이 마치 어린 시절로 돌아가고 있는 기분이라고 말했다고 쓰고 있다.[76]

미국 심리학자 데이비드 보차드는 그의 책 '은퇴의 기술'에서 오랜 카운슬링경험을 바탕으로 "사람은 자유와 자율을 원한다. 하지만 다른 사람들이 원하는 어떤 사람, 직업에서 요구하는 어떤 사람, 회사가 요구하는 어떤 사람, 부모님을 행복하게 하는 어떤 사람, 삶과 일에 적합하고 성공하는 데 필요하다고 배운 어떤 사람이 되고자 노력하며 반평생을 산다. 하지만 나이가 들면서 변화가 생긴다. 다른 사람들이 자신을 어떻게 보는지 신경 쓰기보다 '본연의 자신'이 되는 일에 관심을 기울인다. 나는 이를 '자아실현성향'이라 부른다. 대다수 사람은 50세 이상이 되어서야 이런 성향을 띤다."[77]라고 하였다.

현대 심리학자들이 인간의 내면에 진정한 자아가 있고 어느 땐가 그 자아를 회복할 수 있다는 것을 발견한 것은 큰 업적이라고 할 수 있다. 다만 그 회복의 시기에 대해서는 학자에 따라 차이를 보인다. 구스타프 칼 융은 30대 후반, 제롬 브루너는 인생의 말년, 윌리엄 새들러는 세컨드 에이지와 은퇴 사이의 서드에이지, 데이비드 보차드는 50세 이후가 그때라고 하는 셈이다.

나는 심리학자도 아니고, 또 이들처럼 카운슬링의 풍부한 경험이 있지는 않지만, 현재 우리 사회의 은퇴 나이가 50대 중반 정도 되고, 지금이 우리와 서양의 베이비붐 세대들이 같이 은퇴하는 큰 변화의 시기라는 점에서 공통점이 있다고 보아, 이 '자아실현'이라는 회복과 통합의 이론을 우리의 은퇴론에 적용하여도 무방할 거로 생각한다. 그런 면에서는 보차드의 생각과 유사하다.

일반적으로 은퇴론에서 말하는 '통합'은 현재의 내가 무의식 속에 잠재된 과거의 나와 연결되어 자아가 실현돼 가는 과정을 의미하며, 또 현실적으로는 은퇴라는 '변화'에 대하여 은퇴자의 '전환'이라는 반응을 통해 구체적으로 진행된다.

구스타프 칼 융이 잠재의식 속에 '자기'라는 구원자가 심겨 있다고 믿는 것처럼 나도 모든 사람이 정도의 차이는 있을지 몰라도 가치 위주의 삶을 살아간다고 믿는다. 그 가치라는 통로가 있기에 본래의 나와 현재의 나의 통합이 가능하다고 보는 것이다.

하지만 '본래의 자아'와 '현재의 자아'가 통합되어 자아가 실현된다는 것은 생각처럼 그리 쉬운 것은 아니다. 그런 면에서 데이비드 보차드가 제시한 4가지 유형의 정체성 파악(숨은 실력자, 항해사-정원사, 탐험가, 모험추구자)과 그 정체성에 근거한 목표 수립, 구체적 실행계획 수립과 실행은 통합의 실현을 돕는 하나의 구체적인 방법론이다. 따라서 그의 자료를 따라가면서 직접 스스로 자신에 대해 파악해 보고 계획을 세워보고 하는 것도 어렵지 않게 자신을 찾을 수 있는 좋은 방법의 하나다.

윌리엄 새들러에게 있어서 통합은 '라이프 포트폴리오' 구성으로 구체화된다. 데이비드 보차드가 얘기하는 정체성 파악 후의 '목표와 실행계획 수립'과 같은 맥락이면서, 과정에서의 '방향'과 결과로서의 '통합'을 강조한 것으로 이해할 수 있다. 윌리엄 새들러는 이 포트폴리오에 대해 은퇴 전과 비교하여 '목표에서 방향'으로, 또는 '직선형에서 여러 갈래의 부챗살'로 바뀌는 것이라고 설명한다. 은퇴 전 일에 몰두할 때의 삶은 목표나 성취감이 한 방향인 데 비해, 은퇴 후의 새로운 다양한 삶은 복합적인 자아의 통합체로서 life management, 또는 다양한 라이프 포트폴리오로 구성되므로 부채꼴 같은 여러 방향을 향하게 된다는 것이다.[78] 그래서 통합이 중요한 것이며, 또한 이 라이프 포트폴리오에서는 외부에서 얻는 성취감보다는 자신의 내면에서 얻는 만족감, 충족감 등을 추구하게 되는 변화가 생긴다. 균형과 통합을 강조하여 이 라이프 포트폴리오를 다리가 네 개 달린 의자에 비유하여 설명하기도 한다.

그 포트폴리오를 이해하기 쉽게 조금 구체적으로 보면 이렇다. 주체나

객체는 본인, 가족, 친구, 이웃, 지역, 사회 등이고, 대상은 일, 여가 (운동, 예능…), 여행, 공부, 독서, 글쓰기, 봉사, 성장 (감성, 지성, 영성) 등이다. 또한 포트폴리오는 자아실현을 위한 것이므로 자유, 행복, 즐거움, 기쁨 같은 정신작용이 함께 해야 한다. 은퇴 전과 크게 다른 점은 다른 사람의 평가보다 자기 자신의 눈이 더 중요하다는 것, 또 자신과 가족에 대한 배려, 자유, 성장 등이 우선적인 필수요소라는 점이다.

윌리엄 새들러가 상담했던 한 여성이 그녀의 라이프 포트폴리오에 대해 직접 한 말을 사례로 소개하고자 한다.

"여러 종류의 일(비교적 단편적인), 새로운 것들을 배울 수 있는 풍부한 시간, 여가와 창조성, 남편, 가족, 친구들과 더욱 굳건한 관계를 쌓는 것, 사회에 대한 봉사, 정신적인 면의 고양, 자연과의 긴밀한 유대, 그리고 자기 자신을 돌보는 일 등이 포함되었다. 이렇게 창조성을 끌어들이면서 그 전에는 몰랐던, 아니 상상조차 할 수 없었던, 질적으로나 양적으로 너무나 다른 길을 발견하게 된다."[79]

비재무의 두 범주인 '자아실현'과 '사회적 관계'의 균형과 통합도 중요하다. 물론 자아실현이 중요하긴 하지만 자아실현을 강조한 나머지 사회적 관계를 등한시 해서는 안 된다는 것이며, 또 반대로 외로움을 극복하기 위해 사회적 관계를 잘 형성하는 것은 필요하지만 그렇다고 자아실현을 도외시해서는 더욱 안 된다는 것이다. 예를 들어 앞서 여가에 대해 정리할 때 은퇴자 구분에서 도서관파와 사무실파가 있었던 것을 기억해 보자. 도서관파가 지적인 목마름을 해소하고자 계속 도서관만 다닌다면 사회적 고립상태에 빠지는 것은 시간문제이고, 누구와 술도 한잔하기 어려운 외로움으로 이어지기 쉽고, 외로워지면 은퇴자에게 또 다른 문제가 생기게 된다. 한편 사무실파는 흡사 직장에 있을 때처럼 거의 모든 것을 사무실 출석자들과 같이하므로 외롭지야 않겠지만 자신에 대해 배려하지 못하게 되므로 모처럼의 자아실현 기회를 놓치고, 같은 사람과 같은 생활을 반복하면서 남의 눈치나 보고 있는 생동감 없는 삶의 형태로 함몰되기에 십상이다. 자아실현과 사회적 관계의 균형과 통합은 은퇴자가 놓쳐서는 안 되는 필수항목이다.

재무와 비재무도 통합되어야 힘을 발휘할 수 있다. 은퇴자에게 재무는 재무자체로는 별 의미가 없다. 재무가 강해도 비재무가 빈곤하다면 재무가 쓸모없게 될 수도 있다. 재무가 좋은 비재무를 뒷받침할 수 있을 때 의미가 있는 것이다. 또한 아무리 빛나는 비재무를 설계했어도 재무가 약하면 빛 좋은 개살구가 되어버린다. 비재무는 재무의 서포트를 받아야 실현할 수 있고 재무는 비재무의 성공을 통해 빛을 발한다.

'일과 여가'도 통합되어야 한다는 것을 잊는 사람들이 의외로 많다. 은퇴 전에는 일이 더 많고 은퇴 후에는 여가가 더 많기야 하겠지만 둘 사이의 조화와 균형은 언제나 중요하다. 은퇴 전에 지나치게 일 위주의 삶을 살았을 경우, 은퇴 후 일이 없어졌다는 변화에 쉽게 적응하지 못하거나 사라진 존재감으로 우울해한다든지 갑자기 넘치는 자유가 오히려 부담스러울 수가 있다. 반대로 은퇴 전에 일을 부실하게 하다 보면 그 일을 오래하지 못하게 되거나 불성실이 몸에 배어 은퇴 후에도 후유증이 남을 수 있다. 일과 여가는 은퇴 여부와 관계없이 전 생애에 걸쳐 지속되면서 통합되어야 하는 두 요소이다.

나는 한때 은행에서 외환거래(F/X dealing) 업무를 담당했던 적이 있다. 순간의 판단으로 달러를 사고 팔아야 하는 외환거래는 '타이밍의 미학'이다. 지점장 시절에는 수도권에서 오피스텔 대출업무를 꽤 했었다. 오피스텔이 잘 분양되는 거 확인하면서 바로 옆 위치에서 추진한 똑같은 사업이 왜인지 전혀 분양되지 않아 실패하는 경우를 보았다. 그때 부동산 개발이 '위치와 타이밍의 미학'이란 것을 알았다.

은퇴설계는 '원래의 나와 지금의 나', '라이프 포트폴리오 요소 상호간', '자아실현과 사회적 관계', '재무와 비재무', 그리고 '일과 여가'의 '통합의 미학'이다.

역전승

누구나 패배보다는 승리를 좋아한다. 승리 중에서도 최고 신나는 승리는 역전승이다. 역전승, 하면 누가 뭐래도 홍수환이다. 지구 끝 남아공 더반에서 지옥에서 온 악마 카라스키야에게 2회에 4번 다운당했던 홍수환이 3회 들어 언제 그랬냐는 듯이 나오자마자 카라스키야를 두들겨 패더니 캔버스에 눕히고 세계챔피언에 오른 그날 승리의 감격을 우리 국민은 잊지 못한다. 또 세기의 역전승으로 그보다 몇해 전인 1974년에 역시 남아공에서 있었던 알리와 포먼의 경기가 있다. 당시 32세로 전성기가 지난 무하마드 알리는 25세에 전성기를 구가하던 당대의 핵주먹이자 세계챔피언인 조지 포먼에게 8회 중반까지 로프에 기대어 무참하게 맞아가면서 무기력하게 겨우겨우 버티더니 8회 2분 54초에 '번쩍' 세기의 스트레이트 1방으로 포먼을 쓰러뜨리고 세계 챔피언에 올랐다. 패터슨 이후 헤비급에서 세계챔피언에 다시 오른 2번째 경우인데, 당시 아무도 알리의 승리를 예상하지 않았겠지만, 나는 주먹만 센 포먼보다 말도 잘 하고 뭔가 지성이 번뜩이는 것 같은 알리를 내심 응원했었다.

전사에 있어 대표적 역전승은 이순신 장군의 명량해전이다. 부산 앞바다에서 대패한 조선 수군이 아직 전열을 가다듬기 이전, 이순신 장군이 패했으면 왜적의 호남진출로가 열릴 수 있었던 그 해전, 명량해전에서 나라와 백성의 운명을 걸고 13척의 배로 300척의 왜적과 맞붙은 이순신 장군은 처음에 대장선에서 홀로 적의 표적이 되어 위기에 처하기도 했으나, 이순신 장군의 용기에 감동한 부하들이 차차 따라나서게 되고 좁은 해협을 막으며 조류가 바뀔 때까지 사력을 다해 버티다 보니 왜적은 결국 수많은 배를 가지고도 밀릴 수밖에 없었고, 쫓아가며 포를 쏘는 조선 수군, 자기들끼리 얽히고설켜 지리멸렬하는 왜적, 믿을 수 없는 대승이었다.

20세기 초까지만 해도 선교사들의 눈에 게으름, 문맹, 무기력으로 비쳤던 우리 민족이 채 백 년도 안 되는 사이에 산업화하고 누구나 대학을 갈 수 있게 되었으며, 이 정도 문명사회를 가지게 된 것도 보기에 따라 역전승이라면 역전승이다.

이야기가 많이 나오는 구약성서에서 대표적인 역전승의 주인공을 찾으라면 나는 요셉을 꼽는다. 요셉은 BC 19세기 인물인데, 아버지 야곱의 사랑을 너무 독차지한 나머지 배다른 형들의 미움을 사서 들판에서 형들에 의해 지나가던 상인에 팔린다. 요셉은 결국 지금의 이집트인 애굽에서 종살이하게 되는데, 워낙 총명하고 경건한 요셉은 주인의 신임을 얻어 총괄 집사 자리를 맡게 된다. 그러나 주인 아내의 유혹을 거절하자 모함을 받아 옥에 갇히게 되지만, 우여곡절 끝에 같이 옥에 갇혀 있던 관리를 통해 파라오 왕을 만나게 되고 왕의 꿈을 해석하여 앞으로 애굽에 심한 기근이 올 것을 알려주자, 한눈에 요셉의 능력과 사람됨을 알아본 파라오는 그를 총리대신에 임명한다. 요셉의 꿈 해석대로 온 세상에 흉년이 들자, 요셉의 형들도 곡식을 구하러 애굽으로 올 수밖에 없었고 총리인 요셉에게 머리를 조아리게 된다. 요셉은 그들을 원수로 대하지 않고 곡식을 주었을 뿐만 아니라, 아버지 야곱과 온 가족을 애굽으로 이주하게 해 구원한다. 해피엔드 이야기다. 그뿐만 아니라 구약성서에는 요셉이 바로와 백성을 위한 토지개혁을 했다는 내용이 나오는데, BC 19세기에 귀족들의 땅을 빼앗아 국가를 튼튼하게 하고 백성들을 살기 좋게 하는 토지개혁이 요셉에 의해 실행되었음을 시사하는 것으로 보인다. 요셉의 이야기는 그 자신과 야곱 가문, 또 이스라엘 백성과 그 당시의 애굽 백성 모두에게 승리의 소식이 아닐 수 없다.

모든 은퇴자가 역전승할 수는 없을까. 인생의 2라운드가 날마다 새롭고 더 즐겁고 행복할 수는 없는 것일까. 우리 같이 그런 꿈을 꿔 보자. 그리고 은퇴자가 은퇴생활이라는 새로운 삶에서 이기는 방법을 찾아보자.

첫째, 승리할 수 있는 좋은 구도를 짜야 한다. 사실 승패는 전력이나 작전만으로 결정되는 것은 아니다. 때로는 구도가 더 중요할 수도 있다. 하기에 승리를 위해서는 좋은 구도를 짜는 것이 다른 무엇보다 중요하다. 그런데 상사의 눈치, 부하들의 바람, 고객의 요구를 우선해야 하는 직장생활을 하는 동안은 진정 자신에게 유리한 구도를 짜기가 쉽지 않다. 어쩔 수 없이 그냥 끌려가는 경우가 대부분일 것이다. 그러나 모든 짐을 벗은 은퇴자는 다르다. 자신이 원하는 구도를 얼마든지 짤 수 있다. 마음먹기 달린 것이다. 방법도 그리 어려운 것이 아니다. 앞서 나온 내용을 굳게 마음먹고 실행하면 된다. 은퇴 초기에 혼자만의 조용한 시간을 가지면서 내면과의 대화를 통해 자신의 정체성을 파악하고 그에 맞는 목표를 세운 후 실천계획과 일과표까지 만들고 서두르지 말고 하나하나 실천해 가면 된다. 그러다 보면 어느 순간 날마다 새롭고 즐거우며 하루하루가 감동의 연속일 때가 나타날 것이다. 그 순간부터 이미 승자다. 스스로 흔들리지 않고 잘하면 되지, 방해받을 이유도 없고 방해자도 없다. 일에 파묻혀 있던 때를 그리워하며 호시탐탐 되돌아가려고 뒤돌아보지 않는 것이 중요하다. 그래서는 좋은 구도를 짜기 힘들다. 따라서 단호함은 필요하다.

둘째, 블루타임[80]을 활용하자. 앞서 설명했듯이 시간에는 블루타임과 레드타임이 있다. 자신의 발전과 창조를 위해 쓰이는 시간은 블루타임이고 일로 소모되는 시간은 레드타임이다. 악기를 연습한다거나 글을 쓰면 블루타임의 예이고, 편의점 아르바이트나 아파트 경비를 한다면 레드타임이다. 회사생활은 비록 돈을 벌 수 있다는 장점은 있겠으나 그 시간은 레드타임의 연속일 수밖에 없고 따라서 재미없고 결과는 퇴사와 더불어 남는 것 없이 패하게 되어있다. 하지만 은퇴자에게는 블루타임의 연속이 가능하다. 블루타임은 자기 계발, 자기 향상의 시간이며 자신의 미래에 도움이 되는 시간이다. 은퇴자가 더 큰 집을 가지려 하고, 더 많은 재산을 목표로 한다면 블루타임을 갖기 어렵다. 그런 눈에 보이는 것들이 아닌 감성, 지성, 영성의 세계를 얻으려 하루, 하루 살아갈 수 있다면 이미 날마다 승리하는 삶이다.

셋째, 블루오션[81]의 세계에 있어야 한다. 블루오션의 반대는 레드오션이다. 블루오션이란 김위찬 교수와 르네 교수가 주창한 경영학 이론인데, 피 터지게 싸우는 세계인 레드오션과 달리 경쟁이 없는 독창적인 새로운 세계를 말한다. 그 이론의 핵심은 블루오션을 창출해야 기업이 불필요한 경쟁을 피해 성공할 수 있다는 것인데, 문제는 현실 시장에서 블루오션을 얻기가 쉽지 않다는 것이다. 그런데 은퇴자는 굳이 레드오션에 머무를 이유가 없다. 이를테면 레드오션은 이런 것이다. 우리나라 인터넷은행들이 출범 초기에 주로 취급한 대출상품이 직장인 신용대출과 아파트대출이었다. 그런데 이런 상품들은 이미 기존 시중은행들이 오래전부터 팔고 있는 주력상품이므로 이렇게 되면 레드오션에서의 쌍방 격돌이 불가피하고 당사자들은 아주 피곤하고 앞날 모르는 경쟁 구도 속에서 피 말리는 나날을 보내게 될 수도 있는 것이다.

그러나 은퇴자는 일부러 마음먹지 않는 한 레드오션에 빠져 허우적거릴 이유가 없다. 은퇴자는 더는 실적 때문에 시달리거나 인사상 불이익을 당할지 모른다는 스트레스에 시달리지 않아도 된다. 오히려 뜻을 같이하는 사람들과 여가 포트폴리오를 구성하여 같이 협력하며 지평과 세계를 더 넓게 또 깊게 할 수 있다.

내가 이길 수 있는 구도를 만들 수 있는 곳, 블루오션의 세계에서 블루타임을 보낼 수 있는 세상, 그래서 지지 않고 날마다 다시 이길 수 있는 곳, 그것이 은퇴의 세계다. 다만 그러기 위해서는 변함없이 꾸준히 노력해야 하는 것은 당연하다. 남이 아닌 자신과의 싸움, 편안하고 싶은 또 다른 나와의 경쟁, 그건 불가피한 것이다.

은퇴, 50 이후의 자유

자유를 의미하는 영어단어에는 두 가지가 있다. freedom과 liberty이다. freedom은 원하는 대로 할 수 있는 능력을 말하고, liberty는 자의적으로 행해지는 부당한 억압을 봉쇄하는 것을 의미한다. liberty는 자유로 번역되는 라틴어 libertas에서 유래되었다. 한자어 自由는 일본에서 19세기에 서양의 freedom을 번역하는 과정에서 한자를 사용한 것으로 보인다.

독일의 법학자 예링은 1872년 비인대학을 떠나면서 행했던 고별강연을 정리해서 펴낸 '권리를 위한 투쟁'에서 "법의 목적은 평화이며, 그 수단은 투쟁이다."라고 주장했다.[82] 자유와 권리는 거저 얻어지지 않는다는 것을 강조한 것이다.

위대한 종교개혁자 칼뱅을 따르는 프랑스의 개신교도인 위그노들은 1562년부터 1598년까지 30년이 넘는 오랜 기간을 커다란 희생을 치르면서 기득권 가톨릭교도와 싸운 끝에 앙리 4세의 낭트칙령으로 신앙의 자유 한 가지를 얻었다. 실제로 그들의 희생은 엄청나서 성바돌로뮤데이, 하루에 파리에서만 수천 명의 위그노가 가톨릭교도에 의해 학살되기도 했다. 전쟁 사가인 유발 하라리가 '사피엔스'에서 그 하루에 죽은 사람이

전 로마 시대 동안 순교 당한 기독교도보다 많다고 비꼬았을 정도다.[83] 물론 그렇게 힘들게 얻은 한 가닥 신앙의 자유는 거기 그치지 않고 사상, 학문의 자유와 후에 산업화를 향해 갈 수 있었던 경제활동의 자유를 획득하는 것으로 이어져 세상을 바꾸는 데 기여했다.

일본 나가사키 바닷가 시마바라에 하라성터가 있다. 거기서 1637년에 번과 막부의 학정에 대항하여 종교의 자유를 얻고자 하는 기독 농민군의 봉기인 시마바라의 난[84]이 있었다. 3만 7천의 기독 농민군은 초기에 번을 압도하기도 하였으나 위기의식을 느낀 막부가 파병한 12만 막부군에게 배신자 1명을 제외하고 모두 전멸당했다. 그러나 자유를 향한 그들의 함성은 허무하게 소멸된 것이 아니고 250년 후의 메이지 유신에 정신적 자양분을 제공했다. 조선에서도 반외세, 반봉건을 내걸고 1894년 봉기한 동학농민군 4만이 우금치에서 4천의 조일 연합군에게 거의 전멸당했다. 몸에 부적 하나 넣고 죽창 하나 들고 언 발로 산을 오르는 동학농민군이 대포와 기관포로 중무장한 조선 신식 군대와 일본군을 당할 수 없음은 너무 당연했다. 그런데도 자유를 향한 그들의 발걸음은 우리 역사에서 그 어느 것에 비교할 수 없는 큰 흔적을 남겼다고 생각한다. 우리에게도 고귀한 자유를 얻기 위해서 목숨 걸고 싸웠던 그 누군가가 있었기 때문이다.

불과 몇백 년 전에 인류의 선배들이 어딘가에서 목숨을 대가로 얻었던 그 자유가 이젠 우리에게도 다가왔다. 우리도 신앙의 자유, 사상, 학문의 자유와 경제활동의 자유를 가진다. 자신이 마음먹은 대로 무엇이든 할 수 있다는 것이다. 그러나 그렇게 보일 뿐, 현실은 그렇지 못하다는 데 문제가 있다. 대체로 현대심리학자들은 누구나 자신의 세계가 있지만, 사회화 과정에서 외부여건에 적응하고자 적극적으로 노력하게 되며, 그러다 보면 진정한 자신의 삶을 살지 못한다고 강조한다.[85] 물론 외부로부터의 명시적이고 부당한 억압으로부터는 자유로울지 몰라도 진정 자신이 잘하고 좋아하는 것을 하기는 어렵다는 점을 지적하는 것이다. 아무리 법 조항에 소유라고 명시되어 있어도 현실적으로 본인이 갖지 못한다면 그것은 가진 것이 아니다.

그런 면에서 은퇴자의 자유야 말로 자기를 찾아갈 수 있는 진정한 자유에 가깝다고 여겨진다. 구체적으로 칼 융의 self(자기) 회복, 데이비드 보차드의 정체성 찾기, 윌리엄 새들러의 자기포트폴리오 만들기 같은 것들이 여기 해당된다. 은퇴자는 비록 은퇴로 권한, 전문성, 자금을 잃게 되지만 대신 실질적 자유와 아무도 침해할 수 없는 시간을 갖게 된다. 몇백 년 전만 같으면 상상할 수도 없는 일이다. 거기에 최근 환경변화로 자유시간 30년을 거저 얻었다. 이제 팔을 걷어붙이고 내 자유를 요리하기만 하면 되는 것이다. 일하든 여가를 즐기든, 아니면 일과 여가를 같이 하든 본인에게 달려 있다. 은퇴생활의 성패 여부가 이 자유를 얼마나 제대로 즐기고 활용하느냐에 달려 있음은 명백하다. 더이상 남의 인정을 받기 위해 눈치를 볼 필요도 없고, 실적 부진으로 스트레스를 받을 이유도 없는 것이다.

그런데 묘한 문제가 있다. 그 좋은 자유가 자칫 부담스럽고 거북해지기 쉬울 수도 있다는 것이다. 오히려 그런 경우가 많다고 한다. 어떤 이는 이것을 비체계적이고 어마어마한 자유[86]라고 표현한다. 갑자기 다가온, 일찍이 경험해보지 못한 거대한 자유 앞에서 어쩔 줄 모르는 경우가 생긴다는 것이다. 왜 그럴까. 이유는 대략 두 가지일 것이다.

하나는 내면을 들여다보고 정체성을 찾고 계획을 세우고 하기 전에, 조급한 마음에 편한 것을 찾다가 스스로 무너져 버리는 경우다. 동서양의 은퇴론에서 공통으로 가장 우려하는 것인데, 예를 들면 감자튀김을 먹으며 소파에 누워 허구한 날 TV 보는 생활의 반복 같은 것이다. 자유가 아닌 무가치한 생활의 반복에의 함몰이다. 몇이 함께 사무실을 얻어 날마다 모여서 같이 밥 먹고 같이 놀고 하면서 세월을 보내는 것도 매일반이다. 혼자 누리는 자유가 부담스러워 동지를 찾는 셈인데 자칫하면 공멸이 기다리고 있다.

다른 하나는 그리운 과거로 돌아가는 것이다. 자유의 체계를 세우고 가치를 실현할 때까지 버텨야 하는데 그러지 못하다 보니, 흔들리는 현재보다 일에 파묻혀 있긴 했지만 그래도 존재감 있던 그때가 그리워 다시 옛날을 찾아 나서는 경우다. 과거의 직장 언저리를 기웃거리거나 아르바이트를 찾게 되지만 감동 없고 지루한 삶의 연속이 기다리고 있을 뿐이다.

프랑스의 위그노가 목숨의 대가로 얻은 신앙의 자유, 시마바라 농민과 기독교인들이 그토록 가지고 싶었던 종교의 자유와 조선의 농민들이 죽창을 들고 죽어가며 꿈에도 그리던 반봉건, 자유의 세계가 이젠 우리 앞에 놓여있다. 신비하게도 세월이 조금 흘렀을 뿐인데 아무도 막을 자가 없다. 다만 우리 내면의 문제가 있을 뿐이다. 우리가 좀 더 천천히 자유를 우리 것으로, 또 자신의 것으로 인도해 갈 수 있는가, 그 어마어마하고 비체계적인 자유 앞에서 도망치지 않을 수 있는가가 숙제로 남아 있다.

앞서 우리는 융이 말하는 'Self(자기)', 샌들러가 제시한 '포트폴리오', 보차드가 정리한 '정체성'을 실현하기 위해 노력해 가는 과정을 은퇴자의 자유라고 정리했다. 그리고 이 책에서 그 실현 방법을 제시했다. 은퇴설계와 실행이다. 좋은 은퇴설계와 하루하루 실천하는 삶에 의해 자기실현이라는 자유를 얻을 수 있다는 것이 이 책의 핵심이다. 은퇴자가 은퇴라는 '변화'에 대하여 '전환'으로 대응하면서 자신을 찾아 정체성을 확립하고 다양한 통합 포트폴리오를 형성하는 과정과 그 이후의 실현 여정이 다름 아닌 자유일 것이다. 앞서 내용대로 은퇴설계서를 작성했다면 이제 남아 있는 중요한 일은 실행이다.

날마다 변화되는 삶 속에서 자신의 새로운 세계를 개척해 가는 기쁨과 감동이 함께하는 하루하루, 그게 다름 아닌 자유의 세계다. 그 세상에 도전, 창의성, 변화가 넘쳐난다. 더는 위축, 주눅 들기, 남의 눈치 보기, 남과 비교하기 같은 것들은 나의 은퇴생활에 존재하지 않는다. 내가 내 자유의 주인공이란 걸 진정 깨달았다면 재무가 좀 약해도 문제 될 바가 없다. 뜻한 바를 약간 옆길로 돌아가면 되는 것이다. 또 내 자유의 구도가 아니거나, 불필요한 압박이 있는 것 같은 경우는 과감하게 떠날 필요가 있다. 이젠 무엇보다 소중하고 우선순위 1번인 내 자유를 스스로 지켜야 하기 때문이다.

어렵게 얻은 은퇴자의 자유가 쉬울리 없다. 초반엔 1만 시간의 법칙, 연습, 습관 등이 적용될 것이다. 평생 일에 빠져 있던 사람에게 이 자유가 처음부터 편할 리가 없으므로 웬만큼 익숙해질 때까지 버티는 게 중요하다. 결국 어마어마하고 비체계적인 자유가 어느 정도 정돈되고 체계가 잡힐 때까지 견뎌야 한다. 자유인 훈련이 필요한 것이다. 예를 들어 여행을 가도 패키지보다는 자유여행을 선택하고, 뭘 배워도 당분간 혼자 배우는 것이 좋다.

자유에서 또 하나 주의해야 할 것은 잘못된 자유에의 경계다. 잘못된 자유란 남을 무시하고 자기 멋대로 하는 경우를 말한다. 자유가 좋은 이유는 거침없이 자기 뜻대로 자신에게 맞는 것을 선택해서 할 수 있다는 것인데, 내 자유만큼 남의 자유도 소중하므로 남의 자유를 침해하지 않는 것이 중요하다. 아주 비근한 예로 고속도로에서 길이 막히고 바쁘다고 하여 갓길로 간다거나 버스 전용차선을 이용한다면 다른 이에게 불편을 주는 것이며, 남의 자유를 침해하는 것이다.

은퇴 시 주거를 정하기 위해 배우자와 충분하게 같이 의논하고 뜻을 모으는 일이나 한 집안에서 부부가 서로 의논하여 각자의 공간과 시간을 정하고 약속을 지키는 일은 가장 소중한 은퇴생활 파트너의 자유를 존중하는 것이다. 가족 간 쌍방 소통과 자녀에 대한 존중 등도 근본적으로 자유와 관련되어 있다. 그런가 하면 자기편의주의에 빠져 자신도 왜곡되게 살면서, 가족도 고통스럽게 하는 경우가 드물지 않다. 아내와 자녀가 싫어하는 습관을 고치려 하지 않으면 이 또한 그런 경우에 해당된다. 단지 습관의 문제가 아니고 소중한 가족의 자유를 침해하는 것이라는 것을 알아야 한다. 누구에게나 중요한 자유는 서로 같이 지켜야 한다.

은퇴자의 자유, 모처럼의 자유이면서 은퇴기간 내내 지속될 수 있는 소중한 자유는 은퇴자에게 진정 축복이다. 하지만 진정한 자유인이 되기 위해 처음에는 조급해하지 말고 견디면서 자유가 편해질 때까지 훈련을 거듭하는 자세가 필요하다.

부 록

사례 1. 기본정보

	본인	배우자	비고
이름			
출생년도			
나이			
최종직업			
경력			
거주경력			
공부내용			
독서량			
특기			
취미			
기타1			
기타2			

사례 2. 재무정보

	본인	배우자	비고
자산 부동산 동산 금융자산			
부채			
최종소득			
향후연금			
월저축액 (투자)			
기타1			
기타2			

사례 3. 나와 배우자에 대한 추가 정보(좋아하는 것, 안 좋아하는 것, 잘하는 것, 잘 못하는 것)

좋아하는 것	안 좋아하는 것	잘하는 것,	잘못하는 것
따뜻함	무지	노래부르기	라틴어
지성	오만	스토리텔링	당구치기
집단지성	폭력	기획	술취하기
이른 봄의 서늘한 아침	왜곡	전략	손으로 포장뜯기
가족여행	무반응	의전	기계다루기
부부여행	답습		
합창	편견		
사진찍기	이권집단		
음악듣기	패키지여행		

사례 4. 은퇴목표

구 분	목 표
인생의 목표	나 자신 찾기 은퇴생활의 평화
5년 후의 목표	유럽 자동차여행 마치기 사진전 노래공연
6개월 후의 목표	책 1권 내기 노래학원 등록

사례 5. 세부실천계획

세부실천계획
바닷가 카페, 펜션 차리기 아프리카로 코이카 파견 네이버 카페로 유럽 자동차여행 동호회 운영 목회자로 변신 사진학원에 등록 노래학원에 1년 뒤에 등록 여행기 책 쓰기, 3년 뒤 매년 해외여행 매 분기 국내 여행 매월 친지 집 방문하기 매월 자녀 만나기

사례 6. 은퇴설계 재무표(부부공동)

단위: 백만원

기준시점	작성시점	은퇴시점	비고
은퇴후 필요한 연간소득		3.5x12=42	은퇴생활비를 의미하므로 비재무를 반영해야 함
은퇴후 예상연금		2.5x12=30	
은퇴시점 연간부족액		12	12x40=480[1)]*
자산, 부채 (은퇴소득원)			
금융	100	120	
부동산	250	300	
기타			
부채			
미래자산			
금융			
부동산			
계(자산,부채)= 총은퇴자산	350	420[2)]**	

1)* 총은퇴일시금 : 은퇴시점에 은퇴기간 동안 돈이 얼마나 모자라나를 작성 시점에서 추정(은퇴생활비에서 연금소득을 뺌), 55세 은퇴 가정, 95세까지 사는 걸로 가정, 12(연간 부족액)×40년=480

2)** 총은퇴자산 : 은퇴 시점에 가지고 있는 자산=420

• 은퇴 시점 부족액 = [1) - 2)] = 480 - 420 = 60

이 내용은 55세 은퇴해서 95세까지 살 경우, 예상해 보니 6천만 원 모자라다는 것임. 작성 시점을 40세라고 하면 55세 은퇴 때까지 15년에 6천만 원을 저축(투자)해야 하므로 은퇴설계 제안서에 그 방법을 제시하면 됨

사례 7. 은퇴설계(제안)서

은퇴설계(제안)서

1. 정보
   1) 기본정보
      (가) 비재무 – 자료 첨부
      (나) 재무 – 자료 첨부
   2) 은퇴목표 – 자료 첨부(세부실천계획 포함)

2. 은퇴설계 재무표 - 첨부

3. 분석 및 평가
   1) 비재무
   2) 재무 (은퇴설계 재무표 참고)
   3) 비재무와 재무의 배런스
   4) 환경변화 예상

4. 제안내용
   1) 비재무
   2) 재무
      (가) 자산 배분
      (나) 저축 및 투자 (은퇴설계 재무표에 근거하여 도출)
      (다) 위험관리
   3) 기타 - 특수사항

사례 8. 일정표

1년에 1번 해외여행

분기별로 국내여행

1년에 1번 사진 발표회

1년에 1번 음악발표회

1달에 1번 사진찍으러 가기

매월 음악회 참석

매월 자녀와 식사하기

분기에 1번 외지 친구 방문하기

매일 9 ~ 10시 수영

매일 3 ~ 5시 책 읽기

매일 5 ~ 6시 산책

주 석

1 이태호, 빈센트 반 고흐, p. 28.

2 노먼 레브레히드, 왜 베토벤인가, p. 12.

3 유발 하라리, 사피엔스, p. 57.

4 신상목, 학교에서 가르쳐주지 않는 일본사, p. 57.

5 이영훈, 한국경제사, p. 392.

6 막스 베버, 프로테스탄티즘의 윤리와 자본주의의 정신, pp. 157-163.

7 문소영, 못난 조선, p. 313, 314.

8 문소영, 못난 조선, p. 316.

9 문소영, 못난 조선, p. 314, 315.

10 문소영, 못난 조선, p. 318.

11 원이엄마, 원이 아버지에게, 안동대학교 박물관.

12 중국에서 조선과 달리 평민의 과거급제가 가능했던 이유를 송대 이후에 시장 경제가 발전되면서 사회적 분업이 가능해진 것으로 설명한다. 미야지마 히로시, 나의 한국사공부, p. 405.

13 김성일, 자식과 이별하는 어머니, 임한택, '이조시대 서사시' 중에서.

14 존 칼빈, 기독교강요, 조셉 피츠 와일즈, '기독교 강요 요약', p. 377.

15 존 위티 주니어, 권리와 자유의 역사, pp. 11-14.

16 김예호, 한중일의 유교문화담론, p. 32.

17 김예호, 한중일의 유교문화담론, p. 37.

18 김예호, 한중일의 유교문화담론, pp. 38-40.

19 김시습, 매월당문집20, 계승범, '우리가 아는 선비는 없다' 중에서, p. 166, 167.

20 유인석, 의암집, 계승범, '우리가 아는 선비는 없다' 중에서, p. 166, 167.
21 페어 뱅크, 동양문화사, p. 377.
22 박창기, 혁신하라 한국경제, pp. 93-100.
23 신상목, 학교에서 가르쳐주지 않는 일본사, p. 267, 268.
24 프랑수아 기조, 유럽문명사, pp. 46-48.
25 박제가, 북학의, p. 102, 103.
26 강홍중, 동사록, 계승범, '우리가 아는 선비는 없다' 중에서, p. 169, 170.
27 데이비드 보차드, 은퇴의 기술, pp. 50-52.
28 한국 FPSB편, 은퇴설계, p. 11, 12.
29 데이비드 보차드, 은퇴의 기술, pp. 50-52.
30 데이비드 보차드, 은퇴의 기술, pp. 103-107.
31 정순우, 서원의 사회사, pp. 121-134.
32 구스타프 칼 융, 인격과 전이, p. 75.
33 데이비드 보차드, 은퇴의 기술, p. 11, 51.
34 최태성, 역사의 쓸모, pp. 172-178.
35 스티븐 코비, 7가지 습관, p. 66.
36 말콤 글래드웰, 아웃라이어, p. 84.
37 말콤 글래드웰, 아웃라이어, p. 56, 57.
38 말콤 글래드웰, 아웃라이어, p. 57.
39 전병호, 퇴직을 디자인하라, p. 162.
40 헐버트, 대한제국멸망사, p. 56.
41 전안나, 1천 권 독서법, pp. 4-10.
42 세계보건기구, 세계보건기구헌장, 1948.
43 최종엽은 자신의 책 '블루타임'에서 미래를 위해 준비하는 시간을 블루 타임이라고 설명한다.
44 안제름 그륀, 하루를 살아도 행복하게, p. 23.
45 전기보, 은퇴 후 40년 어떻게 살 것인가, p. 70.
46 전병호, 퇴직을 디자인하라, p. 217, 218.
47 이케이도 준, '한자와 나오키'의 한국어판이 2019년에 1-3권이, 2020년에 4권이 출간되었다.

48 슈바이처, '나의 생애와 사상'에 정리되어 있다.

49 이상면, 은퇴, 지금부터 인생은 축제, p. 112.

50 한국 FPSB, 은퇴설계, p. 23.

51 한국 FPSB, 은퇴설계, p. 23.

52 한국 FPSB, 은퇴설계, p. 24.

53 한국 FPSB, 은퇴설계, p. 46.

54 전기보, 은퇴 후 40년 어떻게 살 것인가, p. 259.

55 전기보, 은퇴 후 40년 어떻게 살 것인가, p. 260, 261.

56 전기보, 은퇴 후 40년 어떻게 살 것인가, p. 262.

57 윌리엄 새들러 · 제임스 그레포트, 핫 에이지 마흔 이후 30년, p. 93, 94.

58 한국 FPSB, 은퇴설계, p. 29, 30.

59 피케티, 21세기 자본, p. 39, 40.

60 해리 덴트, 2018, 인구절벽이 온다, pp. 7-9.

61 정순우, 서원의 사회사, pp. 121-134.

62 전안나, 1천 권 독서법, p. 8.

63 박태식, 타르수스의 바오로, pp. 13-25.

64 조수철, 베토벤의 삶과 음악세계, p. 42, 43.

65 부어스트는 독일의 수제 소세지이다.

66 신승철, 온라인 플랫폼 마케팅, p. 99.

67 피케티, 21세기 자본, pp. 39-40.

68 해리 덴트, 2018, 인구절벽이 온다, pp. 7-9.

69 윌리엄 새들러, 서드 에이지, 마흔 이후 30년, p. 24, 25.

70 위그노는 종교개혁시대의 프랑스개신교신자들을 가리키는 말인데, 프랑스인이지만 제네바에서 활동했던 캘빈의 영향력 하에서 성장, 발전하여 점차 유럽 전역으로 퍼지게 된다.

71 막스 베버, 프로테스탄티즘의 윤리와 자본주의의 정신, pp. 166-174.

72 신상목, 학교에서 가르쳐주지 않는 일본사, pp. 221-225.

73 정순우, 서원의 사회사, pp 121-134.

74 루이스 록우드, 베토벤 심포니, p. 46, 47.

75 구스타프 칼 융, 인격과 전이, p. 75.

76 윌리엄 새들러 · 제임스 그레포트, 핫 에이지 마흔 이후 30년, pp. 172-174.

77 데이비드 보차드, 은퇴의 기술, p. 11.

78 윌리엄 새들러 · 제임스 그레포트, 핫 에이지 마흔 이후 30년, pp. 172-174.

79 윌리엄 새들러 · 제임스 그레포트, 핫 에이지 마흔 이후 30년, p. 204.

80 블루타임은 43번에 설명되어 있다.

81 블루오션전략은 김위찬교수와 르네교수가 창출한 용어로 경쟁자가 없는 새로운 시장을 만드는 것을 의미한다.

82 루돌프 폰 예링, 권리를 위한 투쟁, p. 43, 44.

83 유발 하라리, 사피엔스, p. 307.

84 시마바라의 난은 1637년, 큐슈의 시마바라에서 3만7천의 기독농민군이 일으킨 반란으로 종교의 자유를 주장하며, 막부와 다이묘의 과중한 탄압에 저항한 것이었는데, 막부가 파견한 12만 막부군에 의해 전멸당했다.

85 데이비드 보차드, 은퇴의 기술, p. 11.

86 윌리엄 새들러 · 제임스 그레포트, 핫 에이지 마흔 이후 30년, p. 122.

참고문헌

『10년차 직장인, 퇴직을 디자인하라』, 전병호, 청년정신, 2014.

『21세기자본』, 토마 피케티, 글항아리, 2014.

『7가지 습관』, 스티븐 코비, 김영사, 1994.

『권리를 위한 투쟁』, 루돌프 폰 예링, 책세상, 2007.

『권리와 자유의 역사』, 존 위티 주니어, IVP, 2015.

『기독교강요 요약』, 존 칼빈 저, 조셉 피츠 와일즈 요약, 크리스찬 다이제스트, 2015.

『나의 생애와 사상』, 슈바이처, 문예출판사, 1999.

『나의 한국사 공부』, 미야지마 히로시, 너머북스, 2013.

『난중일기』, 이순신(원저), 김경수(편저), 행복한 책읽기, 2004.

『노후준비의 함정』, 조영석, 북포스, 2016.

『대한제국멸망사』, 헐버트, 집문당, 1999.

「동아일보」, 2020.1.7., 2020.2.5.

『동양문화사(상)』, 페어뱅크,라이샤워, 크레이그, 을유문화사, 1991.

『못난 조선』, 문소영, 나남, 2013.

『문명론의 개략』, 후쿠자와 유키치, 제이앤씨, 2012.

『빈센트 반 고흐』, 이태호, 마로니에북스, 2024.

『베토벤 심포니』, 루이스 록우드, 바다출판사, 2019.

『베토벤의 삶과 음악세계』, 조수철, 서울대학교 출판부, 2002.
『북학의』, 박제가, 서해문집, 2003.
『불평등한국, 복지국가를 꿈꾸다』, 이정우 외, 후마니타스, 2015.
『블루 오션 전략』, 김 의찬 · 르네, 교보문고, 2015.
『블루타임』, 최종엽, 거름, 2010.
『사피엔스』, 유발 하라리, 김영사, 2015.
『서드 에이지, 마흔 이후 30년』, 윌리엄 새들러, 사이, 2006.
『서원의 사회사』, 정순우, 태학사, 2013.
『아웃라이어』, 말콤 글래드웰, 김영사, 2009.
『온라인 플랫폼 마케팅, 신승철, 라온북스, 2018.
『외딴방』, 신경숙, 문학동네, 1995.
『왜 베토벤인가』, 노먼 레브레히트, 에포크, 2025.
『우리가 아는 선비는 없다』, 계승범, 역사의 아침, 2011.
『우리는 빈곤세대입니다』, 후지타 다카노리, 시공사, 2016.
『유럽 문명의 역사』, 프랑스와 기조, 아카넷, 2014.
『은퇴, 지금부터 인생은 축제다』, 이상면, 명경사, 2013.
「은퇴설계」, 한국FPSB편, AFPK 제3차 전면 개편, 4차 개정, 2020.
『은퇴와 8만 시간』, 김병숙, 조선북스, 2012.
『은퇴의 기술』, 데이비드 보차드, 황소걸음, 2012.
『은퇴 후 40년 어떻게 살 것인가』, 전기보, 미래지식, 2010.
『이조시대 서사시』, 임형택, 창비, 2013.
『인격과 전이』, 구스타프 칼 융, 솔출판사, 2004.
『2018, 인구절벽이 온다』, 해리 덴트, 청림출판, 2018.
『자신있게 나이드는 법』, 메리 헬렌 스미스, 21세기북스, 2003.
『조상의 눈 아래에서』, 마르티나 도이힐러, 너머북스, 2018.
『조선의 사회와 사상』, 이성무, 일조각, 2004.
『1천 권 독서법』, 전안나, 다산서당, 2017.
『청년 루터』, 에릭 에릭슨, 크리스챤 다이제스트, 1997.
『타르수스의 바오로』, 박태식, 바오로딸, 2006.
『프로테스탄티즘의 윤리와 자본주의의 정신』, 막스 베버, 을류문화사 사회과학

논총, 1975.
『하루를 살아도 행복하게』, 안젤름 그륀, 봄고양이, 2017.
『학교에서 가르쳐주지 않는 일본사』, 신상목, 뿌리와 이파리, 2017.
『한국경제사』, 이영훈, 일조각, 2016.
『한자와 나오키』, 이케이도 준, 인플루엔셜, 2020.
『한중일의 유교문화담론』, 김예호, 성균관대학교출판부, 2015.
『핫 에이지, 마흔 이후 30년』, 윌리엄 새들러 · 제임스 크래프트, 사이, 2008.
『행복의 충격』, 김화영, 문학동네, 2012.
『혁신하라 한국경제』, 박창기, 창비, 2012.

찾아보기

ㄱ

가례 ········· 11
간병기 ········· 58
개인연금 ········· 31, 40, 114, 117
경력재활용자 ········· 98
경력전환자 ········· 98
공적연금 ········· 19
국민연금 ········· 20, 23
금융위기 ········· 137, 173

ㄴ

노인빈곤율 ········· 19, 20, 31, 114, 163
뉴노멀 ········· 171, 173

ㄷ

대위법 ········· 147, 148
대항해시대 ········· 147, 148
도비문답 ········· 179
디폴트옵션(default option) ········· 121
DC ········· 120

ㄹ

라이프 포트폴리오 ··· 190, 191, 193
레드오션 ········· 197
레드타임 ········· 83, 92, 169, 197
리추얼 ········· 149, 150, 151, 152, 153, 154, 164

ㅁ

명분론 ··············· 25, 26, 27, 28, 29

ㅂ

부르주아지 ····················· 9, 11, 26
블루오션 ···················· 56, 197, 198
블루타임 ······· 56, 83, 169, 197, 198
비재무 ········· 31, 34, 51, 73, 81, 82, 104, 105, 106, 108, 109, 112, 113, 131, 133, 134, 136, 137, 139, 140, 191, 192, 193, 211, 212

ㅅ

사회습관 ································· 75
사회적 관계 ········ 51, 104, 105, 106, 108, 109, 111, 112, 126, 128, 139, 140, 191, 192, 193
상장지수펀드 ························ 124
생애주기 전략 ······················· 115
서드에이지 ···················· 176, 189
소득대체율 ····· 6, 20, 24, 32, 34, 40, 104, 114, 119, 173
수퍼애누에이션 ······················ 39
습관 ············ 70, 72, 73, 76, 78, 79, 80, 118, 119, 129, 144, 158, 203, 204
승총명록 ···················· 62, 138, 180
실적배당형 ······················ 116, 120

ㅇ

여가 ···· 16, 31, 36, 83, 88, 104, 106, 109, 111, 112, 120, 125, 126, 127, 128, 129, 130, 151, 157, 158, 174, 176, 191, 192, 193, 198, 201
연금보험 ··························· 40, 117
연금저축 ··························· 40, 117
열정 ······ 64, 91, 113, 176, 178, 180, 181, 182
외환위기 ······ 32, 84, 137, 150, 151, 173, 187
원리금보장형 ·················· 116, 120
위그노 ····· 9, 26, 178, 179, 199, 202
융의 개체화 ······················ 64, 188
은퇴 ···· 8, 13, 16, 20, 23, 31, 36, 51, 60, 61, 63, 64, 65, 68, 91, 92, 93, 97, 103, 105, 108, 110, 111, 113, 114, 115, 126
은퇴설계 ······ 34, 51, 59, 65, 72, 81, 103, 104, 105, 106, 108, 109, 111, 113, 131, 132, 136, 138, 139, 174, 188, 193

은퇴설계 영역 ························ 103
은퇴설계 재무표 ······················ 131
은퇴설계서 ········· 62, 66, 131, 132, 133, 134, 136, 140
이권 집단이론 ························· 44
인구절벽 ················· 138, 171, 173
인덱스펀드 ···························· 124
1만 시간의 법칙 ······· 71, 74, 79, 81, 144, 203

ㅈ

자기(self) ······························ 188
자아실현 ···· 24, 51, 68, 82, 83, 104, 105, 106, 109, 111, 128, 139, 143, 144, 189, 191, 192, 193
자유 ······ 8, 9, 11, 12, 21, 24, 25, 26, 28, 29, 36, 47, 82, 83, 87, 125, 126, 143, 152, 153, 154, 156, 162, 163, 189, 191, 192, 199, 200, 201, 202, 203, 204
전환 ······················· 57, 59, 60, 61
정화 ···································· 147
조닌 ··························· 10, 11, 179
진지한 여가 ············ 127, 128, 129
집단성 ·························· 119, 164
집단지성 ······ 42, 44, 45, 46, 47, 77, 78, 163, 164, 165

ㅊ

천명론 ······························ 27, 28

ㅌ

퇴직연금 ······ 23, 32, 34, 39, 40, 41, 114, 116, 117, 118, 120
퇴직연금실물이전제도 ··········· 122

ㅍ

패러다임 ······ 34, 70, 106, 111, 119
포트폴리오 ····· 16, 31, 88, 125, 129, 130, 144, 158
프로젝트형 여가 ····················· 127

ㅎ

학익진 ··································· 156
현금흐름 ···· 34, 105, 114, 115, 117, 118, 119, 139, 173, 176
활동기 ···································· 58
회상기 ···································· 58
희년 ······························ 152, 153

개정판

은퇴설계, 이렇게 하면 된다

초판발행 2021년 1월 20일
개정판발행 2025년 10월 30일

지은이 이덕수
펴낸이 안종만·안상준

편 집 우석진
기획/마케팅 정성혁
표지디자인 BEN STORY
제 작 고철민·김원표

펴낸곳 (주) 박영사
서울특별시 금천구 가산디지털2로 53, 210호(가산동, 한라시그마밸리)
등록 1959. 3. 11. 제300-1959-1호(倫)
전 화 02)733-6771
f a x 02)736-4818
e-mail pys@pybook.co.kr
homepage www.pybook.co.kr
ISBN 979-11-303-2418-0 03320

정 가 16,000원

2020 한국인 영양소 섭취기준

Dietary Reference Intakes for Koreans 2020

자료 : 보건복지부. 2020 한국인 영양소 섭취기준, 2020

2020 한국인 영양소 섭취기준 연령·체위기준

연령	2020 체위기준					
	신장(cm)		체중(kg)		BMI(kg/m²)	
0-5(개월)	58.3		5.5		16.2	
6-11	70.3		8.4		17.0	
1-2(세)	85.8		11.7		15.9	
3-5	105.4		17.6		15.8	
	남자	여자	남자	여자	남자	여자
6-8(세)	124.6	123.5	25.6	25.0	16.7	16.4
9-11	141.7	142.1	37.4	36.6	18.7	18.1
12-14	161.2	156.6	52.7	48.7	20.5	20.0
15-18	172.4	160.3	64.5	53.8	21.9	21.0
19-29	174.6	161.4	68.9	55.9	22.6	21.4
30-49	173.2	159.8	67.8	54.7	22.6	21.4
50-64	168.9	156.6	64.5	52.5	22.6	21.4
65-74	166.2	152.9	62.4	50.0	22.6	21.4
75 이상	163.1	146.7	60.1	46.1	22.6	21.4

2020 한국인 영양소 섭취기준 – 에너지 적정비율

영양소		에너지 적정비율(%)						
		영아	유아		남녀		임신부	수유부
		0-11개월	1-2세	3-5세	6-18세	19세 이상		
탄수화물		-	55-65	55-65	55-65	55-65	55-65	55-65
단백질		-	7-20	7-20	7-20	7-20	7-20	7-20
지질[1]	지방	-	20-35	15-30	15-30	15-30	15-30	15-30
	포화지방산	-	-	8 미만	8 미만	7 미만		
	트랜스지방산	-	-	1 미만	1 미만	1 미만		

[1] 콜레스테롤: 19세 이상 300 mg/일 미만 권고

2020 한국인 영양소 섭취기준 – 당류

총당류 섭취량을 총 에너지섭취량의 10~20%로 제한하고, 특히 식품의 조리 및 가공 시 첨가되는 첨가당은 총 에너지섭취량의 10% 이내로 섭취하도록 한다. 첨가당의 주요 급원으로는 설탕, 액상과당, 물엿, 당밀, 꿀, 시럽, 농축과일주스 등이 있다.

2020 한국인 영양소 섭취기준 - 에너지와 다량영양소

성별	연령	에너지(kcal/일)				탄수화물(g/일)				식이섬유(g/일)				지방(g/일)			
		필요 추정량	권장 섭취량	충분 섭취량	상한 섭취량	평균 필요량	권장 섭취량	충분 섭취량	상한 섭취량	평균 필요량	권장 섭취량	충분 섭취량	상한 섭취량	평균 필요량	권장 섭취량	충분 섭취량	상한 섭취량
영아	0-5(개월)	500						60								25	
	6-11	600						90								25	
유아	1-2(세)	900				100	130					15					
	3-5	1,400				100	130					20					
남자	6-8(세)	1,700				100	130					25					
	9-11	2,000				100	130					25					
	12-14	2,500				100	130					30					
	15-18	2,700				100	130					30					
	19-29	2,600				100	130					30					
	30-49	2,500				100	130					30					
	50-64	2,200				100	130					30					
	65-74	2,000				100	130					25					
	75 이상	1,900				100	130					25					
여자	6-8(세)	1,500				100	130					20					
	9-11	1,800				100	130					25					
	12-14	2,000				100	130					25					
	15-18	2,000				100	130					25					
	19-29	2,000				100	130					20					
	30-49	1,900				100	130					20					
	50-64	1,700				100	130					20					
	65-74	1,600				100	130					20					
	75 이상	1,500				100	130					20					
임신부[1]		+0 +340 +450				+35	+45					+5					
수유부		+340				+60	+80					+5					

성별	연령	리놀레산(g/일)				알파-리놀렌산(g/일)				EPA+DHA(mg/일)				단백질(g/일)			
		평균 필요량	권장 섭취량	충분 섭취량	상한 섭취량	평균 필요량	권장 섭취량	충분 섭취량	상한 섭취량	평균 필요량	권장 섭취량	충분 섭취량	상한 섭취량	평균 필요량	권장 섭취량	충분 섭취량	상한 섭취량
영아	0-5(개월)			5.0				0.6				200[2]				10	
	6-11			7.0				0.8				300[2]		12	15		
유아	1-2(세)			4.5				0.6						15	20		
	3-5			7.0				0.9						20	25		
남자	6-8(세)			9.0				1.1				200		30	35		
	9-11			9.5				1.3				220		40	50		
	12-14			12.0				1.5				230		50	60		
	15-18			14.0				1.7				230		55	65		
	19-29			13.0				1.6				210		50	65		
	30-49			11.5				1.4				400		50	65		
	50-64			9.0				1.4				500		50	60		
	65-74			7.0				1.2				310		50	60		
	75 이상			5.0				0.9				280		50	60		
여자	6-8(세)			7.0				0.8				200		30	35		
	9-11			9.0				1.1				150		40	45		
	12-14			9.0				1.2				210		45	55		
	15-18			10.0				1.1				100		45	55		
	19-29			10.0				1.2				150		45	55		
	30-49			8.5				1.2				260		40	50		
	50-64			7.0				1.2				240		40	50		
	65-74			4.5				1.0				150		40	50		
	75 이상			3.0				0.4				140		40	50		
임신부[3]				+0				+0				+0		+12 +25	+15 +30		
수유부				+0				+0				+0		+20	+25		

[1] 1, 2, 3분기별 부가량 [2] DHA [3] 단백질: 임신부 - 2, 3분기별 부가량

성별	연령	메티오닌+시스테인(g/일)				류신(g/일)				이소류신(g/일)				발린(g/일)				라이신(g/일)			
		평균 필요량	권장 섭취량	충분 섭취량	상한 섭취량	평균 필요량	권장 섭취량	충분 섭취량	상한 섭취량	평균 필요량	권장 섭취량	충분 섭취량	상한 섭취량	평균 필요량	권장 섭취량	충분 섭취량	상한 섭취량	평균 필요량	권장 섭취량	충분 섭취량	상한 섭취량
영아	0-5(개월)			0.4				1.0				0.6				0.6				0.7	
	6-11	0.3	0.4			0.6	0.8			0.3	0.4			0.3	0.5			0.6	0.8		
유아	1-2(세)	0.3	0.4			0.6	0.8			0.3	0.4			0.4	0.5			0.6	0.7		
	3-5	0.3	0.4			0.7	1.0			0.3	0.4			0.4	0.5			0.6	0.8		
남자	6-8(세)	0.5	0.6			1.1	1.3			0.5	0.6			0.6	0.7			1.0	1.2		
	9-11	0.7	0.8			1.5	1.9			0.7	0.8			0.9	1.1			1.4	1.8		
	12-14	1.0	1.2			2.2	2.7			1.0	1.2			1.2	1.6			2.1	2.5		
	15-18	1.2	1.4			2.6	3.2			1.2	1.4			1.5	1.8			2.3	2.9		
	19-29	1.0	1.4			2.4	3.1			1.0	1.4			1.4	1.7			2.5	3.1		
	30-49	1.1	1.4			2.4	3.1			1.1	1.4			1.4	1.7			2.4	3.1		
	50-64	1.1	1.3			2.3	2.8			1.1	1.3			1.3	1.6			2.3	2.9		
	65-74	1.0	1.3			2.2	2.8			1.0	1.3			1.3	1.6			2.2	2.9		
	75 이상	0.9	1.1			2.1	2.7			0.9	1.1			1.1	1.5			2.2	2.7		
여자	6-8(세)	0.5	0.6			1.0	1.3			0.5	0.6			0.6	0.7			0.9	1.3		
	9-11	0.6	0.7			1.5	1.8			0.6	0.7			0.9	1.1			1.3	1.6		
	12-14	0.8	1.0			1.9	2.4			0.8	1.0			1.2	1.4			1.8	2.2		
	15-18	0.8	1.1			2.0	2.4			0.8	1.1			1.2	1.4			1.8	2.2		
	19-29	0.8	1.0			2.0	2.5			0.8	1.1			1.1	1.3			2.1	2.6		
	30-49	0.8	1.0			1.9	2.4			0.8	1.0			1.0	1.4			2.0	2.5		
	50-64	0.8	1.1			1.9	2.3			0.8	1.1			1.1	1.3			1.9	2.4		
	65-74	0.7	0.9			1.8	2.2			0.7	0.9			0.9	1.3			1.8	2.3		
	75 이상	0.7	0.9			1.7	2.1			0.7	0.9			0.9	1.1			1.7	2.1		
임신부		1.1	1.4			2.5	3.1			1.1	1.4			1.4	1.7			2.3	2.9		
수유부		1.1	1.5			2.8	3.5			1.3	1.7			1.6	1.9			2.5	3.1		

성별	연령	페닐알라닌+티로신(g/일)				트레오닌(g/일)				트립토판(g/일)				히스티딘(g/일)				수분(mL/일)					
		평균 필요량	권장 섭취량	충분 섭취량	상한 섭취량	평균 필요량	권장 섭취량	충분 섭취량	상한 섭취량	평균 필요량	권장 섭취량	충분 섭취량	상한 섭취량	평균 필요량	권장 섭취량	충분 섭취량	상한 섭취량	음식	물	음료	충분섭취량 액체	충분섭취량 총수분	상한 섭취량
영아	0-5(개월)			0.9				0.5				0.2				0.1					700	700	
	6-11	0.5	0.7			0.3	0.4			0.1	0.1			0.2	0.3			300			500	800	
유아	1-2(세)	0.5	0.7			0.3	0.4			0.1	0.1			0.2	0.3			300	362	0	700	1,000	
	3-5	0.6	0.7			0.3	0.4			0.1	0.1			0.2	0.3			400	491	0	1,100	1,500	
남자	6-8(세)	0.9	1.0			0.5	0.6			0.1	0.2			0.3	0.4			900	589	0	800	1,700	
	9-11	1.3	1.6			0.7	0.9			0.2	0.2			0.5	0.6			1,100	686	1.2	900	2,000	
	12-14	1.8	2.3			1.0	1.3			0.3	0.3			0.7	0.9			1,300	911	1.9	1,100	2,400	
	15-18	2.1	2.6			1.2	1.5			0.3	0.4			0.9	1.0			1,400	920	6.4	1,200	2,600	
	19-29	2.8	3.6			1.1	1.5			0.3	0.3			0.8	1.0			1,400	981	262	1,200	2,600	
	30-49	2.9	3.5			1.2	1.5			0.3	0.3			0.7	1.0			1,300	957	289	1,200	2,500	
	50-64	2.7	3.4			1.1	1.4			0.3	0.3			0.7	0.9			1,200	940	75	1,000	2,200	
	65-74	2.5	3.3			1.1	1.3			0.2	0.3			0.7	1.0			1,100	904	20	1,000	2,100	
	75 이상	2.5	3.1			1.0	1.3			0.2	0.3			0.7	0.8			1,000	662	12	1,100	2,100	
여자	6-8(세)	0.8	1.0			0.5	0.6			0.1	0.2			0.3	0.4			800	514	0	800	1,600	
	9-11	1.2	1.5			0.6	0.9			0.2	0.2			0.4	0.5			1,000	643	0	900	1,900	
	12-14	1.6	1.9			0.9	1.2			0.2	0.3			0.6	0.7			1,100	610	0	900	2,000	
	15-18	1.6	2.0			0.9	1.2			0.2	0.3			0.6	0.7			1,100	659	7.3	900	2,000	
	19-29	2.3	2.9			0.9	1.1			0.2	0.3			0.6	0.8			1,100	709	126	1,000	2,100	
	30-49	2.3	2.8			0.9	1.2			0.2	0.3			0.6	0.8			1,000	772	124	1,000	2,000	
	50-64	2.2	2.7			0.8	1.1			0.2	0.3			0.6	0.7			900	784	27	1,000	1,900	
	65-74	2.1	2.6			0.8	1.0			0.2	0.2			0.5	0.7			900	624	9	900	1,800	
	75 이상	2.0	2.4			0.7	0.9			0.2	0.2			0.5	0.7			800	552	5	1,000	1,800	
임신부		3.0	3.8			1.2	1.5			0.3	0.4			0.8	1.0							+200	
수유부		3.7	4.7			1.3	1.7			0.4	0.5			0.8	1.1						+500	+700	

아미노산: 임신부, 수유부 - 부가량 아닌 절대필요량임.

2020 한국인 영양소 섭취기준 – 지용성 비타민

성별	연령	비타민 A(μg RAE/일)				비타민 D(μg/일)			
		평균 필요량	권장 섭취량	충분 섭취량	상한 섭취량	평균 필요량	권장 섭취량	충분 섭취량	상한 섭취량
영아	0-5(개월)			350	600			5	25
	6-11			450	600			5	25
유아	1-2(세)	190	250		600			5	30
	3-5	230	300		750			5	35
남자	6-8(세)	310	450		1,100			5	40
	9-11	410	600		1,600			5	60
	12-14	530	750		2,300			10	100
	15-18	620	850		2,800			10	100
	19-29	570	800		3,000			10	100
	30-49	560	800		3,000			10	100
	50-64	530	750		3,000			10	100
	65-74	510	700		3,000			15	100
	75 이상	500	700		3,000			15	100
여자	6-8(세)	290	400		1,100			5	40
	9-11	390	550		1,600			5	60
	12-14	480	650		2,300			10	100
	15-18	450	650		2,800			10	100
	19-29	460	650		3,000			10	100
	30-49	450	650		3,000			10	100
	50-64	430	600		3,000			10	100
	65-74	410	600		3,000			15	100
	75 이상	410	600		3,000			15	100
임신부		+50	+70		3,000			+0	100
수유부		+350	+490		3,000			+0	100

성별	연령	비타민 E(mg α-TE/일)				비타민 K(μg/일)			
		평균 필요량	권장 섭취량	충분 섭취량	상한 섭취량	평균 필요량	권장 섭취량	충분 섭취량	상한 섭취량
영아	0-5(개월)			3				4	
	6-11			4				6	
유아	1-2(세)			5	100			25	
	3-5			6	150			30	
남자	6-8(세)			7	200			40	
	9-11			9	300			55	
	12-14			11	400			70	
	15-18			12	500			80	
	19-29			12	540			75	
	30-49			12	540			75	
	50-64			12	540			75	
	65-74			12	540			75	
	75 이상			12	540			75	
여자	6-8(세)			7	200			40	
	9-11			9	300			55	
	12-14			11	400			65	
	15-18			12	500			65	
	19-29			12	540			65	
	30-49			12	540			65	
	50-64			12	540			65	
	65-74			12	540			65	
	75 이상			12	540			65	
임신부				+0	540			+0	
수유부				+3	540			+0	

2020 한국인 영양소 섭취기준 - 수용성 비타민

성별	연령	비타민 C(mg/일)				티아민(mg/일)				리보플라빈(mg/일)				니아신(mg NE/일)[1]			
		평균 필요량	권장 섭취량	충분 섭취량	상한 섭취량	평균 필요량	권장 섭취량	충분 섭취량	상한 섭취량	평균 필요량	권장 섭취량	충분 섭취량	상한 섭취량	평균 필요량	권장 섭취량	충분 섭취량	상한섭취량 니코틴산/니코틴아미드
영아	0-5(개월)			40				0.2				0.3				2	
	6-11			55				0.3				0.4				3	
유아	1-2(세)	30	40		340	0.4	0.4			0.4	0.5			4	6		10/180
	3-5	35	45		510	0.4	0.5			0.5	0.6			5	7		10/250
남자	6-8(세)	40	50		750	0.5	0.7			0.7	0.9			7	9		15/350
	9-11	55	70		1,100	0.7	0.9			0.9	1.1			9	11		20/500
	12-14	70	90		1,400	0.9	1.1			1.2	1.5			11	15		25/700
	15-18	80	100		1,600	1.1	1.3			1.4	1.7			13	17		30/800
	19-29	75	100		2,000	1.0	1.2			1.3	1.5			12	16		35/1000
	30-49	75	100		2,000	1.0	1.2			1.3	1.5			12	16		35/1000
	50-64	75	100		2,000	1.0	1.2			1.3	1.5			12	16		35/1000
	65-74	75	100		2,000	0.9	1.1			1.2	1.4			11	14		35/1000
	75 이상	75	100		2,000	0.9	1.1			1.1	1.3			10	13		35/1000
여자	6-8(세)	40	50		750	0.6	0.7			0.6	0.8			7	9		15/350
	9-11	55	70		1,100	0.8	0.9			0.8	1.0			9	12		20/500
	12-14	70	90		1,400	0.9	1.1			1.0	1.2			11	15		25/700
	15-18	80	100		1,600	0.9	1.1			1.0	1.2			11	14		30/800
	19-29	75	100		2,000	0.9	1.1			1.0	1.2			11	14		35/1000
	30-49	75	100		2,000	0.9	1.1			1.0	1.2			11	14		35/1000
	50-64	75	100		2,000	0.9	1.1			1.0	1.2			11	14		35/1000
	65-74	75	100		2,000	0.8	1.0			0.9	1.1			10	13		35/1000
	75 이상	75	100		2,000	0.7	0.8			0.8	1.0			9	12		35/1000
임신부		+10	+10		2,000	+0.4	+0.4			+0.3	+0.4			+3	+4		35/1000
수유부		+35	+40		2,000	+0.3	+0.4			+0.4	+0.5			+2	+3		35/1000

성별	연령	비타민 B_6(mg/일)				엽산(μg DFE/일)[2]				비타민 B_{12}(μg/일)				판토텐산(mg/일)				비오틴(μg/일)			
		평균 필요량	권장 섭취량	충분 섭취량	상한 섭취량	평균 필요량	권장 섭취량	충분 섭취량	상한 섭취량[3]	평균 필요량	권장 섭취량	충분 섭취량	상한 섭취량	평균 필요량	권장 섭취량	충분 섭취량	상한 섭취량	평균 필요량	권장 섭취량	충분 섭취량	상한 섭취량
영아	0-5(개월)			0.1				65				0.3				1.7				5	
	6-11			0.3				90				0.5				1.9				7	
유아	1-2(세)	0.5	0.6		20	120	150		300	0.8	0.9					2				9	
	3-5	0.6	0.7		30	150	180		400	0.9	1.1					2				12	
남자	6-8(세)	0.7	0.9		45	180	220		500	1.1	1.3					3				15	
	9-11	0.9	1.1		60	250	300		600	1.5	1.7					4				20	
	12-14	1.3	1.5		80	300	360		800	1.9	2.3					5				25	
	15-18	1.3	1.5		95	330	400		900	2.0	2.4					5				30	
	19-29	1.3	1.5		100	320	400		1,000	2.0	2.4					5				30	
	30-49	1.3	1.5		100	320	400		1,000	2.0	2.4					5				30	
	50-64	1.3	1.5		100	320	400		1,000	2.0	2.4					5				30	
	65-74	1.3	1.5		100	320	400		1,000	2.0	2.4					5				30	
	75 이상	1.3	1.5		100	320	400		1,000	2.0	2.4					5				30	
여자	6-8(세)	0.7	0.9		45	180	220		500	1.1	1.3					3				15	
	9-11	0.9	1.1		60	250	300		600	1.5	1.7					4				20	
	12-14	1.2	1.4		80	300	360		800	1.9	2.3					5				25	
	15-18	1.2	1.4		95	330	400		900	2.0	2.4					5				30	
	19-29	1.2	1.4		100	320	400		1,000	2.0	2.4					5				30	
	30-49	1.2	1.4		100	320	400		1,000	2.0	2.4					5				30	
	0-64	1.2	1.4		100	320	400		1,000	2.0	2.4					5				30	
	6 -74	1.2	1.4		100	320	400		1,000	2.0	2.4					5				30	
	7 이상	1.2	1.4		100	320	400		1,000	2.0	2.4					5				30	
임신부		+0.7	+0.8		100	+200	+220		1,000	+0.2	+0.2					+1.0				+0	
수유부		+0.7	+0.8		100	+130	+150		1,000	+0.3	+0.4					+2.0				+5	

1) 1 mg NE(아신 당량) = 1 mg 니아신 = 60 mg 트립토판

2) Dietary late Equivalents, 가임기 여성의 경우 400 μg/일의 엽산보충제 섭취를 권장함.

3) 엽산의 한섭취량은 보충제 또는 강화식품의 형태로 섭취한 μg/일에 해당됨.

2020 한국인 영양소 섭취기준 - 다량 무기질

성별	연령	칼슘(mg/일)				인(mg/일)				나트륨(mg/일)			
		평균필요량	권장섭취량	충분섭취량	상한섭취량	평균필요량	권장섭취량	충분섭취량	상한섭취량	평균필요량	권장섭취량	충분섭취량	만성질환위험감소섭취량
영아	0-5(개월)			250	1,000			100				110	
	6-11			300	1,500			300				370	
유아	1-2(세)	400	500		2,500	380	450		3,000			810	1,200
	3-5	500	600		2,500	480	550		3,000			1,000	1,600
남자	6-8(세)	600	700		2,500	500	600		3,000			1,200	1,900
	9-11	650	800		3,000	1,000	1,200		3,500			1,500	2,300
	12-14	800	1,000		3,000	1,000	1,200		3,500			1,500	2,300
	15-18	750	900		3,000	1,000	1,200		3,500			1,500	2,300
	19-29	650	800		2,500	580	700		3,500			1,500	2,300
	30-49	650	800		2,500	580	700		3,500			1,500	2,300
	50-64	600	750		2,000	580	700		3,500			1,500	2,300
	65-74	600	700		2,000	580	700		3,500			1,300	2,100
	75 이상	600	700		2,000	580	700		3,000			1,100	1,700
여자	6-8(세)	600	700		2,500	480	550		3,000			1,200	1,900
	9-11	650	800		3,000	1,000	1,200		3,500			1,500	2,300
	12-14	750	900		3,000	1,000	1,200		3,500			1,500	2,300
	15-18	700	800		3,000	1,000	1,200		3,500			1,500	2,300
	19-29	550	700		2,500	580	700		3,500			1,500	2,300
	30-49	550	700		2,500	580	700		3,500			1,500	2,300
	50-64	600	800		2,000	580	700		3,500			1,500	2,300
	65-74	600	800		2,000	580	700		3,500			1,300	2,100
	75 이상	600	800		2,000	580	700		3,000			1,100	1,700
임신부		+0	+0		2,500	+0	+0		3,000			1,500	2,300
수유부		+0	+0		2,500	+0	+0		3,500			1,500	2,300

성별	연령	염소(mg/일)				칼륨(mg/일)				마그네슘(mg/일)			
		평균필요량	권장섭취량	충분섭취량	상한섭취량	평균필요량	권장섭취량	충분섭취량	상한섭취량	평균필요량	권장섭취량	충분섭취량	상한섭취량[1]
영아	0-5(개월)			170				400				25	
	6-11			560				700				55	
유아	1-2(세)			1,200				1,900		60	70		60
	3-5			1,600				2,400		90	110		90
남자	6-8(세)			1,900				2,900		130	150		130
	9-11			2,300				3,400		190	220		190
	12-14			2,300				3,500		260	320		270
	15-18			2,300				3,500		340	410		350
	19-29			2,300				3,500		300	360		350
	30-49			2,300				3,500		310	370		350
	50-64			2,300				3,500		310	370		350
	65-74			2,100				3,500		310	370		350
	75 이상			1,700				3,500		310	370		350
여자	6-8(세)			1,900				2,900		130	150		130
	9-11			2,300				3,400		180	220		190
	12-14			2,300				3,500		240	290		270
	15-18			2,300				3,500		290	340		350
	19-29			2,300				3,500		230	280		350
	30-49			2,300				3,500		240	280		350
	50-64			2,300				3,500		240	280		350
	65-74			2,100				3,500		240	280		350
	75 이상			1,700				3,500		240	280		350
임신부				2,300				+0		+30	+40		350
수유부				2,300				+400		+0	+0		350

[1] 식품외 급원의 마그네슘에만 해당

2020 한국인 영양소 섭취기준 - 미량 무기질

성별	연령	철(mg/일)				아연(mg/일)				구리(μg/일)				불소(mg/일)			
		평균필요량	권장섭취량	충분섭취량	상한섭취량	평균필요량	권장섭취량	충분섭취량	상한섭취량	평균필요량	권장섭취량	충분섭취량	상한섭취량	평균필요량	권장섭취량	충분섭취량	상한섭취량
영아	0-5(개월)			0.3	40			2				240				0.01	0.6
	6-11	4	6		40	2	3					330				0.4	0.8
유아	1-2(세)	4.5	6		40	2	3		6	220	290		1,700			0.6	1.2
	3-5	5	7		40	3	4		9	270	350		2,600			0.9	1.8
남자	6-8(세)	7	9		40	5	5		13	360	470		3,700			1.3	2.6
	9-11	8	11		40	7	8		19	470	600		5,500			1.9	10.0
	12-14	11	14		40	7	8		27	600	800		7,500			2.6	10.0
	15-18	11	14		45	8	10		33	700	900		9,500			3.2	10.0
	19-29	8	10		45	9	10		35	650	850		10,000			3.4	10.0
	30-49	8	10		45	8	10		35	650	850		10,000			3.4	10.0
	50-64	8	10		45	8	10		35	650	850		10,000			3.2	10.0
	65-74	7	9		45	8	9		35	600	800		10,000			3.1	10.0
	75 이상	7	9		45	7	9		35	600	800		10,000			3.0	10.0
여자	6-8(세)	7	9		40	4	5		13	310	400		3,700			1.3	2.5
	9-11	8	10		40	7	8		19	420	550		5,500			1.8	10.0
	12-14	12	16		40	6	8		27	500	650		7,500			2.4	10.0
	15-18	11	14		45	7	9		33	550	700		9,500			2.7	10.0
	19-29	11	14		45	7	8		35	500	650		10,000			2.8	10.0
	30-49	11	14		45	7	8		35	500	650		10,000			2.7	10.0
	50-64	6	8		45	6	8		35	500	650		10,000			2.6	10.0
	65-74	6	8		45	6	7		35	460	600		10,000			2.5	10.0
	75 이상	5	7		45	6	7		35	460	600		10,000			2.3	10.0
임신부		+8	+10		45	+2.0	+2.5		35	+100	+130		10,000			+0	10.0
수유부		+0	+0		45	+4.0	+5.0		35	+370	+480		10,000			+0	10.0

성별	연령	망간(mg/일)				요오드(μg/일)				셀레늄(μg/일)				몰리브덴(μg/일)				크롬(μg/일)			
		평균필요량	권장섭취량	충분섭취량	상한섭취량	평균필요량	권장섭취량	충분섭취량	상한섭취량	평균필요량	권장섭취량	충분섭취량	상한섭취량	평균필요량	권장섭취량	충분섭취량	상한섭취량	평균필요량	권장섭취량	충분섭취량	상한섭취량
영아	0-5(개월)			0.01				130	250			9	40							0.2	
	6-11			0.8				180	250			12	65							4.0	
유아	1-2(세)			1.5	2.0	55	80		300	19	23		70	8	10		100			10	
	3-5			2.0	3.0	65	90		300	22	25		100	10	12		150			10	
남자	6-8(세)			2.5	4.0	75	100		500	30	35		150	15	18		200			15	
	9-11			3.0	6.0	85	110		500	40	45		200	15	18		300			20	
	12-14			4.0	8.0	90	130		1,900	50	60		300	25	30		450			30	
	15-18			4.0	10.0	95	130		2,200	55	65		300	25	30		550			35	
	19-29			4.0	11.0	95	150		2,400	50	60		400	25	30		600			30	
	30-49			4.0	11.0	95	150		2,400	50	60		400	25	30		600			30	
	50-64			4.0	11.0	95	150		2,400	50	60		400	25	30		550			30	
	65-74			4.0	11.0	95	150		2,400	50	60		400	23	28		550			25	
	75 이상			4.0	11.0	95	150		2,400	50	60		400	23	28		550			25	
여자	6-8(세)			2.5	4.0	75	100		500	30	35		150	15	18		200			15	
	9-11			3.0	6.0	80	110		500	40	45		200	15	18		300			20	
	12-14			3.5	8.0	90	130		1,900	50	60		300	20	25		400			20	
	15-18			3.5	10.0	95	130		2,200	55	65		300	20	25		500			20	
	19-29			3.5	11.0	95	150		2,400	50	60		400	20	25		500			20	
	30-49			3.5	11.0	95	150		2,400	50	60		400	20	25		500			20	
	50-64			3.5	11.0	95	150		2,400	50	60		400	20	25		450			20	
	65-74			3.5	11.0	95	150		2,400	50	60		400	18	22		450			20	
	75 이상			3.5	11.0	95	150		2,400	50	60		400	18	22		450			20	
임신부				+0	11.0	+65	+90			+3	+4		400	+0	+0		500			+5	
수유부				+0	11.0	+130	+190			+9	+10		400	+3	+3		500			+20	

식품구성자전거

다양한 식품을 매일 필요한 만큼 섭취하여 균형 잡힌 식사를 유지하며, 규칙적인 운동으로 건강을 지켜 나갈 수 있다는 것을 표현하고 있습니다.

식품군별 대표식품의 1인 1회 분량

식품군	1인 1회 분량
곡류 (300 kcal)	쌀밥(210 g), 보리밥(210 g), 백미(90 g), 현미(90 g), 수수(90 g), 팥(90 g), 가래떡(150 g), 시루떡(150 g), 국수 말린 것(90 g), 라면사리(120 g), 팥빵·짬빵(80 g), 고구마(70 g)*, 감자(140 g)*, 옥수수(70 g)*, 밤(60 g)*, 묵(200 g)*, 시리얼(30 g)*, 당면(30 g)*, 식빵(35 g)*, 과자(30 g)*, 밀가루(30 g)*
고기·생선·달걀·콩류 (100 kcal)	돼지고기(60 g), 돼지고기 삼겹살(60 g), 쇠고기(60 g), 닭고기(60 g), 소시지(30 g), 햄(30 g), 고등어(60 g), 명태(60 g), 참치통조림(60 g), 오징어(80 g), 바지락(80 g), 새우(80 g), 어묵(30 g), 멸치 말린 것 (15 g), 명태 말린 것(15 g), 오징어 말린 것(15 g), 달걀(60 g), 두부(80 g), 대두(20 g), 잣(10 g)*, 땅콩(10 g)*
채소류 (15 kcal)	당근(70 g), 양배추(70 g), 오이(70 g), 무(70 g), 애호박(70 g), 콩나물(70 g), 부추(70 g), 풋고추(70 g), 상추(70 g), 시금치(70 g), 토마토(70 g), 양파(70 g), 마늘(10 g), 배추김치(40 g), 총각김치(40 g), 열무김치(40 g), 깍두기(40 g), 표고버섯(30 g), 느타리버섯(30 g), 김(2 g), 미역(30 g)
과일류 (50 kcal)	참외(150 g), 사과(100 g), 배(100 g), 복숭아(100 g), 귤(100 g), 오렌지(100 g), 바나나(100 g), 키위(100 g), 감(100 g), 포도(100 g), 건포도(15 g), 대추 말린 것(15 g), 과일주스(100 mL)
우유·유제품류 (125 kcal)	우유(200 mL), 호상요구르트(100 g), 액상요구르트(150 mL), 아이스크림(100 g), 치즈(20 g)*
유지·당류 (45 kcal)	깨(5 g), 콩기름(5 g), 마요네즈(5 g), 버터(5 g), 설탕(10 g), 물엿(10 g), 꿀(10 g)

* 표시는 0.3회